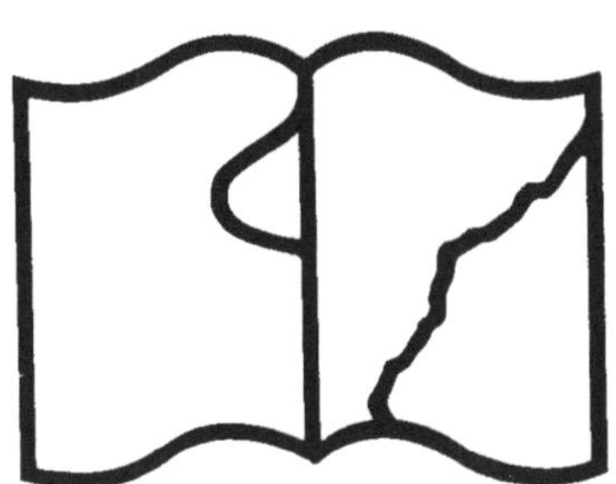

GUIDE PRATIQUE

DU

JAUGEAGE

DES

NAVIRES DE COMMERCE & DE PLAISANCE

PAR

BENJAMIN MARTINENQ

PARIS

E. BERNARD & Cie, IMPRIMEURS-ÉDITEURS

53 ter, quai des Grands-Augustins, 53 ter

1894

GUIDE PRATIQUE

DU JAUGEAGE

DES

NAVIRES DE COMMERCE ET DE PLAISANCE

Imprimerie E. BERNARD et Cie, 23, rue des Grands-Augustins. — Paris.

GUIDE PRATIQUE

DU

JAUGEAGE

DES

NAVIRES DE COMMERCE & DE PLAISANCE

PAR

BENJAMIN MARTINENQ

PARIS
E. BERNARD & Cie, IMPRIMEURS-ÉDITEURS
53 ter, quai des Grands-Augustins, 53 ter

1894

AVANT-PROPOS

Les lois des 29 janvier 1881 et 30 janvier 1893 sur la Marine marchande ont donné au jaugeage légal des navires de commerce une importance considérable, en raison des grands intérêts qu'elles ont mis en jeu par l'attribution de primes à la construction et à la navigation.

Le décret du 24 mai 1873, qui a réglementé en France les opérations du jaugeage d'après le système en usage en Angleterre, et les décrets des 21 juillet 1887, 7 mars 1889, 31 janvier 1893 permettent de déterminer d'une manière précise les différentes jauges des navires de commerce sur lesquelles sont basés les primes et les droits de navigation.

Malgré la clarté des termes de ces décrets et des règlements d'administration de la Direction Générale des Douanes, les dispositions légales concernant les opérations du jaugeage ont besoin d'être commentées et développées pour en rendre l'application facile. C'est dans ce but que M. Charlemaine, Commis principal à la Direction Générale des Douanes, publia en 1884 son *Traité théorique et pratique du jaugeage des navires à voiles et à vapeur*, le premier ouvrage édité en France sur ce sujet et qui a rendu de grands services tant aux employés de la Douane chargés du jaugeage qu'au commerce.

Mais, depuis cette époque, il a été apporté au premier décret de 1873 par ceux de juillet 1887, mars 1889 et janvier 1893, des modifications telles qu'un nouveau travail sur le jaugeage paraît s'imposer. L'ouvrage de M. Charlemaine reste le traité théorique par excellence, celui que l'on peut toujours consulter avec fruit, car les modifications apportées au premier décret n'ont point altéré le principe même du jaugeage, mais seulement changé les dispositions relatives aux déductions et à la détermination du tonnage brut pour l'attribution des primes.

Le *Guide pratique du jaugeage des navires de commerce et de plaisance* que nous publions aujourd'hui, pour les besoins du Commerce et de l'Industrie, est essentiellement pratique. Afin de faciliter l'interprétation des dispositions légales concernant la jauge nous en faisons l'application directe sur des navires pris comme exemples, envisageant tous les cas qui peuvent se présenter dans la pratique, de façon que ce travail puisse servir de guide pour toute opération de jaugeage à faire sur un navire quelconque.

Afin de donner à cet ouvrage une plus grande utilité pratique encore, nous avons pensé le compléter par l'insertion du texte même des lois, décrets et instructions ministérielles qui ont établi la jauge en France depuis 1681, à la création de la marine de commerce. Nous avons ajouté également le texte des lois sur la marine marchande, ainsi que celui des lois qui déterminent la composition du tonneau d'affrètement ou tonneau de mer, afin que l'Armateur et le Constructeur puissent avoir facilement, sous la main, en un seul volume, tout ce qui leur est nécessaire pour faire établir d'une manière précise les jauges de leurs navires, jauges qui leur permettront de savoir exactement : soit sur quel tonnage la Douane aura à appliquer les droits de navigation, soit quelle sera la valeur des primes qui leur sont allouées et qui doivent constituer pour eux un appoint considérable pour lutter avantageusement contre la concurrence étrangère, en sauvegardant, de plus, les intérêts du travail national.

Ce guide nous aurait paru incomplet si nous avions négligé de mentionner les opérations spéciales du jaugeage dit « de course » pour les navires de plaisance, en raison du grand développement qu'a pris aujourd'hui le « Yachting » en France, et du concours que lui prête l'Administration des Douanes pour la détermination de cette jauge spéciale. Pour ces navires de plaisance, comme pour les navires de commerce, nous avons choisi deux exemples : l'un d'un yacht plus particulièrement de plaisance, l'autre d'un yacht plus particulièrement de course, auxquels nous avons appliqué successivement le système de jaugeage d'après les Règlements du « Yacht-Club de France » et celui d'après les Règles de la « Société de l'Union des yachts français ».

Ces deux Sociétés n'emploient pas la même formule de jauge pour les courses : la première ne fait pas intervenir dans les calculs la surface de voilure, tandis que la seconde attribue à celle-ci une place importante. Alors, selon que les yachts courent sous les auspices de l'une ou l'autre de ces Sociétés la jauge diffère. Notre guide indique dans ces cas les calculs à faire pour l'établissement de cette dernière.

Nous espérons que le monde maritime et les Employés de la Douane affectés au service du jaugeage des navires feront bon accueil à cet ouvrage qui, à notre avis, répond à un besoin, au moment où les questions touchant le relèvement de notre Marine marchande, au rang qu'elle a occupé jadis, préoccupent tous ceux qui ont à cœur le développement et la prospérité du Commerce et de l'Industrie en France.

PREMIÈRE PARTIE

Lois, Décrets, Ordonnances et Circulaires de la Direction générale des Douanes sur le jaugeage des navires.

1. — Ordonnance de 1681.
2. — Loi du 27 Vendémiaire An II.
3. — Loi du 12 Nivôse an II.
4. — Ordonnance du 8 Août 1821.
5. — Ordonnance du 18 Novembre 1837.
6. — Ordonnance du 18 Août 1839.
7. — Décret du 24 Décembre 1872.
8. — Décret du 24 Mai 1873.
9. — Circulaire du 31 Mai 1873.
10. — Lettre du 18 Novembre 1878.
11. — Décret du 21 Juillet 1887.
12. — Circulaire du 16 Août 1887.
13. — Décret du 7 Mars 1889.
14. — Circulaire du 29 Mars 1889.
15. — Décret du 31 Janvier 1893.
16. — Circulaire du 10 Février 1893.

Jauge spéciale pour le passage par le canal de Suez :

17. — Circulaire du 10 Juin 1875.
18. — Circulaire du 6 Décembre 1878.
19. — Circulaire du 20 Février 1884.
20. — Circulaire du 30 Avril 1885.

JAUGEAGE LÉGAL DES NAVIRES

---

1. — Les premières règles relatives au jaugeage des navires ont été posées par l'ordonnance du Ministre de la Marine de 1681, dont l'article 4 soumettait tous les navires construits en France à l'obligation de la jauge officielle. L'article 10 de cette ordonnance portait que pour connaître le port et la capacité d'un vaisseau, et en régler la jauge, le fond de cale, qui est le lieu de charge, serait mesuré à raison de 42 pieds cubes par tonneau de mer.

2. — La loi du 27 Vendémiaire an II établit, dans ses articles 29 à 34, que la jauge des navires serait déterminée en mesurant leur longueur, leur largeur et leur hauteur, en faisant le produit de ces trois dimensions et en le divisant par 94.

3. — La loi du 12 Nivôse an II rapporta l'article 34 du décret du 27 Vendémiaire, et établit que le tonnage des bâtiments serait calculé de la manière suivante :

« Ajouter la longueur du pont, prise de tête en tête, à la longueur de l'étrave à l'étambot; prendre la moitié de cette somme et la multiplier par la plus grande largeur du navire au maître-bau; multiplier ce produit par la hauteur de la cale et de l'entrepont prise planches sous planches, et diviser ce dernier produit par 94. »

4. — Une ordonnance du 8 août 1821 régla la jauge des bâtiments *à vapeur*, pour mettre la loi de l'an II ci-dessus en rapport avec les nécessités de la navigation nouvelle.

---

5. — Ordonnance du 18 novembre 1837, relative au jaugeage des bâtiments à voiles de commerce.

Vu la loi du 12 Nivôse an II, sur le jaugeage des navires de commerce ;

Vu l'article 6 de la loi du 5 juillet 1836, portant : « Le mode prescrit par ladite loi pourra être modifié par des ordonnances royales » ;

Vu la loi du 4 juillet 1837 sur l'emploi exclusif des mesures métriques ;

Article premier. — A partir du 1er mars 1838, le jaugeage des bâtiments à voile de commerce, dans les ports français, aura lieu ainsi qu'il suit :

Les trois dimensions principales servant à l'évaluation du tonnage continueront à être prises conformément à la loi du 12 Nivôse an II.

Ces trois dimensions seront exprimées en mètres et fractions décimales du mètre.

Leur produit, divisé par le nombre 3,80, exprimera le tonnage légal du bâtiment.

Art. 2. — Le nombre de tonneaux ainsi obtenu sera gravé au ciseau sur les faces avant et arrière du maître-bau. Cette opération sera faite soit à la mise à l'eau du bâtiment, soit, lorsqu'après avoir subi des réparations importantes, ou pour toute autre cause, le jaugeage devra être effectué de nouveau.

Afin de faciliter les vérifications de la douane, des marques fixes seront appliquées ou gravées par les soins de l'Administration sur les points du bâtiment où auront été prises les dimensions principales sur lesquelles le tonnage aura été calculé.

Exemple pour l'application de l'ordonnance ci-dessus.

Jaugeage d'un navire à deux ponts :

Longueur du pont prise de tête en tête	30m,20
Longueur de l'étrave à l'étambot	25 ,98
Somme.	56m,18
Moitié de cette somme	28m,09
Maître-bau ou plus grande largeur	8 ,12
Produit de ces deux dimensions	228 ,09
Hauteur de cale et de l'entrepont prise planches sous planches.	5 ,20
Produit de ces deux derniers facteurs	1.186 ,072
Ce dernier nombre divisé par 3,80 donne 312 tonneaux 12 centièmes.	

Si le bâtiment n'a qu'un pont, prendre la plus grande longueur du bâtiment, la multiplier par la plus grande largeur du navire au maître-bau, et par la plus grande hauteur, puis diviser le produit de ces trois dimensions par 3,80.

Le diviseur qui forme le calcul du tonnage, primitivement fixé à 94, a été élevé à 110, chiffre auquel on a substitué le nombre 3,80. Ce dernier correspond à 110 parce que le mètre cube équivaut à 29 pieds cubes 17 centièmes, et que le produit des trois dimensions énoncées en mètres, lequel donne des mètres cubes, doit être 29,17 fois plus petit que si les dimensions étaient exprimées en pieds; pour arriver au même résultat par la division des produits obtenus avec les deux espèces de mesurage, il faut que le diviseur du produit en mètres cubes soit 29,17 fois plus petit que celui du produit en pieds cubes. Ce doit donc être 110 divisé par 29,17, c'est-à-dire 3,77, sauf une très petite fraction qui peut être négligée ; et ce nombre encore on l'élève à 3,80 pour simplifier et faciliter les calculs.

Ce diviseur 3,80, coefficient empirique, représente la capacité utilisable ou la faculté moyenne de transport, et tient compte à la fois du poids, du volume variable et de l'arrimage des marchandises, des nécessités de la navigation et des formes du navire.

6. — Ordonnance du 18 août 1839, relative au jaugeage des bâtiments à vapeur.

Article premier. — Les bateaux à vapeur seront jaugés d'après le mode déterminé par l'ordonnance du 18 novembre 1837, sauf les modifications suivantes :

1° La plus grande largeur sera mesurée au-dessous du pont, dans la chambre des machines, sur le vaigrage, auprès de l'arbre des roues ;

2° Le produit des trois dimensions sera divisé par 3,80, et les 60 centièmes du quotient exprimeront le tonnage légal du bâtiment.

Art. 2. — Le mode déterminé pour le jaugeage des bâtiments français de toute espèce, soit par l'ordonnance du 18 novembre 1837, soit par la présente ordonnance, s'appliquera également, pour percevoir les droits de navigation, aux navires des pays étrangers où le mode d'établir la jauge ne fait pas ressortir, pour les navires français, un plus fort tonnage que le mode prescrit par nos dites ordonnances.

Art. 3. — Les dispositions de l'article 2 de l'ordonnance du 18 novembre 1837 seront communes aux bâtiments à vapeur.

---

7. — Décret du 24 décembre 1872, qui prescrit l'emploi, à partir du 1er Juin 1873, de la méthode anglaise de jaugeage.

Article premier. — Les navires de commerce seront jaugés d'après la méthode appliquée en Angleterre en vertu du bill du 10 août 1854.

Les dimensions servant au calcul du tonnage seront exprimées en mètres et fractions décimales du mètre. Leur produit sera divisé par 2 mètres cubes 83 centièmes.

Le nombre de tonneaux obtenu sera gravé au ciseau sur les faces avant et arrière du maître-bau.

Art. 2. — Les dispositions du présent décret recevront leur exécution à dater du 1er juin prochain.

Tout navire qui sera construit postérieurement à cette date devra être soumis aux opérations du jaugeage avant qu'aucune cloison ou qu'aucun compartiment ait été établi à l'intérieur de la cale.

A partir de la même date, les navires composant l'effectif actuel de la marine marchande devront au fur et à mesure de leur retour en France et après leur entier déchargement, être laissés vides pendant le délai nécessaire pour le jaugeage, sans que, toutefois, ce délai doive dépasser huit jours.

Les constructeurs, propriétaires ou consignataires, seront tenus de faire établir, à leurs frais, les échafaudages nécessaires pour le mesurage des dimensions des navires.

La transmission du décret du 24 décembre 1872 était précédée des considérations formulées ci-après :

La méthode anglaise de jaugeage, habituellement désignée sous le nom de méthode Moorsom, a pour base, comme la méthode française, la longueur, la largeur et la profondeur des navires. Dans l'ancienne méthode française, la largeur et la profondeur n'étaient mesurées qu'une fois. Dans la méthode anglaise, la largeur et la profondeur sont mesurées sur plusieurs points, ce qui permet de tenir compte de la forme des navires et de déterminer leur volume réel.

En moyenne, le volume d'un navire équivaut aux trois quarts environ (70 à 75 %) du volume du parallélipipède circonscrit. Il existe un rapport analogue entre le diviseur 2,83 de la méthode anglaise et le diviseur 3,80 de la méthode française actuelle.

En France, le volume du tonneau de mer a été fixé par l'ordonnance de marine du mois d'août 1681 à 42 pieds cubes, correspondant dans le système métrique à 1 mètre cube 44 centièmes. L'ordonnance du 18 novembre 1837 réduisit d'un sixième le tonnage officiel. Il équivalait avant cette ordonnance aux trois cinquièmes environ de la capacité totale des navires. Il n'a représenté depuis 1837, qu'un peu plus de la moitié de cette capacité.

En Angleterre, le tonneau commercial de fret est compté habituellement pour 50 ou 52 pieds cubes (mesure anglaise) répondant en moyenne, à très peu près, au tonneau de 42 pieds cubes en mesures françaises. Dans la jauge officielle anglaise, le tonneau est calculé à raison de 100 pieds cubes.

On lui assigne ainsi un volume presque double du tonneau commercial.

La méthode anglaise et la méthode française ont donc cela de commun qu'elles ne font porter la taxe que sur *la moitié* environ de la capacité totale des navires. Mais leurs procédés pratiques diffèrent essentiellement. La méthode française attribue indistinctement à tous les navires une seule forme théorique sur laquelle elle établit ses calculs. La méthode anglaise tient compte, au contraire, pour chaque navire de sa forme effective. Le tonnage officiel anglais a, de la sorte, sur le tonnage officiel français l'avantage d'être toujours proportionnel au volume effectif des navires. Quand il s'agit des déductions à accorder aux bâtiments à vapeur, l'avantage appartient aussi à la méthode anglaise qui calcule ces déductions d'après l'espace occupé par le moteur et ses dépendances, tandis que la méthode française les fixe uniformément aux deux cinquièmes du tonnage total.

C'est en raison de ces considérations que l'on a adopté en France le système de jaugeage employé en Angleterre, sous la condition que les mesures seront prises d'après le système métrique. Les trois dimensions des navires seront exprimées en mètres et fractions de mètre, et le produit sera divisé par 2 mètres cubes 83 centièmes, qui correspondent à 100 pieds cubes anglais.

---

8. — Décret du 24 mai 1873, relatif au jaugeage des navires.

Vu l'article 1er du décret du 24 décembre 1872, qui rend applicable, en France, la méthode de jaugeage établie en Angleterre.

Article premier. — Les navires de commerce sont jaugés d'après les règles déterminées ci-après :

RÈGLE PREMIÈRE. — POUR LES NAVIRES VIDES

Longueur.

Art. 2. — La longueur pour le tonnage des navires ayant un ou plusieurs ponts est prise :

Sur le pont supérieur, pour les navires à un ou deux ponts;

Sur le second pont, à partir de la cale, pour les navires ayant plus de deux ponts.

Cette longueur est mesurée de tête en tête, en dedans du vaigrage, à la face supérieure du pont de tonnage ; on en retranche ensuite des quantités correspondantes, l'une à l'élancement de l'étrave sur la partie comprise dans l'épaisseur du bordé du pont, et l'autre à la quête de l'arrière, sur une hauteur égale à l'épaisseur du bordé du pont augmentée du tiers du bouge de bau.

Division de la longueur.

Art. 3. — En vue de calculer les aires des différentes sections transversales qui sont nécessaires pour établir le volume intérieur du navire, la longueur définie à l'article 1er est divisée conformément au tableau ci-après :

	Longueur totale des navires	Nombre de divisions à effectuer
1re classe.	— 15 mètres ou moins	4
2e —	— De 15 mètres exclusivement à 37 mètres inclusivement	6
3e —	— De 37 — — 55 — —	8
4e —	— De 55 — — 69 — —	10
5e —	— Plus de 69 mètres	12

Hauteurs des sections transversales.

Art. 4. — A chacune des divisions de la longueur, on mesure le creux ou la hauteur de chaque section, depuis un point marqué au tiers du bouge du pont en contre-bas du can supérieur du barrot, jusque sur le vaigrage du fond à côté de la carlingue.

Division des hauteurs.

Art. 5 — Les hauteurs de toutes les sections transversales sont partagées en quatre parties égales, lorsque celle de la section milieu est de 5 mètres ou moins, et en six parties égales, lorsque celle de la section milieu excède 5 mètres.

Largeurs des sections transversales.

Art. 6. — A chacun des points de division de la hauteur de chaque section (les points extrêmes compris), on mesure la largeur du navire, en dedans du vaigrage.

Chaque largeur est numérotée (nos 1, 2, 3, etc.) à partir du pont du tonnage et l'on multiplie :

Par 1, les largeurs nos 1 et 5 (points extrêmes)	Lorsque la hauteur est de 5 mètres ou moins.
Par 4, les largeurs nos 2 et 4	
Par 2, la largeur n° 3	
Par 1, les largeurs nos 1 et 7 (points extrêmes)	Lorsque la hauteur est de plus de 5 mètres.
Par 4, les largeurs nos 2, 4 et 6	
Par 2, les largeurs nos 3 et 5	

Aire des sections.

Art. 7. — Le total des produits ci-dessus est multiplié par le tiers de la distance entre les divisions de la hauteur. Le résultat donne l'aire de la section.

Volume des navires et tonnage officiel.

Art. 8. — Les sections transversales sont numérotées (nos 1, 2, 3, etc.) à partir de l'avant. On multiplie :

La première et la dernière section, par 1 ;

Les sections des numéros pairs, par 4 ;

Et les sections des numéros impairs (la première et la dernière exceptées), par 2.

Le total de ces produits, multiplié par le tiers de l'intervalle entre les sections, donne le volume en mètres cubes de l'espace mesuré.

Le tonnage du volume principal est obtenu en divisant ce volume par 2,83.

Navires non pontés.

Art. 9. — Dans les navires non pontés, l'extrémité supérieure des virures de bordages est considérée comme la limite de l'espace à mesurer.

La longueur est mesurée et divisée comme si un pont supérieur régnait à la hauteur du can supérieur de ces bordages, et les profondeurs des sections correspondantes à chaque point de division de la longueur sont prises à partir des lignes transversales menées d'un bord à l'autre à cette hauteur.

Navires ayant plus de deux ponts.

ART. 10. — Lorsque le navire a un troisième pont, le volume compris entre ce troisième pont et le pont de tonnage est déterminé de la manière suivante :

On mesure la longueur de l'entrepont, au milieu de la hauteur, depuis le vaigrage sur ou à côté de l'étrave jusqu'au revêtement intérieur de l'allonge de poupe.

Cette longueur est divisée en autant de parties qu'il en a été fait pour le deuxième pont. A chacun des points de division, ainsi qu'aux points extrêmes, on mesure la largeur au milieu de la hauteur. Les largeurs sont numérotées (1, 2, 3, 4, etc.), à partir de l'avant. On multiplie par 1 la première et la dernière, par 4 celles ayant des numéros pairs et par 2 celles ayant des numéros impairs (la première et la dernière exceptées). Le total de ces produits, multiplié par le tiers de la distance entre les divisions de la longueur, donne l'aire moyenne horizontale de l'entrepont. On obtient ensuite le volume de l'entrepont en multipliant cette aire par la hauteur moyenne, et ce volume, divisé par 2,83, représente le tonnage à ajouter au tonnage principal (art. 8).

Si le navire a plus de trois ponts, le volume et le tonnage des entreponts supérieurs sont calculés de la même manière et ajoutés au tonnage principal.

Dunettes, gaillards, teugues, rouffles, etc.

ART. 11. — S'il existe des dunettes, gaillards, teugues, rouffles ou toute autre construction permanente ou fermée pouvant recevoir du chargement ou des vivres, ou servir de logement pour l'équipage ou les passagers, le tonnage en est pareillement ajouté au tonnage principal. Il est calculé de la manière suivante :

1° Quand les contours sont formés par des surfaces courbes, on mesure à l'intérieur la longueur moyenne de chaque compartiment. On prend le milieu de cette longueur. A ce point, ainsi qu'aux deux extrémités, on mesure, à la moitié de la hauteur, la largeur du compartiment.

On multiplie par 4 la largeur du milieu; on y ajoute les largeurs aux points extrêmes : le total multiplié par le tiers de la distance entre les divisions de la longueur, donne l'aire moyenne horizontale du compartiment. On mesure alors la hauteur moyenne; on la multiplie par l'aire moyenne.

2° Quand les contours sont entièrement formés par des surfaces planes, on mesure le volume en multipliant entre elles la longueur, la largeur et la hauteur moyennes de chaque compartiment.

L'opération est effectuée pour chaque compartiment distinct. Dans les deux cas, on divise les volumes obtenus par 2,83 pour avoir le tonnage à ajouter au tonnage principal.

Toutefois, s'il s'agit des compartiments exclusivement affectés à l'équipage, au-dessus et au-dessous du pont supérieur, et n'excédant pas le vingtième du total du navire, il n'y a pas à les comprendre dans le tonnage total; et s'ils excèdent ce vingtième, il n'est tenu compte que de l'excédent.

Il n'y a pas à comprendre dans le tonnage les abris établis sur le pont pour les passagers et admis pour cette destination par l'Administration des douanes.

Épaisseur du vaigrage.

Art. 12. — Dans la mesure de la longueur, de la largeur et de la hauteur du volume principal ou des autres espaces, on doit ramener à l'épaisseur moyenne les vaigrages qui dépassent cette épaisseur.

Quand le vaigrage manque ou qu'il ne doit pas être établi à demeure, la longueur et la largeur sont comptées à partir de la membrure, et la hauteur à partir des varangues.

RÈGLE II. — POUR LES NAVIRES CHARGÉS

Art. 13. — Lorsque les navires ont leur chargement à bord, ou que, par tout autre motif, ils ne peuvent pas être jaugés d'après la règle n° 1, on opère comme il suit :

La longueur du navire est prise sur le pont supérieur depuis le trait extérieur de la râblure de l'étrave jusqu'à la face arrière de l'étambot; on en retranche la distance du point de rencontre de la voûte avec la râblure de l'étambot à la face arrière de cet étambot.

On mesure ensuite la plus grande largeur du navire hors bordé et hors préceintes.

On marque à l'extérieur et des deux côtés, dans une direction perpendiculaire au plan diamétral, la hauteur du pont supérieur, et l'on fait passer sous le navire une chaîne allant de l'une à l'autre marque. A la moitié de la longueur de la chaîne on ajoute la moitié de la plus grande largeur; on élève la somme au carré ; on multiplie le résultat, d'abord par la longueur déjà prise, et ensuite par le facteur 0,17 (dix-sept centièmes), si le navire est en bois, et par le facteur 0,18 (dix-huit centièmes), si le navire est en fer. Le produit donne le volume en mètres cubes et l'on obtient le tonnage officiel en divisant le produit par 2,83.

Si, au-dessus du dernier pont, il existe des dunettes, gaillards, teugues, roufles ou tout autre compartiment fermé, on en détermine le tonnage en multipliant entre elles la longueur, la largeur et la hauteur moyennes, et en divisant le produit par 2,83.

Pour les navires à vapeur, il est procédé d'après la règle III ci-après.

RÈGLE III. — DÉDUCTIONS POUR LES NAVIRES A VAPEUR

Principe général de la déduction.

Art. 14. — Dans les navires mus par la vapeur ou par toute autre puissance mécanique exigeant une chambre des machines, déduction est faite des espaces occupés par l'appareil moteur ou nécessaires à son fonctionnement, ainsi que de ceux occupés par les magasins ou soutes à charbon, lorsque ces magasins ou soutes sont établis à titre permanent et installés de telle sorte que le charbon puisse être immédiatement versé dans l'emplacement occupé par les machines.

Maximum de la déduction.

Dans aucun cas, cette déduction ne peut dépasser 50 % du tonnage total.

Remorqueurs.

Pour les navires à vapeur exclusivement affectés au remorquage, la déduction est uniformément de 50 %.

Emplacement de l'appareil et des soutes dans la cale.

ART. 15. — Selon les dispositions de l'appareil et des soutes à charbon, l'on procède à l'estimation des emplacements qu'ils occupent, ainsi que de ceux nécessaires au fonctionnement de l'appareil, soit en groupant lesdits emplacements, soit en les mesurant séparément.

1° Si les emplacements à mesurer comprennent des sections transversales s'étendant d'un bord à l'autre du navire, le cubage est fait comme il suit :

La longueur est mesurée au milieu de l'emplacement.

Elle est divisée en deux parties égales.

On mesure jusqu'à la hauteur du pont qui recouvre l'appareil ou les soutes, et, d'après les règles établies aux articles 3, 4 et 5, la section transversale de cet emplacement au milieu de la longueur et aux deux extrémités.

L'aire de la section du milieu est multipliée par quatre. On y ajoute l'aire des deux autres sections. Cette somme, multipliée par le tiers de l'intervalle des sections, donne le volume de l'emplacement.

2° Si les emplacements à mesurer forment des capacités distinctes ou limitées dans tous les sens par des cloisons, on détermine le volume de chacun d'eux, en multipliant entre elles la longueur, la largeur et la hauteur moyennes.

Espaces supérieurs.

ART. 16. — Si, au-dessus du pont qui recouvre l'appareil ou les soutes, il se trouve encore d'autres ponts, et si une partie de ces entreponts est réservée soit pour le fonctionnement de la machine, soit pour loger du charbon, soit pour donner accès à l'air ou à la lumière, le volume en est ajouté à celui de l'emplacement des machines. On le détermine en multipliant entre elles la longueur, la largeur et la hauteur moyennes.

Tunnel de l'arbre de l'hélice.

ART. 17. — Le cubage du tunnel de l'arbre de l'hélice s'obtient par le produit de la longueur, de la largeur et de la hauteur moyennes [1].

Tonnage net.

ART. 18. — Les volumes des espaces dont la déduction est autorisée sont additionnés. Le total,

1. Prises extérieurement.

divisé par 2,83, est défalqué du tonnage calculé conformément aux règles I et II, et la différence constitue le tonnage net des navires à vapeur.

Changement de destination des espaces intérieurs.

Art. 19. — Lorsque les espaces considérés d'abord comme étant affectés à la machine ou au combustible ont été employés à une autre destination, ils doivent être ajoutés au tonnage net des navires.

(DISPOSITION TRANSITOIRE)

Déductions transitoires pour les bateaux à vapeur.

Art. 20. — Tant que les déductions afférentes aux machines à vapeur seront calculées dans le royaume uni de la Grande-Bretagne et d'Irlande suivant les dispositions de l'acte du 10 août 1854, les armateurs ou consignataires des navires auront la faculté de profiter des mêmes dispositions, sous la réserve que ces déductions ne pourront pas dépasser 40 % du tonnage brut total.

On appliquera, dans ce cas, les dispositions ci-après :

Lorsque dans les navires à roues les espaces occupés par les chaudières et les machines ainsi que les espaces indispensables pour le fonctionnement des machines et pour donner de l'air et du jour à la chambre des machines représenteront plus de 20 % et moins de 30 % du tonnage total du navire, remise sera faite des 0,37 (trente-sept centièmes) de ce tonnage.

Lorsque, dans les navires à hélice, les mêmes espaces représenteront plus de 13 % et moins de 20 % du tonnage total, remise sera faite des 0,32 (trente-deux centièmes) de ce tonnage.

Si les espaces désignés ci-dessus ne représentent, dans les navires à roues, que 20 % ou moins, et dans les navires à hélice, que 13 % ou moins du tonnage total, la déduction consistera dans le tonnage effectif desdits espaces, avec addition de moitié pour les navires à roues et des trois quarts pour les navires à hélice.

Quand les mêmes espaces représenteront dans les navires à roues 30 % ou plus, et dans les navires à hélice 20 % ou plus du tonnage total, la déduction sera uniformément de 40 %.

La mesure des espaces dont il s'agit aura lieu comme suit, et séparément dans chaque espace distinct :

Espaces au-dessous du pont.

Pour les espaces situés au-dessous du pont qui recouvre l'appareil, on mesurera la hauteur moyenne, depuis le sommet de l'espace jusqu'au vaigrage du fond. La largeur sera mesurée, à moitié hauteur, à chacune des extrémités et au milieu de la longueur ; si la dimension de l'espace l'exige, on prendra un plus grand nombre de largeurs. On fera la moyenne des largeurs. On mesurera la longueur moyenne entre les cloisons. On multipliera l'une par l'autre, la longueur, la largeur et la hauteur moyennes, et le produit donnera le volume de l'espace.

Espaces au-dessus du pont.

Si, au-dessus du pont qui recouvre l'appareil, il existe des espaces nécessaires au fonctionnement de la machine ou destinés à donner de l'air ou de la lumière, on multipliera l'une par l'autre leur longueur, leur largeur et leur hauteur, lorsque chacune de ces dimensions sera constante, et, dans le cas contraire, on fera le produit de la longueur, de la hauteur et de la largeur moyennes.

Tunnel de l'arbre de l'hélice.

Le volume du tunnel de l'arbre de l'hélice s'obtiendra en multipliant l'une par l'autre la longueur la hauteur et la largeur moyennes.

Déduction devra être faite, dans les espaces affectés aux chaudières, aux machines et à leur fonctionnement, de toute portion qui n'aurait pas réellement cette destination.

Les capacités des espaces mesurés séparément seront réunies. Le total divisé par 2,83 donnera le tonnage de l'ensemble des compartiments occupés par la machine. Le total des déductions s'établira en raison de ce tonnage.

DÉLAIS D'EXÉCUTION

Navires neufs.

Art. 21. — Les dispositions relatives au jaugeage des navires vides seront exécutoires à dater du 1er juin 1873, pour tous les navires de construction française ou étrangère qui seront admis à la francisation.

Navires étrangers.

Art. 22. — A partir de la même date, les navires étrangers seront jaugés conformément aux dispositions de l'article 13 du présent décret, et sauf les exceptions résultant des traités, ou dérangements spéciaux.

Effectif actuel de la marine marchande.

Art. 23. — Pour les navires composant l'effectif actuel de la marine française, la nouvelle jauge ne sera obligatoire, suivant le tonnage de ces navires, qu'à l'expiration des délais ci-après :

Tonnage des navires	Délai accordé pour l'application de la règle I	
1.000 tonneaux et au-dessus	2 ans	à partir du 1er juin 1873
De 1.000 tonneaux à 500 tonneaux inclusivement	3 »	
De 500 — 200 — —	4 »	
De 200 — 100 — —	5 »	
Moins de 100 tonneaux	6 »	

Toutefois si, avant l'expiration de ces délais, les navires avaient à recevoir un radoub important, le jaugeage devrait en être effectué à ce moment.

Art. 24. — Le Ministre de l'Agriculture et du Commerce, et le Ministre des Finances sont chargés, chacun en ce qui le concerne, de l'exécution du présent décret.

Fait à Versailles, le 24 mai 1873.

Signé : A. THIERS.

(*Journal Officiel* du 31 mai 1873).

---

9. — Circulaire de la Direction générale des douanes, du 31 mai 1873, pour l'exécution des décrets du 24 décembre 1872 et du 24 mai 1873 sur le jaugeage des navires.

Le décret du 24 décembre 1872 a rendu applicable, à dater du 1er juin prochain, la méthode anglaise de jaugeage connue sous le nom de méthode Moorsom.

Un second décret du 24 mai 1873 fixe les règles à suivre pour le calcul de la nouvelle jauge.

Suivant les dispositions de la loi anglaise, le décret du 24 mai établit deux modes de jaugeage entièrement distincts. L'un (règle I ou règle pour les navires vides) concerne exclusivement les navires français ; il détermine le tonnage à inscrire dans les papiers de bord. L'autre (règle II ou règle pour les navires chargés), n'est qu'un procédé sommaire, analogue, dans ses résultats, à la méthode française actuelle. Il ne s'appliquera qu'aux navires étrangers, et servira, sauf les exceptions consacrées par les traités, au calcul du tonnage sur lequel ces navires auront à supporter le droit de quai. Enfin, par sa règle III, le décret a déterminé les déductions qui seront accordées aux navires à vapeur.

RÈGLE I. — NAVIRES VIDES.

La règle I est l'objet principal de la méthode Moorsom. Son caractère essentiel, c'est d'exprimer le volume effectif des navires, quels que soient leur forme et leur mode de construction. Tandis que les autres méthodes n'avaient en vue qu'une appréciation de ce volume, elle en donne la mesure exacte.

On sait que, dans un navire qui serait terminé de tous côtés par des plans se rencontrant à angles droits (dans certains chalands, par exemple), le volume intérieur serait facilement calculé au moyen du produit de la longueur, de la hauteur et de la largeur. La hauteur multipliée par la largeur donnerait l'aire ou surface de la section transversale, et le volume résulterait d'une seconde multiplication de cette aire par la longueur. La méthode Moorsom ramène le volume de chaque navire à celui d'un chaland à section rectangulaire, qui aurait la même longueur que le navire et dont la section équivaudrait à la section moyenne transversale du navire.

On divise, à cet effet, la longueur en un nombre déterminé de parties égales ; puis on suppose le navire partagé en un nombre correspondant de tranches par des sections transversales. On prend la hauteur de chaque section. Cette hauteur est, à son tour, divisée en parties égales. A chacun des points de division (les extrémités comprises), on prend la largeur du navire. On additionne, suivant la règle donnée par le décret, soit les largeurs elles-mêmes, soit leurs multiples. Le nombre des largeurs que l'on a comptées de la sorte est triple du nombre des divisions de la hauteur. On réduit la hauteur dans la même proportion. On multiplie les deux chiffres ; et, par des calculs très simples, malgré cette apparente complication, l'aire de chaque section se trouve résulter du produit de la hauteur par la largeur moyenne.

A l'aide d'une formule identique on groupe les aires des sections.

Le nombre auquel on arrive d'abord est triple du nombre des divisions de la longueur. On réduit la longueur dans la même proportion, et le calcul donne pour chiffre définitif du volume le produit de la longueur du navire par l'aire moyenne des sections transversales.

Le pont supérieur dans les navires ayant deux ponts au plus, et le second pont dans les autres navires, prend dans la méthode Moorsom le nom de *pont de tonnage*. Le mode de jaugeage décrit ci-dessus est celui du volume limité par ce pont, ou, suivant les termes du décret du 24 mai 1873, du volume principal du navire. Pour les entreponts, lorsqu'il en existe au-dessus du pont de tonnage, le procédé de jaugeage se simplifie. On mesure seulement l'aire d'une section horizontale (¹), et le produit de cette aire par la hauteur moyenne donne le volume de l'entrepont. On calcule, par un procédé analogue, le volume des dunettes, teugues et autres compartiments établis sur le pont supérieur dans les navires qui ont plus de deux ponts, et sur le pont de tonnage dans les autres navires. Il suffit même, lorsque ces compartiments sont terminés par des surfaces planes, de multiplier l'une par l'autre leur longueur, leur largeur et leur hauteur moyennes.

Le décret du 24 mai précise les points où doivent être prises les longueurs, largeurs et hauteurs. Le service devra tenir compte de la courbure transversale du pont (ou, selon l'expression technique, de bouge de bau), ainsi que de l'inclinaison ou écartement de l'avant et de l'arrière relativement à la quille.

La mesure des défalcations qui sont la conséquence de cette inclinaison (*élancement* de l'avant et *quête* de l'arrière, en termes de marine), ne présente, d'ailleurs, aucune difficulté sérieuse. Il en est de même pour la mesure du bouge de bau.

Toutes les dimensions sont mesurées en mètres et fractions décimales du mètre (jusqu'au centimètre inclusivement) (²). Les calculs par lesquels on obtient les aires des sections et les volumes des espaces expriment, par conséquent, les aires en mètres carrés et fractions décimales du mètre carré, et les volumes en mètres cubes et fractions décimales du mètre cube. On réunit au volume principal les volumes des autres espaces (entreponts, dunettes, etc.), sous la réserve, admise par l'article 12 du décret du 24 mai, que les compartiments affectés au logement de l'équipage seront déduits en

1. L'aire d'une section horizontale est le produit de la *longueur* par la largeur, tandis que l'aire de la section transversale est le produit de la *hauteur* par la largeur.

2. Les divisions de la longueur doivent être écrites avec trois décimales en forçant la troisième de ces décimales si la quatrième se trouve égale ou supérieure à cinq dix-millièmes. Dans tous les autres calculs relatifs à la jauge, on néglige les fractions de moins de cinq millièmes, et l'on compte pour un centième les fractions de cinq millièmes ou plus.

entier s'ils n'excèdent pas le vingtième du navire, et, dans le cas contraire, ne seront comptés que pour l'excédent. Enfin, le total des volumes est divisé par 2,83.

Le quotient de l'opération donne le tonnage officiel (1) des navires à voiles et le tonnage brut des navires à vapeur.

RÈGLE II. — NAVIRES CHARGÉS.

L'application de la règle II est très simple. On prend, dans les conditions indiquées par l'article 13 du décret du 24 mai, la longueur du navire sur le pont supérieur (le dernier pont à partir de la cale). On mesure la plus grande largeur extérieure, c'est-à-dire, selon les expressions du décret, la largeur hors bordé et hors préceintes. On fait passer, sous le navire, une chaîne gourmette, au moyen de laquelle on mesure, à la hauteur du pont supérieur, la distance entre les points correspondant à la plus grande largeur. On ajoute à la moitié de ce pourtour la moitié de la largeur extérieure. On porte la somme au carré, et l'on multiplie le produit d'abord par la longueur du navire, et ensuite par le facteur 0,17, s'il s'agit d'un navire en bois, et par le facteur 0,18 s'il s'agit d'un navire en fer. En divisant par 2,83, on a pour quotient le tonnage à soumettre aux droits.

Soit, par exemple, un navire dont la longueur est de 40 mètres sur une largeur extérieure de 8 mètres, et dont le pourtour, aux points correspondant à cette largeur, a été trouvé de 20 mètres.

L'addition au demi-pourtour (10 mètres) de la demi-largeur (4 mètres) donne 14 mètres.

Cette somme élevée au carré devient.	196,00
En multipliant par la longueur.	40,00
On a d'abord	7.840,00
Une seconde multiplication par le facteur	0,18
Donne, pour un navire en fer (2)	1.411,20

On divise ce produit par 2,83, et l'on obtient, pour le tonnage du navire, 498 tonneaux 65 centièmes.

Lorsque, dans les navires mesurés d'après la règle II, il existe au-dessous du pont supérieur des compartiments ayant toute autre destination que le logement de l'équipage, on en détermine le volume en multipliant l'une par l'autre la longueur, la largeur et la hauteur moyennes. On divise ce volume par 2,83 et l'on ajoute au tonnage principal le quotient de la division.

Quand ces mêmes navires sont mus par des machines à vapeur, on applique, pour la déduction du tonnage afférent à la machine, les dispositions rappelées ci-après des articles 14 à 20 du décret du 24 mai.

1. Le volume du *tonneau de jauge* est, par conséquent, dans la méthode Moorsom, de $2^{m3}83$ centièmes. Il ne faut pas confondre ce volume avec celui du *tonneau de mer* ou *tonneau d'affrètement*, lequel est de $1^{m3}44$ centièmes (Décrets du 14 novembre 1861 et du 24 septembre 1864.) (Voir ces décrets à la fin de l'ouvrage).

2. On ne considère comme navires en fer que ceux dont la coque est entièrement en fer.

RÈGLE III. — DÉDUCTIONS POUR LES NAVIRES A VAPEUR.

Les articles 14 à 19 du décret autorisent à déduire du tonnage total des navires à vapeur, le tonnage des espaces occupés par les machines et par les soutes à charbon installées *à demeure et de telle sorte que le charbon puisse être versé immédiatement dans les machines*. C'est le principe que l'Administration anglaise a appliqué pendant plusieurs années et dont elle se propose de demander la sanction au Parlement. Mais, à la suite de contestations judiciaires, elle a dû revenir au système de déductions proportionnelles qui résultait de l'article 23 de l'acte du 18 août 1854. Il était équitable de réserver à notre commerce l'application d'un régime analogue. L'article 20 du décret du 24 mai porte, en conséquence, que, jusqu'à l'époque où l'article précité de l'acte de 1854 aura cessé d'être en vigueur dans la Grande-Bretagne, les déductions relatives aux navires jaugés par la règle I pourront, suivant la demande des intéressés, être établies soit d'après cet article, soit d'après les articles 14 à 19 du décret lui-même.

Au point de vue du mode de jaugeage, ce qui distingue le système de déductions résultant des articles 14 à 19 du décret, de celui qui est appliqué actuellement en Angleterre, c'est que, dans ce second système, les soutes à charbon (quel qu'en soit le mode d'installation) ne sont pas comprises dans les espaces à mesurer. Ces espaces sont alors limités à l'emplacement des machines et des compartiments indispensables pour leur fonctionnement (tunnel de l'arbre, chambre à air, etc.). Mais tandis que, dans le premier système, le tonnage des espaces mesurés est seul déduit, il sert dans le second système au calcul d'allocations proportionnelles. Quand le rapport entre le tonnage de l'emplacement des machines et le tonnage total des navires est, pour les navires à roues, de plus de 20 et de moins de 30 %, et, pour les navires à hélice, de plus de 13 et de moins de 20 %, les premiers obtiennent une déduction de 37 % et les derniers une déduction de 32 %. Lorsque l'emplacement affecté aux machines représente dans les navires à roues 20 % ou moins, et dans les navires à hélice 13 % ou moins du tonnage total, on alloue seulement le tonnage effectif de cet emplacement augmenté de 50 % pour les navires à roues, et de 75 % pour les navires à hélice. Enfin, si la chambre des machines représentait dans les navires à roues plus de 30 % et dans les navires à hélice plus de 20 %, l'allocation serait uniformément de 40 %, suivant ce qui se pratiquait en vertu de l'ordonnance du 18 novembre 1837, le décret du 24 mai n'ayant pas reproduit la disposition de la loi anglaise, qui, pour cette hypothèse aussi bien que pour l'hypothèse en sens inverse dont il vient d'être question, autorise à augmenter de 50 et de 75 % l'emplacement effectif de l'appareil moteur.

DISPOSITIONS GÉNÉRALES.

Jaugeage dans les chantiers.

D'après l'article 2 du décret du 24 décembre 1872, les navires neufs doivent être jaugés sur les chantiers. Le service se concertera à cet égard avec les constructeurs. Si, au moment de la mise à l'eau, les compartiments supérieurs n'étaient pas terminés, ils seraient mesurés ultérieurement. On agirait de même pour les installations relatives aux machines à vapeur.

Echafaudages.

Le même article du décret du 24 décembre impose aux constructeurs et aux armateurs l'obligation de faire établir les échafaudages qui peuvent être nécessaires pour le jaugeage des navires. Je rappelle cette prescription, mais en même temps je fais remarquer qu'on n'aura que rarement à y recourir. Presque toujours les mesures pourront être prises au moyen de simples échelles.

Délais d'exécution.

La règle I du décret du 24 mai sera appliquée, à dater du 1er juin, à tous les navires de constion française ou étrangère qui seront admis à la francisation. A partir de la même date, et sauf les exceptions résultant des traités de commerce, les navires étrangers devront être jaugés d'après la règle II. Les navires composant l'effectif actuel de la marine marchande auraient dû aussi, d'après l'article 2 du décret du 24 décembre, être jaugés de nouveau, à leur premier retour dans nos ports (1). Mais il a paru que cette disposition pourrait, dans quelques cas, devenir gênante pour le commerce, et le nouveau jaugeage restera facultatif pour les navires actuellement existants jusqu'à l'expiration de délais fixés par l'article 23 du décret en raison du tonnage de ces navires. Pendant ces délais, les papiers de bord actuels resteront valables, s'il convient aux intéressés de ne pas en demander le renouvellement. Il n'y aura d'exception que pour les navires qui auront à recevoir un radoub important (2). Le jaugeage par la nouvelle règle deviendrait alors obligatoire.

Formules de jauge.

L'Administration a fait imprimer des formules de certificats de jauge, sur lesquelles se trouvent rappelées les dimensions à mesurer et les calculs auxquels elles doivent donner lieu. Une formule distincte a été établie pour chaque catégorie de navires. Le service se trouvera ainsi guidé pour tous les détails de l'opération : il ne s'agira pour lui que de suivre les indications des formules.

Instruments de jaugeage.

Les mesures de longueur et de largeur seront prises, ainsi que cela se pratique aujourd'hui, au moyen du ruban de jauge. Pour les navires mesurés par le procédé sommaire de la règle II, on pourra se servir des rubans actuels. Mais l'Administration fournira, pour l'application de la règle I, des rubans analogues à ceux qu'emploie l'Administration anglaise. Les hauteurs seront mesurées avec une règle à coulisse, manœuvrée au moyen d'un pignon, et garnie au sommet de pointes qui entrent dans les planches du pont. Ainsi fixée, la règle forme en quelque sorte un étançon ou épontille supplémentaire, sur laquelle on marque, aux hauteurs convenables, les points où les largeurs

1. Dans ce cas, suivant les dispositions de l'article 2 du décret du 24 décembre 1872, les navires devront rester entièrement vides pendant le délai nécessaire pour le jaugeage, mais sans que ce délai puisse dépasser 8 jours.

2. Par radoub important, on doit entendre celui qui donne lieu à une dépense excédant le quart du prix de construction du navire.

doivent être prises. Les Anglais donnent à cette règle, par ce motif, le nom même de l'épontille (*stanchion*). Deux équerres (une équerre ordinaire et une équerre à charnière mobile (équerre de charpentier), une forte ficelle (une ligne, par exemple, ou un cordeau de charpentier), un fil à plomb, des règles et bâtons gradués, compléteront les instruments très simples qui sont nécessaires pour le jaugeage par la règle I. Quant à la mesure du pourtour des navires par la règle II, elle aura lieu, comme il est dit plus haut, au moyen d'une chaîne gourmette.

Signalement des navires.

Les papiers de bord de nos navires ont indiqué jusqu'à présent la longueur, la largeur et la hauteur qui servaient au calcul du tonnage, d'après les dispositions de l'ordonnance du 18 novembre 1837. Pour que l'identité des navires puisse être facilement constatée, un signalement analogue devra être donné par les nouveaux papiers de bord. Il consistera, ainsi que cela se pratique en Angleterre, dans l'indication : 1° de la longueur, à partir *de la face avant* de l'étrave [1] jusqu'à l'arrière de l'étambot ; 2° de la plus grande largeur extérieure; 3° de la hauteur au milieu du navire lorsqu'il aura deux ponts au plus, et de la hauteur-milieu, à la fois, sous le pont de tonnage et sous le pont supérieur, lorsque le navire aura plus de deux ponts.

Dans le décret du 24 mai et dans les instructions au service on a dû, pour plus de précision, employer les termes qui sont en usage dans la marine. Il a paru utile, toutefois, de les définir dans un vocabulaire qui est joint à la présente circulaire.

Mémoire de M. Moorsom, rédigé au moment de la mise en vigueur de l'acte du 18 août 1854 en Angleterre.

Les règles relatives au jaugeage des navires, d'après l'acte de 1854, peuvent être résumées ainsi qu'il suit :

Supposons d'abord un navire ayant une forme rectangulaire, et soient les figures 1 et 2 les coupes longitudinale et verticale de ce navire.

Supposons en outre la longueur $AB = 54$ pieds; la largeur $CD = 20$ pieds et la profondeur $EF = 12$ pieds.

Règle. — Diviser la longueur (fig. 1) en 6 parties égales et à l'aide d'une formule (A) indiquée ci-après, calculer successivement, à chacun des points équidistants obtenus de la sorte, l'aire transversale du navire représentée par la figure 2.

1. Il n'y a pas à tenir compte de la guibre, c'est-à-dire de la charpente établie en avant de l'étrave, dans la plupart des navires, pour servir de point d'appui au gréement du beaupré. Mais lorsque la guibre manque et que l'étrave elle-même forme guibre, la mesure doit être prise jusqu'à l'extrémité extérieure du navire.

Ces sept surfaces étant connues, chercher le volume ou capacité cubique à l'aide d'une autre

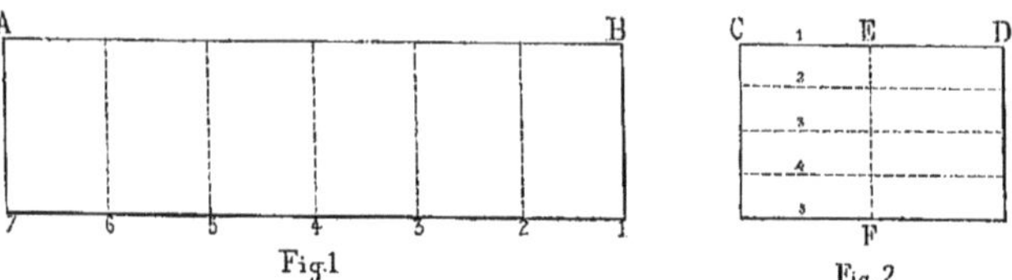

Fig.1 Fig. 2

formule (B) indiquée ci-après également et tout à fait analogue à la première. Le nombre des pieds cubes obtenu, diviser par 100 (unité de tonnage) (1), et on a la jauge *officielle.*

EXPOSÉ DES CALCULS.

1° — *Calcul des surfaces des coupes verticales.*

La profondeur EF est, ainsi que le montre la figure 2, divisée en quatre parties égales; à chacune des largeurs prises aux points de division, on applique, suivant son numéro, la formule (A) suivante :

Formule (A) pour le calcul des surfaces

NUMÉROS des points DE DIVISION	MULTIPLICATEURS	LARGEURS	PRODUITS
1	1	20 pieds	20 pieds
2	4	20 »	80 »
3	2	20 »	40 »
4	4	20 »	80 »
5	1	20 »	20 »
		Total. . .	240 pieds

1. Le diviseur anglais (cent pieds cubes) correspond, en mesures françaises, à 2 mètres cubes 83 centièmes.

On arrive ainsi à un total de 240 pieds, qui, multiplié par le tiers de la distance *existant entre deux largeurs consécutives* (c'est-à-dire par 1 pied), donne un produit de 240 pieds carrés, qui représente la *surface* cherchée.

2°. — *Calcul du volume.*

Le navire étant, au cas présent, de forme rectangulaire, les carrés des sept coupes verticales sont égaux entre eux, c'est-à-dire, tous de 240 pieds carrés. On multiplie chacune de ces surfaces, toujours d'après son numéro d'ordre, suivant une seconde formule (B).

Formule (B) pour le calcul du volume

NUMÉROS DES AIRES	MULTIPLICATEURS	AIRES RECONNUES	PRODUITS
1	1	240 pieds carrés	240 pieds
2	4	240 »	960 »
3	2	240 »	480 »
4	4	240 »	960 »
5	2	240 »	480 »
6	4	240 »	960 »
7	1	240 »	240 »
		Total. . .	4.320 pieds

Le total 4.320 obtenu par ce procédé étant multiplié par le tiers de la distance entre deux sections (c'est-à-dire, au cas présent, par 3 pieds), donnera la capacité cubique. Elle serait ici de 12.960 pieds cubes. Et, en divisant ce chiffre par 100 (unité de tonnage), on aurait pour tonnage officiel :

$$\frac{12.960}{100} = 129 \text{ Tx } \frac{60}{100}$$

Constatons maintenant que les résultats obtenus par ce procédé sont en parfaite concordance avec ceux que donnerait le calcul mathématique ordinaire.

L'aire d'un rectangle, tel que celui qui fait l'objet de la figure 2, s'obtient par la multiplication de la largeur par la hauteur.

Soit 20 pieds × 12 pieds = 240 pieds carrés, chiffre trouvé.

D'un autre côté, on obtient mathématiquement le volume d'un corps rectangulaire semblable à celui représenté par la figure 1, en multipliant la largeur par la profondeur et le produit de cette première opération par la longueur. Nous aurions ici 20 × 12 × 54 = 12.960 pieds cubes, ce qui est aussi le résultat que nous avons eu plus haut.

Pour un second exemple, supposons un navire ayant la forme triangulaire CDF (fig. 3).

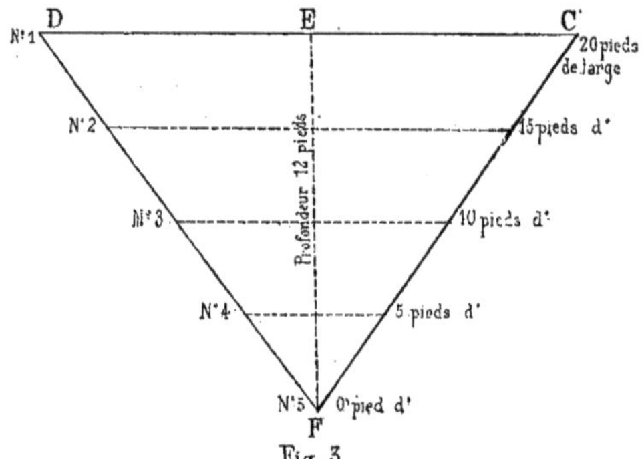

Fig. 3

Nous commençons par appliquer à chacune des cinq largeurs ci-contre (suivant son numéro bien entendu) la formule (A) pour le calcul des surfaces.

NUMÉROS des points DE DIVISION	MULTIPLICATEURS	LARGEURS	PRODUITS
1	1	20 pieds	20 pieds
2	4	15 »	60 »
3	2	10 »	20 »
4	4	5 »	20 »
5	1	» »	» »
		Total. . .	120 pieds

Nous multiplions par le tiers de la distance entre les coupes, soit par 1, la profondeur étant de 12 pieds ; et 120 pieds carrés représentent l'aire cherchée.

Ici, les sept aires transversales étant encore égales, comme elles l'étaient au cas précédent, nous appliquons la formule (B) pour le calcul du volume.

NUMÉROS DES AIRES	MULTIPLICATEURS	AIRES RECONNUES	PRODUITS
1	1	120 pieds carrés	120 pieds
2	4	120 »	480 »
3	2	120 »	240 »
4	4	120 »	480 »
5	2	120 »	240 »
6	4	120 »	480 »
7	1	120 »	120 »
		Total. . .	2.160 pieds

Le total 2.160 étant multiplié par le tiers de la distance entre les aires (rappelons-nous qu'il s'agit de la longueur faisant l'objet de la figure 1 et qui est de 54 pieds), soit par 3, donne un produit de 6.480 pieds cubes formant la capacité cubique, et $\frac{6480}{100}$ ou 64 tonneaux 80 centièmes représentent le tonnage officiel du navire.

Cette solution est encore géométriquement exacte. En effet : 1° la quadrature géométrique de la figure triangulaire dont il s'agit s'obtiendrait par la multiplication de la largeur CD par la moitié de la profondeur EF. Soit 20 pieds $\times$ 6 pieds $=$ 120 ;

Et 2° on trouverait le cube géométrique d'un corps de cette forme en multipliant la largeur par la moitié de la profondeur et le produit par la longueur. Soit : 20 pieds $\times$ 6 pieds $\times$ 54 pieds $=$ 6.480 pieds cubes.

Admettons enfin une forme intermédiaire entre les deux précédentes : la forme parabolique ci-après, par exemple (fig. 4, page 24).

Appliquons la formule (A) aux largeurs indiquées :

NUMÉROS des LARGEURS	MULTIPLICATEURS	LARGEURS	PRODUITS
1	1	20 pieds	20 pieds
2	4	18 » 8 (1)	75 » 2
3	2	15 » 2	30 » 4
4	4	8 » 6	34 » 4
5	1	» » »	» » »
		Total. . .	160 pieds

Total : 160 pieds, qui, multipliés par le tiers des distances entre les largeurs, c'est-à-dire, par 1, donnent 160 pieds carrés (aire cherchée).

Preuve mathématique. La mesure géométrique de cette figure parabolique est égale aux $\frac{2}{3}$ de l'ordonnée $\times$ par l'abscisse;

Soit $\frac{2}{3}$ de 20 pieds $\times$ 12 pieds $=$ 160 pieds carrés.

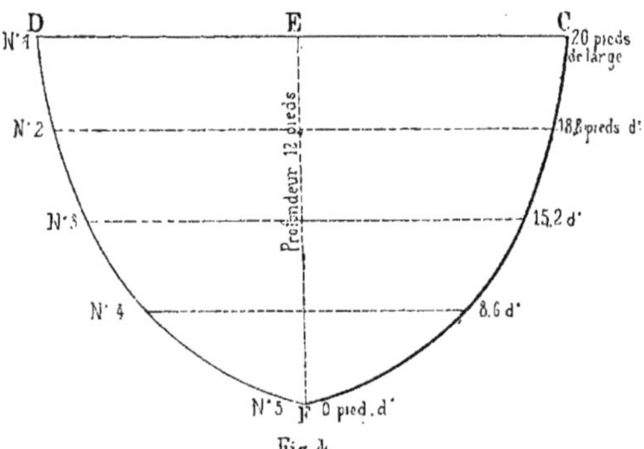

Fig 4

On obtiendrait la même concordance si l'on cherchait la capacité cubique à l'aide de la formule (B) comme on l'a fait dans les deux exemples précédents.

1. Les fractions sont exprimées en dixièmes de pieds anglais.

Il est à remarquer que, dans les trois cas admis ci-dessus, nous avons supposé *des surfaces transversales toutes égales entre elles* d'une extrémité à l'autre du navire. Les résultats, par notre méthode, ne seraient pas moins exacts à l'égard de *surfaces qui diminueraient graduellement du milieu du bâtiment à chacune de ses extrémités,* de façon à être réduites à un point à l'avant et à l'arrière du navire. On procéderait alors, *par analogie,* comme on l'a fait à l'égard des figures 3 et 4.

VOCABULAIRE

des termes de marine dont on pourra avoir à se servir dans les opérations de jaugeage.

A

Allonge. — Nom de toute pièce qui est le prolongement d'une autre pièce (Voir notamment le mot *Couple.)*

Allonges de poupe. — Pièces de charpente qui soutiennent la voûte.

Anguillers. — Petits canaux pratiqués sur la face extérieure des varangues de chaque côté de la carlingue. Ils forment un canal longitudinal qui règne depuis l'avant jusqu'à l'arrière pour conduire les eaux aux pieds des pompes. La planche qui recouvre les anguillers se nomme *Paraclose.*

Appareil moteur. — L'ensemble des pièces qui constituent la machine d'un navire à vapeur.

Arbre de l'hélice. — Pièce en métal qui transmet à l'hélice le mouvement de la machine.

Arcasse. — Partie inférieure de la poupe ou arrière d'un navire.

B

Bâbord. — La gauche du navire par rapport à un observateur placé à l'arrière et tourne vers l'avant.

Barres d'arcasse, d'hourdi. — Poutres fixées horizontalement sur l'étambot.

Barres sèches. — Barrots disposés dans la cale, sans bordé, pour maintenir l'écartement des murailles.

Barrots. — voir *Baux.*

Bauquière. — Virure de vaigrage de forte épaisseur qui supporte les baux d'un pont.

Baux ou Barrots. — Fortes pièces de bois ou de fer établies par files longitudinales en travers des couples et qui forment les ponts.

Bordages. — Fortes planches ou madriers (feuilles de tôle dans les navires en fer) qui sont fixés à angle droit sur les couples de la membrure ou les barrots des ponts.

Le bordé extérieur du navire est l'ensemble des bordages qui le revêtent extérieurement.

Bordé de diminution. — Virures de bordages placées au-dessous des préceintes et dont l'épaisseur décroît à mesure qu'elles sont plus bas au-dessous de l'eau.

Bordé de point. — Bordages d'épaisseur constante situés dans la basse carène.

Bordé du pont. — Plancher du pont. Il est porté par les baux.

Bouge. — Flèche verticale d'un arc de cercle de grand rayon. Le bouge du bau est la hauteur de la courbe que forme le bau d'un bord à l'autre du navire.

Bouteilles. — Cabinets d'aisance (Water closets).

C

Cale. — Partie inférieure du navire depuis la carlingue jusqu'au premier pont.

Can. — La surface la plus étroite d'une pièce de bois ou de fer.

Carène ou œuvres vives. — Portion du navire située au-dessous de la flottaison.

Carlingue. — Pièce longitudinale reposant sur les varangues et qui sert à les lier avec la quille.

Chambre des machines. — Compartiment dans lequel l'appareil moteur est placé.

Couples. — Ce sont les pièces doubles en forme d'arc qui constituent les côtes ou membres du navire. Les couples se composent, indépendamment des varangues, de genoux et d'allonges.

Courant du pont. — On dit qu'une mesure est prise au courant du pont lorsqu'on pose le ruban de jauge ou tout autre instrument de mesurage sur la surface du pont.

Creux. — Profondeur ou hauteur du navire.

D

Dunette. — Construction légère à l'arrière du pont supérieur, habituellement affectée au logement des passagers ou des officiers.

E

Ecoutille. — Ouverture pratiquée dans les ponts pour pénétrer dans la cale.

Ecubier. — Trou horizontal et rond, percé à l'avant du navire, à droite ou à gauche de l'étrave, pour le passage des chaînes ou câbles.

Elancement. — C'est la saillie ou angle obtus que l'étrave fait avec la quille.

Entrepont. — Espace compris entre deux ponts.

Epontille. — Etai vertical en bois ou en fer qui sert principalement à supporter le pont des navires. Les épontilles de la cale dont le pied repose sur la carlingue supportent par leur tête les baux du premier pont.

Étambot.— Pièce qui limite la carène à l'arrière, et dans laquelle les ferrures du gouvernail sont fixées.

Étrave. — Pièce qui limite la carène à l'avant.

F

Faux-Pont. — Pont situé immédiatement au-dessus de la cale, dans les navires qui ont un entrepont.

Fourrure.— On donne ce nom à certaines garnitures de bois tendre qui sont appliquées aux gouttières, aux écubiers ou à toute autre partie du navire.

G

Gaillards. — Le pont des gaillards est le pont supérieur des navires à plusieurs ponts.

Goultière. — Bordage qui fait la jonction d'un pont avec la muraille du navire, et qui est un peu incliné pour faciliter l'écoulement des eaux.

Guibre. — Ensemble de charpente ajouté en saillie sur l'étrave, et destiné à fournir les points d'appui nécessaires pour le gréement du beaupré.

H

Hiloire. — Forte pièce de charpente ajustée par dessous les baux pour recevoir la tête des épontilles. On donne quelquefois le nom d'hiloires à des bordages épais, saillants au-dessus du pont, et qui servent à entourer les écoutilles. (Voir *Surbaux.*)

I. J. K. L

M

Maille. -- Espace libre entre deux varangues.

Maître-Bau. — Celui qui correspond à la plus grande largeur du navire.

Maître-Couple. — Celui qui correspond à la plus grande largeur du navire.

Marsouin. — Prolongements courbes de la carlingue à l'avant et à l'arrière.

Membrure. — L'ensemble des grosses pièces qui forment la charpente d'un navire.

N.O

P

Panneau. — C'est proprement le couvercle qui sert à fermer une écoutille; par extension, on se sert souvent de ce mot pour désigner l'écoutille elle-même.

Paraclose. — Planche qu'on met comme un couvercle sur le canal des anguillers; elle est mobile pour faciliter la visite de cette rigole des eaux de la cale. On désigne, sous le nom de *Virure de paraclose*, l'ensemble de ces pièces, de l'avant à l'arrière du navire.

Pavois des gaillards. — Muraille légère établie au-dessus du pont supérieur, en prolongement de la muraille proprement dite.

Plat-bord. — Pièce à double courbure, recouvrant l'extrémité supérieure de tous les couples.

Pont. — Plancher établi sur une file de baux.

Poupe. — L'arrière du bâtiment. Sa partie inférieure se nomme l'arcasse. Au-dessus se trouve la voûte, laquelle est surmontée par le tableau.

Préceinte. — Virure extérieure de bordage établie à la hauteur d'un pont pour donner plus de solidité au navire.

Proue. — L'avant du navire.

Q

Quête. — C'est l'inclinaison de l'étambot, ou angle obtus qu'il fait avec la quille.

Quille. — Forte et longue pièce, ou réunion de pièces ajustées, sur laquelle on fixe les varangues l'étrave et l'étambot, et qui sert de base à la construction du navire.

R

Râblure. — Rainure pratiquée dans la quille, l'étrave ou l'étambot, pour former le joint des bordages.

Rouffle ou *Roof.* — Construction légère établie sur le pont supérieur et qui est habituellement affectée à l'équipage ou aux passagers.

S

Spardeck. — Mot anglais dont on se sert souvent pour désigner le pont supérieur ou le pont des gaillards.

Surbaux. — Bordages épais, saillants au-dessus du pont, qui entourent les écoutilles. On leur donne aussi le nom d'*Hiloires* (voir ce mot).

T

Tableau. — Voir *Poupe.*

Teugue — Construction légère à l'avant du pont supérieur; elle sert au logement de l'équipage.

Tonnage. — Expression officielle de la capacité ou volume intérieur d'un navire.

Tonture. — Courbure des ponts d'un navire et de son bordage dans le sens de la longueur, les extrémités du bâtiment se relevant, plus ou moins, relativement au milieu.

Tribord. — La droite du navire, par rapport à un observateur placé à l'arrière, et tourné vers l'avant.

Tunnel de l'arbre. — Construction recouvrant l'arbre qui transmet à l'hélice le mouvement de la machine.

V

Vaigrages-Vaigres. — Les *vaigres* sont les planches qui servent au revêtement intérieur des membres composant la carcasse du navire. L'ensemble des vaigres constitue le *vaigrage.* On appelle *faux vaigrages*, ou *vaigrages volants*, ceux qui ne sont pas posés à demeure. Dans les bâtiments en fer, le vaigrage est habituellement à claire-voie, et il présente plus de vide que de plein. Il peut être en bois ou en fer.

Varangues. — Pièces de charpente courbes qui, par leur milieu, se fixent sur la quille et servent de base aux allonges dont se composent les couples. Les varangues forment la partie principale de la charpente du fond des navires. Celles du milieu ont à peu près la figure de la base d'un U. On les nomme *varangues plates.* Celles de l'avant ressemblent à un V; on les distingue par la désignation de *varangues acculées.*

Virure. — File de vaigrages ou de bordages placés à une hauteur uniforme de l'avant à l'arrière.

Voûte. — Surface courbe en saillie sur l'arrière du navire; elle fait suite à l'arcasse, et elle est surmontée par le tableau.

X. Y. Z

10. – Lettre du Directeur Général des Douanes, du 18 Novembre 1878, sur l'interprétation de l'article 11 du décret du 24 Mai 1873 concernant les constructions supérieures.

Le service, appliquant strictement les dispositions de l'article 11 du décret du 24 mai 1873, a compris jusqu'à présent, dans le volume principal des navires, certaines constructions supérieures ouvertes dans le sens de la largeur, et séparées les unes des autres, mais pouvant être reliées entre elles pendant la traversée, et étant de fait habituellement reliées au moyen de panneaux volants.

D'après une nouvelle règle adoptée en Angleterre, en conformité d'un arrêt de la Chambre des Lords du 11 mars 1875, les experts du *Board of Trade* ne tiennent plus compte des constructions supérieures lorsqu'elles ne sont pas fermées sur toutes les faces par des cloisons fixes. Pour être traité comme un pont supérieur, c'est-à-dire, pour que la construction qu'il forme au-dessus du pont de tonnage puisse être comprise dans le volume du navire, le troisième pont, communément appelé faux-pont ou spardeck, doit être « un pont continu, établi d'un bout à l'autre du bâtiment, fixe et étanche, fermant l'espace compris entre ce même spardeck et le pont de tonnage, et rendant ledit espace propre à loger une cargaison au même titre qu'une cale ». Si les panneaux qui relient les constructions existant sur le pont de tonnage ne sont pas à demeure, mais s'enlèvent au contraire régulièrement dans les ports, les jaugeurs anglais ne comprennent pas ces constructions dans la jauge. Le calfatage des panneaux ne change rien à cette disposition.

Lorsqu'il s'est agi d'appliquer en France la méthode Moorsom, il a été entendu que nos procédés de jaugeage seraient de tous points conformes à ceux qui seraient suivis en Angleterre. En présence de l'arrêt de la Haute Cour de justice du Royaume-Uni, et de la modification importante qui en résulte dans l'application de la méthode Moorsom, les départements compétents ont décidé, sur ma proposition, que, pour rétablir le traitement d'égalité entre la marine française et la marine anglaise, il y avait lieu d'interpréter, suivant la jurisprudence admise aujourd'hui en Angleterre, l'article 11 du décret du 24 mai 1873.

Il est par conséquent entendu qu'à l'avenir on ne devra considérer, comme construction permanente ou fermée, que les *constructions fermées sur toutes les faces au moyen de cloisons fixes.*

---

11. — Décret du 21 juillet 1887 portant modifications des 1er et 6e paragraphes de l'article 20 du décret du 24 mai 1873.

Article premier. — Le 1er et le 6e paragraphe de l'article 20 du décret du 24 mai 1873 sont modifiés ainsi qu'il suit :

§ 1er. — Tant que les déductions afférentes aux machines à vapeur seront calculées dans le

Royaume-Uni de la Grande-Bretagne et d'Islande suivant les dispositions de l'acte du 10 août 1854, les armateurs ou consignataires des navires auront la faculté de profiter des mêmes dispositions.

§ 6me. — La déduction consistera également dans le tonnage effectif des espaces désignés au 3e paragraphe de l'article 20 du décret du 24 mai 1873, avec déduction de moitié pour les navires à roues, et des trois quarts pour les navires à hélice, quand lesdits espaces représenteront dans le premier cas 30 % ou plus, et dans le second cas 20 % ou plus, du tonnage total.

Art. 2. — Les Ministres du Commerce et de l'Industrie, et des Finances sont chargés de l'exécution du présent décret.

---

12. — Circulaire du Directeur général des Douanes en date du 16 août 1887 sur le jaugeage des navires.

Un décret du 21 juillet dernier a modifié le 1er et le 6e paragraphe de l'article 20 du décret du 24 mai 1873, sur la jauge d'après la méthode Moorsom.

Aux termes de ce dernier décret, le tonnage net des navires s'établit au gré des armateurs, soit (art. 14 à 19) par la déduction de l'espace réellement occupé par l'appareil moteur, soit (art. 20) par une déduction proportionnelle, tantôt au tonnage brut du navire, tantôt au volume réel occupé par l'appareil moteur, à l'exclusion des soutes à charbon.

Ce système de déductions proportionnelles ou percentage est seul admis par la législation anglaise. Le décret du 24 mai 1873 l'a rendu facultatif en France tant que l'*Act* du 10 août 1854 n'aura pas été modifié en Angleterre.

Il est à remarquer, toutefois, que contrairement à ce qui se passe en Angleterre, la législation française a limité à 40 % du tonnage brut (art. 20) le maximum de la déduction qui peut être accordée à nos navires. Cette limitation est devenue préjudiciable, dans certains cas, à notre marine marchande.

Lorsqu'il est fait application de la méthode dite de percentage, trois cas peuvent se présenter :

1° Le volume de l'appareil moteur (soutes exclues) est égal ou inférieur à 13 % du tonnage brut pour les navires à hélice, ou à 20 % pour les navires à roues ;

2° Ce volume est supérieur à 13 % et inférieur à 20 % du brut total pour les navires à hélice, ou bien supérieur à 20 % et inférieur à 30 % pour les navires à roues ;

3° Il est égal ou supérieur à 20 % du brut total pour les navires à hélice ou 30 % pour les navires à roues.

Dans le premier cas, la déduction comprend le volume trouvé majoré de 75 ou de 50 %, selon qu'il s'agit de navires à hélice ou de navires à roues.

Dans le second cas, la déduction est fixée à 32 % du tonnage brut, pour les navires à hélice, et à 37 % de ce même tonnage pour les navires à roues.

Dans le troisième cas, la déduction est invariablement fixée à 40 % du tonnage brut.

C'est dans ce dernier cas que le procédé anglais n'est pas suivi en France.

Or, s'il était rare, autrefois, que le volume d'une machine atteignît 20 ou 30 % du volume brut total, aujourd'hui, en raison des conditions de vitesse exigées, certains navires à hélice sont obligés de se pourvoir de machines de très grandes dimensions, et le rapport de 20 % est assez souvent dépassé. Nos grands navires se trouvent ainsi dans des conditions défavorables vis-à-vis des marines étrangères. C'est pour remédier à cette situation qu'est intervenu le décret du 21 juillet dernier.

La modification du premier paragraphe de l'article 20 du décret du 24 mai 1873 consiste à supprimer la disposition limitant à 40 % le maximum de la déduction.

Quant à la modification apportée au 6e paragraphe, elle dispose que la déduction afférente à l'appareil moteur se fera en majorant le volume trouvé de 75 ou de 50 %, selon qu'il s'agira de navires à hélice ou de navires à roues, alors même que ce volume serait égal ou supérieur à 20 ou 30 % du tonnage brut. Si, par exemple, dans un navire à hélice, le volume de la machine (soutes exclues), représente 24 % du tonnage brut total, on obtiendra, en majorant ce rapport de 75 %, 42 %, au lieu de 40 % (1).

Afin d'apporter à la jauge officielle des navires à vapeur les rectifications nécessitées par le nouveau décret, il conviendra de faire établir, par port d'attache, un relevé de ces navires.

Les relevés indiqueront le nom et le numéro du brevet de chaque navire, son tonnage brut et net, le port où il a été jaugé, le chiffre de la déduction (machines et équipage) et le rapport existant entre le volume de la machine et le brut total. Ils seront transmis à l'Administration dans le plus bref délai possible.

Pour le mesurage à venir, les renseignements dont la production a été prescrite par lettre commune continueront à être fournis, quant à la position des machines et à la capacité cubique des soutes à charbon.

Le service ne perdra pas de vue que la concordance ne saurait être parfaite entre le volume calculé pour servir de base au percentage et le volume réel de l'appareil diminué de la capacité cubique des soutes à charbon, les mesurages prescrits par le décret du 24 mai 1873, en vue du percentage, ne le permettant pas.

Remarque concernant l'exécution du décret ci-dessus :

« Par suite de la majoration des espaces occupés par le moteur, soutes exclues, il pourra arriver principalement pour les remorqueurs, que le chiffre de la déduction excède le chiffre du tonnage, lequel, dans ce cas, devient négatif. Le service portera alors sur le projet d'acte de francisation le tonnage brut, et consignera, pour le tonnage net, le mot *néant*, en le faisant suivre de cette indication : « application des dispositions du décret du 21 juillet 1887. » (Lettre de la Direction des Douanes).

1. $\left(24 + \frac{3 \times 24}{4} = 42\right)$.

13. — Décret du 7 mars 1889 qui modifie les articles 3, 4 et 11 du décret du 24 mai 1873.

Article premier. Le tableau de l'article 3 du décret du 24 mai 1873 est complété ainsi qu'il suit :

	Longueur totale des navires	Nombre de divisions à effectuer
5ᵉ classe.	— De 69 mètres exclusivement à 85 mètres inclusivement.	12
6ᵉ —	— De 85 — — 103 — —	14
7ᵉ —	— De 103 — — 122 — —	16
8ᵉ —	— De 122 — — 144 — —	18
9ᵉ —	— De plus de 144 mètres	20

Art. 2. — A l'article 4 du décret du 24 mai 1873 est ajoutée la disposition suivante :

« Pour les navires en fer, le creux de chaque section sera mesuré depuis le point marqué au tiers du bouge du pont jusque sur le vaigrage du fond reposant sur les varangues. Mais, pour les navires pourvus de *Water-ballast* s'étendant dans les fonds, le creux ne sera pris que jusqu'au plafond de ces *water-ballast* (¹).

« Si ces constructions ne sont pas continues d'une extrémité à l'autre du navire, le creux ne sera relevé sur le plafond que là où il se rencontre, et il sera pris, comme pour les autres navires en fer, à partir du vaigrage du fond dans les cales où le *water-ballast* fera défaut.

Art. 3. — Le 6ᵉ paragraphe de l'article 11 du décret du 24 mai 1873 est remplacé par le suivant :

« Toutefois, s'il s'agit de compartiments exclusivement affectés à l'équipage au-dessus ou au-dessous du pont supérieur et reconnus tels par l'Administration des douanes, il n'y a pas à les comprendre dans le tonnage total. »

Le 7ᵉ paragraphe de l'article 11 dudit décret est complété par les indications ci-après :

« Tels que :

« Fumoirs, salons de conversation et de musique, boudoirs pour dames, buvettes, dômes ou descentes d'escalier. »

« Il n'y a pas non plus à comprendre dans le tonnage les espaces dits de navigation, tels que : claires-voies, chambre de veille, chambre des cartes, timonerie, cabine de l'homme de barre, tourelles pour feux de position, cambuse, glacière, boulangerie, lampisterie, hôpital, et, en général, tous les espaces inutilisables pour le transport des voyageurs et des marchandises. »

1. Surmonté du vaigrage sur lambourdes.

14. — Circulaire du Directeur général des Douanes, en date du 29 mars 1889, pour l'application des termes du décret du 7 mars 1889.

Aux termes de l'article 3 du décret du 24 mai 1873, les navires, quelle que fût leur longueur, ne devaient être divisés au plus qu'en 12 parties égales. Cette limite maxima, qui se justifiait à une époque où la longueur des navires excédait rarement 100 mètres, n'est plus en harmonie avec les dimensions données aux paquebots construits dans ces dernières années ; les calculs cessent d'être exacts dès que la distance entre les deux divisions de la longueur légale dépasse 8 à 9 mètres ; les sections extrêmes ne suffisent plus à déterminer exactement les formes des navires, et le tonnage se trouve souvent altéré, par ce fait, dans d'assez notables proportions.

L'article premier du décret du 7 mars courant remédie à cet inconvénient, en portant le nombre maximum des divisions à 20. Rien d'ailleurs n'est changé dans la manière de déterminer les aboutissements de la longueur légale.

En ce qui concerne les mesures de profondeur, l'article 4 du décret du 24 mai 1873 n'avait stipulé aucune disposition spéciale aux navires en fer. Les mesurages s'effectuaient donc pour ces navires de la même manière que pour les navires en bois, opération qui était de nature à leur occasionner un sensible préjudice, surtout lorsqu'ils étaient munis de *water-ballast* (partie de la cale aménagée pour recevoir un lest d'eau). Le service était en effet obligé de prendre le point de départ des hauteurs au-dessus des varangues, et comprenait ainsi souvent dans le tonnage une certaine partie du *water-ballast* et du vaigrage qui le recouvre. Il en résultait que le volume utilisable des cales n'était plus exactement représenté, et que nos navires acquittaient les droits de navigation, tant en France qu'à l'étranger, sur le *water-ballast*.

L'article 2 du décret du 7 mars 1889 porte que, désormais, le point de départ des hauteurs sera le plafond même des *water-ballast*, qu'il soit ou non distant des varangues (déduction faite du vaigrage du fond).

Il y a lieu de rappeler ici que, si l'article 4 du décret du 24 mai 1873, indique comme point de départ des hauteurs le vaigrage du fond, les instructions contenues dans le *Procédé pratique* expliquent que le vaigrage du fond est fixé à demeure sur les varangues.

Pour les navires en fer, munis de *water-ballast*, il n'en saurait être ainsi. Il existe, en effet, pour ces navires, des sujétions beaucoup plus rigoureuses que pour les navires en bois. La disposition de leur vaigrage du fond n'est pas la même. Le vaigrage ne doit pas être appliqué directementsur le plafond du *water-ballast;* les règlements de construction, auxquels sont soumis tous ces navires, s'y opposent formellement, pour des motifs de solidité et d'étanchéité.

D'après ces règlements, le vaigrage doit reposer sur des lambourdes ou supports, et être distant au minimum de 15 à 20 centimètres du plafond du water-ballast. Ces supports et ce vaigrage tiennent lieu de fardages, et l'ensemble doit être fixé à demeure, ce que le service aura à constater. Le vaigrage, ainsi établi, indique d'ailleurs clairement la limite où commence la partie utilisable des cales, et il devra servir désormais de point de départ aux mesures de profondeur.

Dans les cales où le *water-ballast* ferait défaut, le creux partirait également du dessus du vaigrage de fond reposant, avec ou sans supports, sur les varangues.

Une nouvelle observation est à faire :

Dans le cas où le *water-ballast* n'occupe pas la totalité du fond, il arrive nécessairement qu'il se termine soit au point même d'une section, soit entre deux sections consécutives. Dans ces deux cas, la hauteur sera prise au-dessus du vaigrage du fond. Mais il peut se présenter un fait dont il importe de tenir compte.

Fig. 5

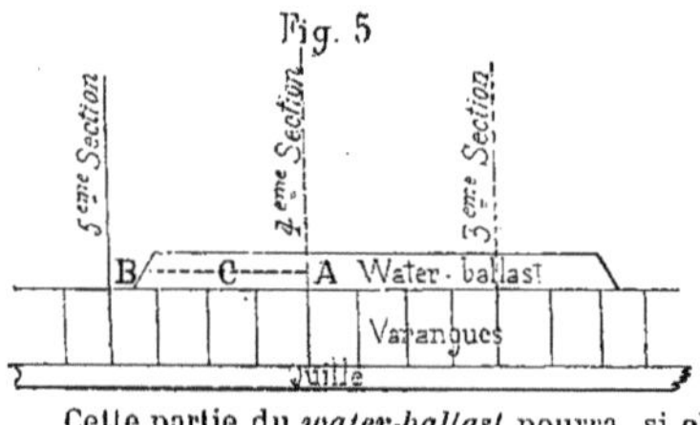

Le *water-ballast* peut occuper une plus ou moins grande partie de la distance comprise entre deux sections consécutives ; il peut, par exemple, comme l'indique la figure 5, ne pas s'arrêter à la 4e section en A, se prolonger jusqu'en B, près de la 5e section, sans toutefois l'atteindre. Il conviendra, dans les cas de l'espèce, de retrancher du volume de la coque, la partie du *water-ballast* dépassant les varangues et allant de A à B.

Cette partie du *water-ballast* pourra, si elle n'a qu'une faible longueur, être déterminée par le produit de ses trois dimensions moyennes. Dans le cas contraire, c'est-à-dire si la longueur atteint plus de la moitié de la distance des deux sections, il y aurait lieu de prendre trois largeurs à demi-hauteur, suivant les points A, B et C, et de procéder comme pour le mesurage des volumes limités par des surfaces courbes. Les différentes fractions du *water-ballast*, qui seraient ainsi relevées, seraient ensuite additionnées et déduites du volume principal, ainsi que cela se pratique pour les cuisines et les bouteilles, au bas du tableau de la capacité cubique.

L'article 3 du décret du 7 mars ne modifie que les 6e et 7e paragraphes de l'article 11 du décret du 24 mai 1873.

6e §. — Désormais, les logements d'équipage, (à l'exclusion de celui du capitaine) devront être déduits du tonnage brut pour leur valeur effective, sans qu'il y ait lieu de s'arrêter au maximum de 5 % du tonnage brut, mais à la condition expresse que le Service n'élèvera aucun doute sur leur affectation réelle.

En fait, cette disposition nouvelle ne changera rien aux déductions de l'espèce qui sont accordées aux grands navires, mais elle aura une réelle importance pour un grand nombre de petits bâtiments, auxquels il n'est actuellement alloué que le vingtième de leur tonnage brut, alors que les volumes occupés par leurs équipages dépassent de beaucoup cette proportion.

7e §. — La question des abris sera, dorénavant, plus largement interprétée.

Les fumoirs, les salons de conversation et de musique, les bibliothèques, les boudoirs de dames, les buvettes, les dômes, les capots d'escaliers sont en réalité des abris, car ces constructions, qui servent uniquement au confort des passagers, ne sont point indispensables. Ils ne devront donc plus être compris dans le tonnage net de nos navires. Il n'en saurait être de même des salles à manger ou autres constructions dont la nécessité est indiscutable.

Il y aura également lieu d'éliminer du tonnage net les espaces dits de navigation, dont la déduction se fait à l'étranger cumulativement avec celle des logements d'équipage. Ces différentes constructions, reprises à l'article 3 du décret du 7 mars courant, sont les suivantes : claires-voies, chambre de veille, chambre des cartes, timonerie, tourelles pour feux de position, cambuse, glacière, boulan gerie, lampisterie, hôpital, et, en général, toutes constructions qui seraient reconnues par le service comme étant inutilisables pour le transport des voyageurs et des marchandises.

En résumé, toutes les constructions considérées comme abri, ainsi que celles dites de navigation, continueront à être comptées *dans* le *tonnage brut total*. Elles seront ensuite déduites, avec les logements d'équipage et autres constructions, telles que cuisines et bouteilles, *sans maximum*, pour former le *brut légal* des bateaux à vapeur, ou le tonnage *net* des navires à voiles. De la sorte, le tonnage net des navires français n'exprimera plus, à l'avenir, que les capacités utilisables pour le transport des voyageurs et des marchandises.

REMARQUE

Les soutes aux voiles et aux filins, le magasin général des agrès, le puits aux chaînes, la cale aux vins, les cambuses pour vivres, conserves, vins fins, sont des espaces inutilisables.

Les logements des garçons, cuisiniers, maîtres-d'hôtel, etc., ne doivent être déduits que si les garçons, cuisiniers, maîtres-d'hôtel, etc., qui les occupent, font réellement partie du personnel du bord, et sont, à ce titre, portés sur le rôle d'équipage.

---

15. — Décret du 31 janvier 1893, portant modification des 3e, 4e et 5e paragraphes de l'article 20 du décret du 24 mai 1873, du 3e paragraphe de l'article 1er du décret du 21 juillet 1887, et du 2e paragraphe de l'article 3 du décret du 7 mars 1889.

ARTICLE PREMIER. — Les 3e, 4e et 5e paragraphes de l'article 20, du décret du 24 mai 1873, sont modifiés ainsi qu'il suit :

« Lorsque dans les navires à roues les espaces occupés par les chaudières et les machines, ainsi que les espaces indispensables pour le fonctionnement des machines, et pour donner de l'air et du jour à la chambre des machines et des chaudières, représenteront plus de 20 % et moins de 30 % du tonnage de *la coque* du navire, remise sera faite des 37 centièmes du *tonnage brut total* du navire.

« Lorsque dans les navires à hélice les mêmes espaces représenteront plus de 13 % et moins de 20 % du tonnage de *la coque* du navire, remise sera faite des 32 centièmes du *tonnage brut total* du navire.

« Si les espaces désignés ci-dessus ne représentent, dans les navires à roues, que 20 % ou moins, et, dans les navires à hélice, que 13 % ou moins du tonnage de *la coque*, la déduction consistera dans le tonnage effectif des dits espaces, avec addition de moitié pour les navires à roues, et des trois quarts pour les navires à hélice. »

ART. 2. — Le 3e paragraphe de l'article 1er, du décret du 21 juillet 1887, est modifié ainsi qu'il suit :

« La déduction consistera également dans le tonnage effectif des espaces désignés au 3e paragraphe de l'article 20 du décret du 24 mai 1873, avec addition de moitié pour les navires à roues, et des trois quarts pour les navires à hélice, quand les dits espaces représenteront, dans le premier cas, 30 % ou plus, et, dans le second cas, 20 % ou plus du volume de *la coque* du navire. »

Art 3. — Le 2e paragraphe de l'article 3, du décret du 7 mars 1889, est modifié ainsi qu'il suit :

Toutefois, s'il s'agit de compartiments exclusivement affectés à l'équipage, y compris le logement du capitaine et ses dépendances, situés au-dessus et au-dessous du pont supérieur, il n'y a pas à les comprendre dans le tonnage brut. »

(Ce décret a été appliqué à partir du 2 février 1893).

---

16. — Circulaire du Directeur général des Douanes en date du 10 février 1893, pour l'application du décret du 31 janvier 1893.

Aux termes des décrets des 24 mai 1873 et 21 juillet 1887, les espaces occupés par les machines et chaudières ainsi que les espaces nécessaires à leur fonctionnement, soit pour l'aération et la lumière, soit pour descentes ou tout autre usage, sont comparés cumulativement au volume *brut total* du navire et, d'après ce rapport, il est accordé une déduction de 32 ou 37 % de ce volume *brut total*, suivant qu'il s'agit d'un navire à hélice ou d'un navire à roues.

Désormais, la comparaison se fera avec le volume de la *coque* du navire et la déduction continuera à porter sur un tantième du *volume brut total*. Il est, dès lors, essentiel de préciser ce qu'il faut entendre par *volume brut total* du navire et *volume de la coque*.

Le *volume brut total* se compose du volume de la coque, avec addition de toutes les constructions situées au-dessus du pont supérieur, à la condition que ces constructions soient fermées par des cloisons fixes et permanentes.

Pour établir le *volume brut total*, il n'y a donc aucune déduction à faire, soit pour les cuisines, soit pour les bouteilles.

Par *volume de la coque*, il faut entendre le volume situé sous le pont de tonnage, sans déduction d'aucune sorte, et, dans les navires à plusieurs ponts, le même volume augmenté de celui des entreponts.

EXEMPLE

Soit le navire à hélice « *France* » :

Le volume de la coque étant de		1.500 mètres cubes
Celui des superstructures de		150 —
Le volume *brut total* est de		1.650 mètres cubes
Déductions	Logement de l'équipage y compris celui du capitaine	84 mètres cubes
	Cuisines et bouteilles	11 —
	Espaces inutilisables de navigation	135 —
	Total	230 mètres cubes

Volume brut légal du navire = 1.650 — 230 = ...	1.420 mètres cubes
A défalquer pour les machines	528 —
Volume net.	892 mètres cubes

Si le volume effectif de la machine et de ses dépendances (soutes à charbon exclues) est de 280 mètres cubes, et si on le compare au volume de la coque (1.500 mètres cubes), on obtient le rapport 18,6 %, ce qui entraîne la déduction de 32 % du volume total (1.650 mètres cubes), soit 528 mètres cubes.

Si le navire était à voiles, son volume net serait de 1.420 mètres cubes (1).

En supposant que le volume de la machine soit de 310 mètres cubes, la comparaison avec le volume de la coque (1.500 mètres cubes) donne comme rapport 20,6 %. Dans ce cas, la déduction consiste dans le volume effectif des machines, 310 mètres cubes, augmenté des trois quarts de ce même volume, soit $310^{mc} + 232^{mc},50 = 542^{mc},50$.

L'article 3 du décret du 31 janvier 1893 dispose, en outre, que désormais le logement du capitaine, et ses dépendances, seront ajoutés aux autres déductions accordées pour le logement de l'équipage.

1. Toutes ces opérations pourraient également s'effectuer d'après le tonnage, qui est le volume des espaces divisé par 2,83.

JAUGE SPÉCIALE POUR LE PASSAGE PAR LE CANAL DE SUEZ

17. — Circulaire de la Direction générale des douanes du 10 juin 1875 pour la délivrance de certificats spéciaux de tonnage en vue de l'application du péage à la navigation du Canal de Suez.

D'après les ordres du gouvernement Ottoman, les navires qui passent par le canal de Suez ont à payer, indépendamment d'un droit principal de 10 francs par tonneau, une surtaxe dont la quotité est tantôt de 4 francs et tantôt de 3 francs.

La surtaxe de 4 francs frappe notamment les navires dont la jauge est établie suivant les prescriptions littérales de la méthode Moorsom, et, par conséquent, lorsqu'il s'agit de navires à vapeur, ceux dont la jauge est calculée d'après les dispositions de l'article 20 du décret du 24 mai 1873.

La surtaxe de 3 francs s'applique aux bâtiments pour lesquels la jauge a été déterminée conformément aux recommandations d'une commission internationale réunie en 1873 à Constantinople.

Plusieurs puissances ayant pourvu leurs navires de certificats spéciaux libellés selon ces recommandations, M. le Ministre des finances a, par décision du 18 mai dernier, réglé, après entente avec le Département du Commerce, que des titres de même nature pourraient être remis à notre marine.

Le service n'aura pas à jauger à nouveau les navires pour lesquels le bénéfice de cette mesure sera réclamée. Le système recommandé par la Commission de Constantinople a, pour base essentielle, comme notre méthode actuelle, le mesurage direct des volumes intérieurs par les procédés de la méthode Moorsom — pour les navires à voiles les deux modes d'operer sont presque identiques — les différences n'ont d'importance réelle que pour les navires à vapeur. J'indique ci-après comment il sera procédé dans les deux cas.

Navires à voiles.

Aux termes du décret du 24 mai 1873, on n'a pas à mesurer la cuisine et les bouteilles. Dans le système de la Commission de Constantinople, ce mesurage est, au contraire, obligatoire, sauf déduction ultérieure. On forme d'abord, de la sorte, dans le sens rigoureux, le tonnage brut des navires à voiles. De ce tonnage brut on déduit, non plus seulement, comme cela est prescrit par le décret du 24 mai 1873, le logement de l'équipage, mais encore : 1° Les cuisines et les bouteilles exclusivement affectées à l'équipage; 2° Les logements de tous les officiers, à l'exclusion du capitaine; 3° enfin, trois constructions spéciales disposées sur le pont pour la manœuvre de certains navires, à savoir : la cabine où sont placées les cartes-marines, la cabine de l'homme de barre et la cabine de l'homme de vigie.

Si le volume total de ces divers espaces n'excède pas le vingtième du tonnage brut total, ils sont intégralement déduits ; dans le cas contraire, l'allocation est réduite à ce vingtième. La jauge ainsi établie, selon qu'il y a lieu, constitue, pour le passage par le Canal de Suez, le *tonnage net* des navires à voiles, lequel correspond au *tonnage officiel* de ces navires dans le système français et au *register tonnage* des mêmes navires en Angleterre.

Les maîtres-d'hôtel et les domestiques employés pour le service des passagers ne sont pas considérés comme faisant partie de l'équipage. Les postes qu'ils occupent ne sont, par conséquent, jamais déduits.

Navires à vapeur.

A l'égard des navires à vapeur, la Commission de Constantinople admet deux modes de déduction pour l'appareil moteur et pour le combustible. Le premier consiste à mesurer directement et intégralement tous les espaces occupés tant par l'appareil moteur et ses annexes que par les soutes à charbon : c'est identiquement la règle normale prescrite par les articles 14 et 18 du décret du 24 mai 1873. Le service n'aura, en pareil cas, qu'à se conformer aux dispositions de ces articles.

Quant au second mode d'opérer, il constitue un système particulier de percentage connu sous le nom de *méthode du Danube.*

Dans le système actuel de percentage, que l'article 20 du décret du 24 mai 1873 a transitoirement emprunté à l'acte anglais du 24 août 1854, on ne tient pas compte des soutes; on se borne à mesurer le volume occupé par les chaudières et la machine, ainsi que les espaces indispensables tant pour leur fonctionnement que pour donner de l'air et du jour. Ce mesurage sert également de base au percentage danubien. Mais là s'arrête l'analogie entre les deux systèmes. Tandis que, d'après la règle anglaise, le percentage s'établit tantôt en raison du volume occupé par les machines et tantôt d'après le rapport existant entre ce volume et le volume total du navire, la règle danubienne n'a d'égard qu'à l'espace occupé par l'appareil moteur. Quel que soit le tonnage brut total des navires, on ajoute uniformément au volume des espaces mesurés en conformité de l'article 20 du décret du 24 mai 1873, 75 % du volume de ces espaces si le navire est à hélice, et 50 % s'il est à roues.

Les navires à vapeur à soutes fixes peuvent, selon les convenances des intéressés, être jaugés par l'une ou l'autre des méthodes recommandées par la Commission de Constantinople. Pour les navires à soutes mobiles, la règle du Danube est seule admise. Quelle que soit la méthode employée, la déduction ne doit pas dépasser 50 % du tonnage brut total; il n'y aurait d'exception que pour les navires exclusivement affectés au remorquage.

Certificats spéciaux de tonnage et certificats de vérification.

A l'Administration seule il appartiendra de délivrer les certificats spéciaux relatifs à la navigation par le canal de Suez.

Deux formules seront affectées aux vérifications complémentaires que le service devra effectuer. La première sera employée pour la détermination du tonnage des navires à voiles et pour la constatation des résultats généraux de l'opération, soit qu'il s'agisse des navires à voiles, soit qu'il s'agisse des bateaux à vapeur. La seconde servira à établir les déductions spécialement affectées à ces derniers.

Pour les calculs, on se conformera d'une manière générale à ce qu'a prescrit la circulaire du 31 mai 1873.

Les certificats relatifs à la navigation du canal de Suez n'ont de valeur que pour cette destination spéciale. On devra, par conséquent, s'abstenir d'y inscrire les mutations de propriété et les hypothèques. Mais il conviendra d'y mentionner les changements de port d'attache et les nouvelles soumissions de francisation qui seraient souscrites. Une remarque qu'il importe aussi de faire, c'est que le commerce reste libre de présenter au passage dans le canal de Suez les titres actuels de nationalité. Les certificats spéciaux, dont la délivrance vient d'être autorisée, ne lui seront remis que sur sa demande. Dans quelques cas, en effet, le péage total de 14 francs appliqué à la jauge actuelle se trouve inférieur au péage de 13 francs sur la jauge établie en conformité des recommandations de la Commission de Constantinople.

---

14. — Circulaire de la Direction Générale des Douanes du 6 déc. 1878, concernant les certificats pour le passage par le canal de Suez.

La circulaire du 10 juin 1875 a indiqué les règles d'après lesquelles on doit calculer le tonnage des navires que les armateurs désirent pourvoir de certificats spéciaux en vue du passage par le canal de Suez.

Ces règles sont celles qui ont été recommandées par la Commission réunie à Constantinople en 1873. L'expérience ayant démontré qu'elles pouvaient donner lieu à quelques divergences d'interprétation, un accord est intervenu entre le Gouvernement Anglais et la Compagnie du canal de Suez pour l'adoption d'une nouvelle formule de certificat, et un règlement a été mis en vigueur à cet effet par la Compagnie, à compter du 1er juillet 1878. En vertu d'une décision du 6 septembre, concertée entre le Département du Commerce et le Département des Finances, les Douanes Françaises sont autorisées à appliquer les dispositions de ce règlement.

Les nouveaux certificats présentent plus de détails et font ressortir d'une manière plus distincte la capacité des espaces mesurés.

Une note jointe à la présente circulaire donne à cet égard des explications détaillées.

(Cette *note* a été modifiée par la circulaire ci-après et reproduite en entier à la suite de cette dernière.)

---

19. — Circulaire de la Direction Générale des Douanes du 20 Février 1884 concernant les certificats spéciaux de tonnage pour le passage par le canal de Suez.

Les navires qui passent par le canal de Suez sont pourvus d'un certificat spécial de tonnage pour l'établissement duquel des instructions ont été adressées au service par la circulaire des 10 juin 1875 et 6 décembre 1878.

Quelques divergences d'application se sont produites entre le mode d'opérer du service des douanes et les procédés suivis par la Compagnie du Canal pour le calcul de certains volumes.

Afin de prévenir toute difficulté à l'avenir, je transmets ci-joint :

1° Une nouvelle *note* explicative destinée à remplacer celle qui accompagnait la circulaire du 6 décembre 1878 ;

2° Le texte même de l'extrait des règles de jaugeage recommandées par la Commission internationale de Constantinople et acceptées par la Compagnie de Suez.

(Cette *note* et cet extrait ont été reproduits modifiés dans la circulaire ci-après):

---

20. — Circulaire de la Direction Générale des Douanes du 30 Avril 1885, concernant les certificats spéciaux de tonnage pour le passage par le Canal de Suez.

D'après les règles de la méthode du Danube qui servent de base pour les certificats de jauge relatifs au passage par le canal de Suez, les déductions afférentes aux navires à vapeur s'établissent en majorant de 75 % s'il s'agit d'un navire à hélice, de 50 % s'il s'agit d'un navire à roues, les espaces affectés aux machines et à leurs accessoires, et l'article 16 de ces règles désigne nommément, parmi les accessoires des machines, les espaces *dans les entreponts* destinés à l'entourage de la cheminée et à donner accès à l'air et à la lumière.

La Compagnie du canal de Suez a admis que, pour l'application de cette disposition, on pourrait considérer comme *entreponts*, les dunettes et autres constructions closes établies sur le pont supérieur.

Les entourages des cheminées et les aérations compris dans ces constructions pourront ainsi participer, suivant qu'il y aura lieu, aux majorations de 75 ou de 50 %.

J'ai fait modifier, dans ce sens, l'instruction qui accompagnait les circulaires précédentes et j'annexe ici cette instruction rectifiée.

OBSERVATION ESSENTIELLE.

La note explicative ci-jointe et les règles recommandées par la Commission de Constantinople, concernent exclusivement les certificats délivrés pour le passage par le canal de Suez. Rien n'est changé aux instructions actuelles pour le jaugeage des navires affectés à toute autre destination.

Note relative aux certificats à délivrer pour la navigation par le Canal de Suez.

NAVIRES A VOILES.

Les certificats se divisent en deux parties distinctes, savoir :
1° Espaces mesurés par la détermination du volume brut du navire ;
2° Espaces donnant droit à la déduction.

PREMIÈRE PARTIE.

Espaces mesurés pour la détermination du volume brut du navire.

1° L'espace sous le pont de tonnage ;
2° L'espace ou les espaces entre le pont de tonnage et le pont supérieur ;
} Le mesurage se fait d'après les règles générales (voir le décret du 24 mai 1873 et les instructions).

3° Les espaces couverts et clos formant des constructions permanentes sur le pont supérieur (1).

Ces constructions doivent être nommément désignées et l'on doit indiquer pour chacune d'elles le nombre de tonneaux qu'elles mesurent.

Les formules du certificat mentionnent :

La dunette.

Le gaillard d'avant.

L'espace situé sous la passerelle.

1. Par constructions permanentes couvertes et closes sur le pont supérieur, on doit entendre toutes celles qui constituent des espaces limités par des ponts ou couvertures et des cloisons fixes et représentent une augmentation de capacité qui pourrait être utilisée pour l'arrimage des marchandises ou pour le logement et la commodité des passagers et du personnel du bord. Ainsi, une ouverture quelconque ou plusieurs ouvertures, soit sur le pont ou couverture, soit dans les cloisons, ou une interruption du pont, ou le manque d'une partie de cloison, ne les empêcheront pas d'être comprises dans le tonnage brut, si, après le mesurage, elles peuvent être facilement closes et rendues ainsi mieux appropriées au transport de marchandises et passagers.

Mais les espaces sous des toitures d'abri sans d'autres liens avec le corps du navire que les supports nécessaires à leur solidité, qui ne constituent pas des espaces limités et qui sont exposés d'une manière permanente aux intempéries et à la mer, ne seront pas compris dans le tonnage brut, bien que ces toitures puissent servir à abriter les hommes de l'équipage, les passagers de pont et même les marchandises appelées cargaisons de pont.

Les rouffles.

Les chambres latérales.

La partie du capot servant de fumoir.

Les cuisines, chambres des cuisiniers, bouteilles et salles de bains.

La cabine de l'homme de barre.

La chambre des cartes.

La chambre du petit cheval.

Les écoutilles excédant un demi pour 100 du volume brut du navire (1).

S'il existait d'autres constructions, elles devraient être nommément désignées. Il y aurait lieu, en outre, de faire ressortir pour mémoire les constructions qui, n'étant pas closes et couvertes, ne devraient pas être comprises dans le calcul du volume brut.

DEUXIÈME PARTIE.

Espaces donnant droit à déduction.

Cette deuxième partie comprend quatre catégories, savoir :

1° Le logement de l'équipage ;

2° Le logement des officiers et des maîtres ;

3° Les cuisines, chambres de cuisiniers et bouteilles servant exclusivement à l'usage de l'équipage ;

4° Les espaces couverts et clos sur le pont supérieur employés pour la manœuvre du navire.

Première catégorie. — Logement de l'équipage.

On indiquera séparément le logement des matelots, celui des chauffeurs, des quartiers-maîtres et autres hommes de l'équipage, s'il en existe. (Les maîtres-d'hôtel, les cuisiniers des vapeurs à passagers et les domestiques ne font pas partie de l'équipage pour lequel la déduction est acquise).

Deuxième catégorie. — Logement des officiers et maîtres.

On fera également ressortir ici, d'une manière distincte, le logement de chaque officier (premier, deuxième, etc.), de chaque mécanicien, du maître d'équipage et du charpentier. (Les installations du capitaine, du médecin, du trésorier, de l'économe, etc., ne doivent pas être comprises dans la déduction.)

1. Lorsque les écoutilles excèdent ainsi 1/2 % du tonnage brut, ce n'est pas le volume des écoutilles, mais l'excédent seul qui est repris au tonnage du certificat spécial. Ainsi le 1/2 % du tonnage brut d'un navire étant de 15 tonneaux, par exemple, et le volume des écoutilles de 20 tonneaux, c'est l'excédent de 5 tonneaux qui doit être porté au certificat. Dans le cas où il n'existe pas d'excédent, on mentionne *excédent néant* dans la colonne des espaces à totaliser.

Troisième catégorie. — Cuisines, chambres de cuisiniers et bouteilles servant exclusivement à l'usage de l'équipage (1).

On doit distinguer entre les constructions établies sur le pont et les constructions existant ailleurs.

Quatrième catégorie. — Espaces couverts et clos sur le pont supérieur employés pour la manœuvre du navire.

Cette quatrième catégorie comprend :

1° La chambre des cartes (quand le capitaine est logé dans la chambre des cartes, une déduction maximum de 3 tonneaux est faite pour l'espace occupé par les cartes dans cette chambre);

2° La chambre de vigie;

3° La chambre des signaux;

4° La cabine de l'homme de barre;

5° La cabine du médecin (le cabinet du médecin ne doit être déduit du tonnage sujet à la taxe que lorsque le médecin lui-même est à bord);

6° La salle à manger des officiers (la déduction accordée pour la salle à manger affectée à l'usage exclusif des officiers et des mécaniciens ne doit pas dépasser 4 tonneaux, mais aucune déduction n'est allouée pour la salle à manger des officiers et mécaniciens, quelle que soit sa capacité, dans les navires aménagés pour les passagers, qui n'ont pas à bord de salle à manger pour ces passagers)(2);

7° La salle à manger des sous-officiers (la déduction pour cette salle, s'il en existe une, ne doit pas dépasser deux tonneaux et demi) (3);

8° La salle de bains et autres espaces, le cas échéant (4);

L'espace approprié pour salle de bains doit être déduit du tonnage sujet à la taxe, lorsqu'il n'y a aucun passager à bord, cet espace étant alors exclusivement à l'usage des officiers et des mécaniciens.

Une déduction pour salle de bains est également faite, malgré la présence de passagers à bord, lorsqu'il existe plus d'une salle de bains permanente. Dans ce cas, l'une des salles de bains est considérée comme spécialement affectée à l'usage des officiers et mécaniciens.

Dans le premier comme dans le second cas, l'espace à déduire comme salle de bains exclusivement à l'usage des officiers et des mécaniciens ne doit pas dépasser deux tonneaux.

Observations générales. — Le total des espaces déduits ne doit, en aucun cas, dépasser 5 % du volume brut du navire; et, lorsque des approvisionnements ou du chargement sont transportés ou que des passagers sont logés ou couchés dans un de ces espaces, la déduction cesse d'être opérée.

Indications que doivent porter les espaces déduits.

Le règlement de la Compagnie du Canal de Suez renferme une disposition importante, sur laquelle le service devra appeler l'attention des intéressés. D'après cette disposition, la chambre des cartes servant de logement au capitaine, le cabinet du médecin, la salle à manger exclusivement

1. Les cuisines servant en même temps aux passagers et aux équipages ne doivent pas figurer, même partiellement, aux déductions.

2, 3 et 4. Lorsque les salles à manger ou les salles de bains occupent moins que l'espace maximum alloué pour les déductions, l'espace réellement occupé est seul déduit.

réservée aux officiers, aux mécaniciens ou aux maîtres d'équipage, la salle à manger exclusivement réservée aux sous-officiers, et généralement tous les espaces donnant droit à déduction, doivent porter une indication visible certifiant leur destination exclusive. A défaut ou en l'absence de cette indication, aucune déduction ne serait allouée par la Compagnie du Canal.

NAVIRES A VAPEUR

Toutes les dispositions qui précèdent sont applicables aux navires à vapeur. On établit d'abord leur tonnage net comme *navires à voiles.*

Ils ont, en outre, droit, *comme navires à vapeur,* pour l'appareil moteur, aux déductions ci-après, selon qu'ils sont à soutes fixes ou à soutes mobiles.

Ces déductions ne peuvent pas dépasser 50 % du tonnage brut, à moins qu'il ne s'agisse de navires destinés exclusivement au remorquage (art. 19 des règles de Constantinople).

Navires à soutes fixes.

On déduit directement et intégralement les espaces occupés par l'appareil moteur et ses annexes et par les soutes, c'est-à-dire, et suivant les dispositions des articles 14 et 17 des règles de Constantinople, « les espaces occupés par les machines, chaudières, soutes à charbon, tunnels des navires « à hélice, et, dans les entreponts et les constructions couvertes et closes sur le pont supérieur, « l'entourage des cheminées, les espaces réservés pour donner accès à l'air et à la lumière dans la « chambre des machines et ceux nécessaires au fonctionnement et au service de la machine même. » C'est identiquement la règle normale prescrite par les articles 14 à 18 du décret du 24 mai 1873.

Navires à soutes mobiles (méthode du Danube) *et navires à soutes fixes pour lesquelles l'application de cette règle a été demandée.* (Art. 18 des Règles de Constantinople.)

Il n'est pas tenu compte des soutes.

On déduit, *après les avoir majorés* de 75 % s'il s'agit d'un navire à hélice et de 50 % s'il s'agit d'un navire à aubes, les espaces occupés par la machine et ses accessoires à l'exception des soutes, c'est-à-dire (art. 16 des règles de Constantinople) « les espaces occupés par les chambres des « machines et des chaudières, avec les espaces strictement nécessaires à leur service et à leur « fonctionnement, on y ajoutant l'espace du tunnel des navires à hélice et les espaces dans les « entreponts destinés à l'entourage de la cheminée et à donner accès à la lumière dans la chambre « des machines. »

La Compagnie du Canal de Suez a également admis que la majoration de 75 ou de 50 %, suivant la nature du propulseur, est applicable aux espaces destinés à l'entourage de la cheminée et à l'aération de la chambre des machines, *lorsque lesdits espaces sont compris dans les dunettes ou autres constructions closes et couvertes établies sur le pont supérieur,* ces dunettes et constructions étant, pour ce cas, considérées comme des entreponts.

Quant aux constructions closes et couvertes établies sur le pont supérieur pour l'entourage de la cheminée ou l'aération de la chambre des machines, *mais qui ne font pas partie d'une dunette ou d'une autre construction close,* qui sont, par conséquent, indépendantes de toute autre construction, elles ne sont déduites que pour leur volume effectif, tel qu'il a été compris dans le tonnage brut (1).

Extrait des règles de jaugeage recommandées par la Commission internationale du tonnage, réunie à Constantinople.

(Procès-verbal XXI, Annexe II.)

PRINCIPES GÉNÉRAUX

1° Le tonnage brut ou la capacité totale des navires comprend le mesurage exact de tous les espaces (sans en excepter aucun) qui se trouvent au-dessous du pont supérieur, ainsi que de ceux compris dans toutes les constructions permanentes couvertes et closes sur ce pont.

Note.— Par constructions permanentes couvertes et closes sur le pont supérieur, on doit entendre toutes celles qui constituent des espaces limités par des ponts ou couvertures et des cloisons fixes et représentent une augmentation de capacité qui pourrait être utilisée pour l'arrimage des marchandises ou pour le logement et la commodité des passagers et du personnel du bord. Ainsi une ouverture quelconque ou plusieurs ouvertures, soit sur le pont ou couverture, soit dans les cloisons, ou une interruption du pont ou le manque d'une partie de cloison, ne les empêcheront pas d'être comprises dans le tonnage brut, si, après le mesurage, elles peuvent être facilement closes et rendues ainsi mieux appropriées au transport de marchandises et passagers.

Mais les espaces sous des toitures d'abris sans d'autres liens avec le corps du navire que les supports nécessaires à leur solidité, qui ne constituent pas des espaces limités et qui sont exposés d'une manière permanente aux intempéries et à la mer, ne seront pas compris dans le tonnage brut, bien que ces toitures puissent servir à abriter les hommes de l'équipage, les passagers de pont et même les marchandises appelées cargaisons de pont (*deckloards*);

2° Les cargaisons de pont (*deckloards)* ne sont pas comprises dans le mesurage;

3° Les espaces clos destinés ou pouvant servir aux passagers ne seront pas déduits du tonnage brut;

4° Pour les soutes à charbon, on adopte les règles de la Commission européenne du Danube de 1871 et le mesurage exact des soutes fixes.

RÈGLE II. — POUR LES NAVIRES CHARGÉS

Art. 9. — Lorsque les navires ont leur chargement à bord, ou que, pour tout autre motif, ils ne peuvent pas être jaugés d'après la règle première, on opère comme suit:

1. La Compagnie du Canal de Suez admet qu'on peut s'abstenir à la fois de comprendre ces constructions dans le tonnage brut et de les déduire pour le calcul du tonnage net. Mais il paraît plus rationnel et plus conforme aux dispositions de l'article 14 des règles de Constantinople de faire état de ces constructions dans le tonnage brut pour leur volume effectif et de déduire ce même volume pour le calcul du tonnage net. Les deux modes de calcul donnent, d'ailleurs, des résultats identiques.

La longueur du navire est prise sur le pont supérieur, depuis le trait extérieur de la râblure de l'étrave jusqu'à la face arrière de l'étambot : on en retranche la distance du point de rencontre de la voûte avec la râblure de l'étambot à la face arrière de cet étambot.

On mesure ensuite la plus grande largeur du navire hors bordé ou hors préceintes.

On marque à l'extérieur et des deux côtés, dans une direction perpendiculaire au plan diamétral et à l'endroit de la plus grande largeur, la hauteur du pont supérieur, et l'on fait passer sous le navire une chaîne allant de l'une à l'autre marque. A la moitié de la longueur de la chaîne, on ajoute la moitié de la plus grande largeur ; on élève la somme au carré, on multiplie le résultat, d'abord par la longueur déjà prise et ensuite par le facteur 0,17 si le navire est en bois, et par le facteur 0,18 si le navire est en fer. Le produit donnera approximativement le volume du navire, et l'on obtient le tonnage principal en divisant par 100 ou par 2,83, selon que les mesures sont prises en pieds anglais ou en mètres.

Art. 10. — Si, au-dessus du pont supérieur, il existe des dunettes, gaillards, teugues, rouffles ou autres constructions permanentes couvertes et closes (telles qu'elles ont été définies dans les principes généraux), on en détermine le tonnage en multipliant entre elles la longueur, la largeur et la hauteur moyennes et en divisant le produit par 100 ou 2.83, selon que les mesures sont prises en pieds anglais ou en mètres, et on les ajoute au tonnage principal pour déterminer le tonnage brut ou la capacité totale du navire.

DÉDUCTIONS A FAIRE DU TONNAGE BRUT POUR ARRIVER AU TONNAGE NET.

Art. 11. — Pour passer du tonnage brut des navires, tel qu'il vient d'être exposé, à la jauge officielle ou tonnage net, soit pour les navires à voiles, soit pour les navires à vapeur, on procède de la manière suivante :

Navires à voiles.

Art. 12. — Pour les voiliers, on déduit : les espaces appropriés et affectés exclusivement au logement des équipages et aux cabines des officiers de bord, à la cuisine et aux latrines à l'usage exclusif du personnel de bord, qu'ils soient situés au-dessous ou au-dessus du pont supérieur ; les espaces couverts et clos, s'il en existe, placés sur le pont supérieur et destinés à la manœuvre du gouvernail, du cabestan, des appareils de mouillage, à la chambre aux cartes, signaux et autres instruments de la navigation.

Tous les espaces compris dans ces déductions pourront être limités suivant les besoins et les habitudes de chaque pays, mais sans pouvoir dépasser, en totalité, 5 % du tonnage brut.

Art. 13. — Le mesurage de ces espaces sera effectué selon les règles exposées pour mesurer les espaces couverts et clos sur le pont supérieur ; leur total retranché du tonnage brut représente le tonnage net (*register tonnage*) ou jauge officielle des navires à voiles.

Navires à vapeur.

Art. 14. — Dans les navires mus par la vapeur ou par toute autre puissance mécanique, on déduit :

1° Les mêmes espaces que pour les navires à voiles (art. 12) avec la limitation de 5 % du tonnage brut ;

2° Les espaces occupés par les machines, chaudières, soutes à charbon, tunnels des navires à hélice et, dans les entreponts et constructions couvertes et closes sur le pont supérieur, l'entourage des cheminées, les espaces réservés pour donner accès à l'air et à la lumière dans les chambres des machines et ceux nécessaires au fonctionnement et au service de la machine même. Ces déductions ne pourront dépasser 5 % du tonnage brut.

Art. 15. — Le mesurage des espaces communs aux navires à voiles et aux navires à vapeur (1° de l'article 14) sera pratiqué comme il a été exposé aux articles 12 et 13 pour les navires à voiles.

Le mesurage des espaces spéciaux aux navires à vapeur (2° de l'article 14) est effectué de la manière suivante :

Navires à soutes à charbon avec cloisons mobiles.

Art. 16. — Dans les navires à vapeur qui n'ont pas de soutes fixes, mais qui ont des soutes transversales à cloisons mobiles, avec ou sans soutes latérales, on mesure l'espace occupé par les chambres à machines et on y ajoute pour les navires à hélice 75 % et pour les navires à roues 50 % de cet espace.

Par l'espace occupé par les chambres à machines, on doit entendre : celui de cette chambre et de celle à chaudières avec les espaces strictement nécessaires à leur service et à leur fonctionnement, en y ajoutant l'espace du tunnel des navires à hélice et les espaces dans les entreponts destinés à l'entourage de la cheminée et à donner accès à l'air et à la lumière dans les chambres à machines.

Le mesurage de ces espaces se pratique de la manière suivante :

On mesure le creux moyen de l'espace occupé par les machines et les chaudières depuis le can supérieur du bau jusqu'au vaigrage de fond, à côté de la carlingue ; on mesure trois largeurs ou plus, si on le croit nécessaire, à la moitié du creux dans cet espace : en tout cas, l'une de ces largeurs sera mesurée au milieu et deux autres aux extrémités de cet espace ; on prend la moyenne entre ces largeurs ; on mesure la longueur moyenne de l'espace compris entre les cloisons avant et arrière qui limitent la longueur, mais on en déduit, s'il y a lieu, les parties qui ne sont pas affectées ou nécessaires au bon fonctionnement des machines et des chaudières.

Le produit de ces trois dimensions ainsi mesurées est considéré comme donnant le volume de cet espace au-dessous du pont qui couvre la machine.

On ajoute à ce volume celui des espaces des entreponts qui seraient nécessaires au fonctionnement de la machine et à donner accès à l'air et à la lumière.

On y ajoute, de même, le volume de l'espace occupé par le tunnel de l'arbre de l'hélice, et le résultat ainsi obtenu, réduit en tonneaux de jauge de 100 pieds cubes anglais ou de 2 mètres cubes 83, selon que les mesures sont prises en pieds anglais ou en mètres, donne le tonneau correspondant à la chambre des machines et chaudières, qui sert de base aux déductions dont il s'agit.

Si la chambre des machines se trouve répartie dans plusieurs compartiments, on mesure chacun d'eux séparément, comme il vient d'être dit, pour le cas où ils se trouvent réunis, et on les additionne pour obtenir le tonnage total des chambres des machines qui sert, comme auparavant, de base aux déductions totales.

Navires à soutes à charbon fixes.

Art. 17. — Dans les navires à soutes à charbon fixes, on mesure la longueur moyenne de la chambre à machines et chaudières, y compris les soutes à charbon. On calcule les surfaces de trois sections transversales du navire (comme il a été exposé dans la détermination (art. 3 et 4) du tonnage brut) jusqu'au pont qui forme le couronnement de la machine.

L'une de ces trois sections doit passer par le milieu de ladite longueur et les deux autres par les extrémités.

On ajoute à la somme des deux sections extrêmes le quadruple de celle du milieu et l'on multiplie ce résultat par le tiers de la distance qui sépare les sections. Ce produit, divisé par 100, si les mesures sont prises en pieds anglais, ou par 2,83, si elles sont prises en mètres, donne le tonnage de l'espace dont il s'agit.

Si les machines, chaudières et soutes à charbon se trouvent dans des compartiments séparés, on les mesure séparément, d'après la méthode qui vient d'être exposée, et on en fait l'addition.

Dans les navires à hélice, le volume intérieur du tunnel sera mesuré en prenant les longueur, largeur et hauteur moyennes, et le produit des trois dimensions divisé par 100 ou 2,83, selon que les mesures sont prises en pieds anglais ou en mètres, donne le tonnage de cet espace.

On détermine de la même manière le tonnage dans les entreponts ou dans les constructions couvertes et closes sur le pont supérieur :

(*a*) Des espaces destinés à l'entourage de la cheminée ;

(*b*) Des espaces destinés à donner accès à l'air et à la lumière dans les chambres à machines ;

(*c*) Des espaces, s'il y en a, nécessaires au fonctionnement et au service des machines.

Art. 18. — Au lieu du mesurage des soutes fixes, on pourra appliquer les règles pour les soutes à cloisons mobiles de l'article 16.

Art. 19. — Pour les *bateaux remorqueurs*, les déductions ne sont pas limitées à 50 % du tonnage brut ; on déduit tous les espaces occupés par les machines, chaudières et soutes à charbon.

Toutefois, si ces navires ne sont pas exclusivement destinés au service du remorquage, la déduction dont il vient d'être question ne peut dépasser 50 % du tonnage brut.

Il sera, en outre, tenu compte par la Compagnie des déductions suivantes, à partir de l'application du présent règlement:

(*a*) Lorsque le capitaine d'un navire loge dans la chambre des cartes, il sera déduit un maximum de trois tonnes pour l'espace occupé par les cartes dans cette cabine;

(*b*) Il sera déduit du tonnage soumis à la taxation une cabine de médecin, mais seulement lorsque le médecin sera à bord du navire ;

(*c*) Il sera déduit du tonnage soumis à la taxation :

1° Une salle à manger, si elle existe, à l'usage exclusif des officiers et des mécaniciens du bord. Cette déduction n'excèdera pas 4 tonnes ;

2° Une seconde salle à manger, si elle existe, à l'usage exclusif de la maistrance. Cette déduction n'excèdera pas deux tonnes et demie.

Il ne sera accordé aucune déduction, pour la salle à manger des officiers et mécaniciens (dont la limite maximum a été fixée ci-dessus à 4 tonnes) quelle que soit sa capacité, aux navires aménagés pour passagers et qui n'auraient pas de salle à manger pour passagers.

(*d*) Il sera déduit du tonnage soumis à la taxation l'espace aménagé comme chambre de bains, lorsqu'aucun passager ne se trouvera à bord du navire; dans ce cas, la chambre de bains étant exclusivement à l'usage des officiers et mécaniciens.

Il sera également déduit du tonnage soumis à la taxation un espace aménagé comme chambre de bains, bien qu'il y ait des passagers à bord, lorsqu'il se trouvera dans le navire plus d'une chambre de bains permanente; dans ce cas, l'une desdites chambres de bains étant considérée comme spécialement affectée à l'usage des officiers et mécaniciens.

Dans le premier comme dans le second cas, l'espace à déduire comme aménagé pour une chambre de bains à l'usage exclusif des officiers et mécaniciens n'excèdera pas 2 tonnes.

(*e*) La chambre des cartes servant de logement au capitaine — la cabine du médecin — les salles à manger exclusivement réservées aux officiers et mécaniciens du bord ou à la maistrance, — la chambre de bains exclusivement réservée aux officiers et mécaniciens du bord devront porter visiblement une indication signalant leur destination exclusive.

A défaut de cette indication visible, aucune déduction de tonnage quelconque ne sera accordée.

DEUXIÈME PARTIE

Application du jaugeage légal à des navires pris comme exemples.

Règle I. — Pour les navires vides :

1. — Détermination du pont de tonnage.
2. — Longueur du pont de tonnage.
3. — Divisions de la longueur.
4. — Hauteurs des sections transversales.
5. — Largeurs et aires des sections transversales.
6. — Entreponts au-dessus du pont de tonnage.
7. — Volume et tonnage de la coque.
8. — Vérification des mesurages.
9. — Remarques sur l'application des opérations du jaugeage à des navires de construction spéciale.
10. — Navires pourvus de water-ballast.
11. — Application de la jauge à un navire à water-ballast.
12. — Constructions supérieures ou superstructures.
13. — Cubage des capots de descente et claires-voies.
14. — Espaces clos au-dessus du pont supérieur du navire à water-ballast.
15. — Déductions.
16. — Navires non pontés.
17. — Règle II. — Pour les navires chargés.
18. — Règle III. — Déductions pour les navires à vapeur.
19. — Signalement des navires.
20. — Jauge spéciale pour le passage par le Canal de Suez.
21. — Jaugeage des bâtiments français se rendant dans les ports italiens.
22. — Jauge dite « de course » pour les navires de plaisance.
23. — Application de la jauge à des navires de plaisance.

APPLICATION DU JAUGEAGE LÉGAL A DES NAVIRES PRIS COMME EXEMPLES

Les opérations du jaugeage légal des navires de commerce, telles qu'elles sont pratiquées actuellement en France, ont été établies par les décrets des 24 mai 1873 et 7 mars 1889, d'après le système anglais ou méthode Moorsom, dont nous avons donné toutes les dispositions dans la première partie de cet ouvrage.

Pour bien faire comprendre ces opérations et en rendre l'exécution facile, proposons-nous d'en faire l'application à des navires pris comme exemples, permettant d'envisager tous les cas qui peuvent se présenter dans le jaugeage.

Ce que nous ferons sur ces navires-exemples servira de guide pour toute opération de jauge à effectuer sur un navire quelconque, à voiles ou à vapeur.

Les règles d'après lesquelles sont jaugés les navires de commerce sont au nombre de trois savoir :

Règle I. — *Pour les navires vides.*
Règle II. — *Pour les navires chargés.*
Règle III. — *Déductions pour les navires à vapeur.*

RÈGLE I. — POUR LES NAVIRES VIDES.

1. — Détermination du pont de tonnage.

La première opération à faire pour le jaugeage des navires vides consiste à déterminer le *pont de tonnage*, c'est-à-dire le pont au-dessous duquel le volume intérieur du bâtiment est pris *sans défalcation* de l'espace occupé par le *bordé* des ponts inférieurs, comme si ces derniers n'existaient pas.

D'après le décret du 24 mai 1873, le pont de tonnage est le pont supérieur pour les navires à un ou deux ponts, et le second pont, *à partir de la cale*, pour les navires ayant plus de deux ponts.

Un pont n'est considéré comme tel que lorsqu'il n'a pas de solution de continuité.

Les règlements de douane disent : « On ne doit entendre par pont que ceux qui sont recouverts d'un bordé (plancher) complet. Les poutres ou barres sèches, placées dans la cale pour maintenir l'écartement des murailles, et contribuer à la solidité de la construction, ne sont pas considérées comme constituant un pont. Cependant, lorsque les barres sèches sont assez rapprochées pour recevoir un bordé mobile ou des panneaux volants, on doit les compter pour un pont. Le pont de tonnage est alors celui qui les surmonte immédiatement. »

Lorsqu'au-dessus du pont de tonnage il y a encore un ou plusieurs ponts, l'espace qui existe entre ces ponts est mesuré séparément, sans tenir compte du volume du bordé.

Le volume au-dessous du pont de tonnage est appelé *volume principal;* les autres sont les *volumes des entreponts au-dessus du pont de tonnage.*

Tous ces espaces sont ajoutés ensemble pour constituer le *volume total intérieur de la coque* du navire. Ce volume est compris entre le dessus du fond et le dessous du pont supérieur, défalcation faite de l'espace occupé par *le bordé* du pont de tonnage et des ponts au-dessus, à l'exception des *coupées de pont* pour entourages des machines et chaudières, sur les navires à vapeur, qui sont comprises dans le volume, comme nous le verrons plus loin.

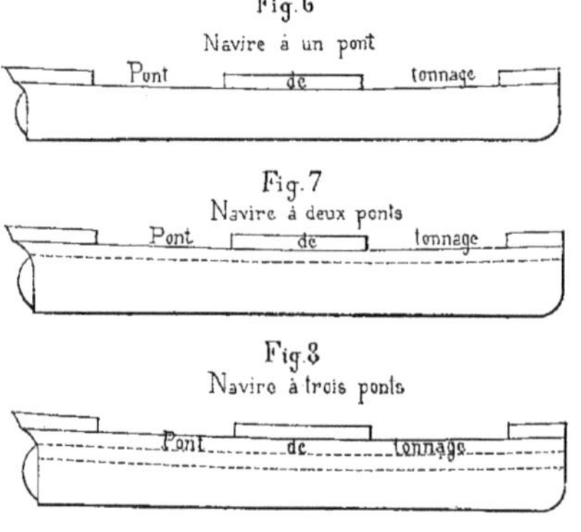

Les figures 6, 7 et 8 représentent des navires à un, deux et trois ponts, avec indication du pont de tonnage.

Le premier navire que nous allons prendre pour exemple, pour l'application du jaugeage, est un paquebot en acier, à hélice, de la force de 1.800 chevaux de 75 kilogrammètres. Ce bâtiment, figuré dans son ensemble planche I, a trois ponts complets s'étendant de l'avant à l'arrière; un quatrième pont, à l'avant, s'arrête au compartiment des chaudières, et n'est pas considéré comme pont pour la jauge. Il n'a ni *faux tillac,* ni *double fond,* ni *water-ballast.*

D'après le décret du 24 mai 1873, le navire ayant trois ponts complets, le pont de tonnage est le second pont à partir de la cale.

2. — Longueur du pont de tonnage.

La longueur du pont de tonnage, pour la détermination, d'abord, de *la classe* dans laquelle le navire doit être jaugé, et, ensuite, du *volume intérieur au-dessous,* devrait se prendre sur la face inférieure du bordé de ce pont, c'est-à-dire au plafond de l'espace intérieur. Mais ce mode de mesurage ne peut s'effectuer en pratique, et l'on procède sur la face supérieure du pont, *sans tenir compte de la tonture*, d'après les règles et indications qui vont suivre. (Si la tonture excédait le vingtième de la longueur, il faudrait mesurer la corde de l'arc de cercle).

L'article 2 du décret du 24 mai 1873 dit que la longueur, pour le tonnage des navires, se mesure sur la face supérieure du pont de tonnage, de tête en tête, *en dedans du vaigrage*.

Pour l'application des termes de cet article, les cas ci-après peuvent se présenter :

1° *Navire à étrave verticale* (cas du navire-exemple).

Les figures 9 et 10 représentent la disposition de l'avant d'un navire en acier ou fer, à étrave

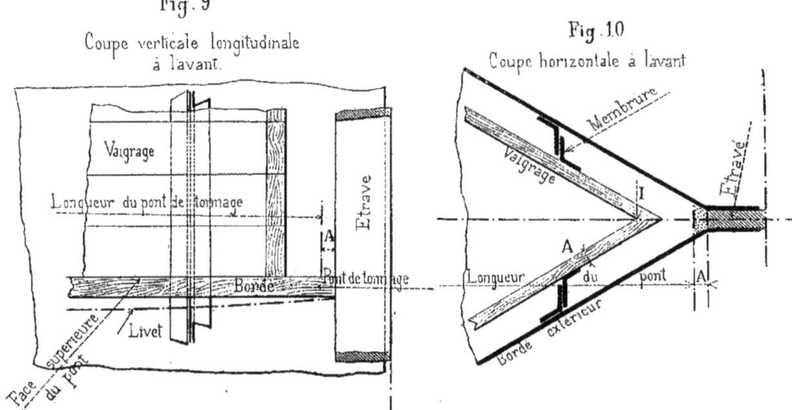

Fig. 9 — Coupe verticale longitudinale à l'avant.

Fig. 10 — Coupe horizontale à l'avant

verticale. Le vaigrage intérieur, appliqué contre la membrure, a une épaisseur A. L'intersection des deux plans de vaigrage, bâbord et tribord, est en I, à une certaine distance de l'étrave.

Pour l'application de la loi, il semblerait que le point d'aboutissement du pont devrait être à cette intersection I des vaigrages. Il n'en est rien; la longueur se mesure jusqu'à l'étrave, et on en déduit une quantité correspondant à l'épaisseur du vaigrage. Ce dernier est considéré comme étant appliqué directement sur l'étrave.

Si le navire n'avait pas de vaigrage sur les membrures, le point d'aboutissement du pont serait à l'étrave même.

L'épaisseur du vaigrage est mesurée partout où il existe, et, en cas d'inégalité d'épaisseurs, on prend la moyenne des dimensions obtenues.

Pour le volume principal, l'épaisseur du vaigrage ne se mesure que dans cet espace.

Dans le cas où le pont de tonnage rencontre l'étambot d'une manière analogue à celle que nous venons d'indiquer pour l'étrave, on opère le mesurage du pont à l'arrière de la même façon que celle donnée pour l'avant.

2° *Navire à étrave élancée.*

Si l'étrave est élancée, comme dans la figure 11, on mesure la longueur du pont de tonnage sur sa face supérieure, et l'on en retranche une quantité E qui correspond à l'élancement de l'étrave sur la partie comprise dans l'épaisseur du bordé de pont, comme l'exige l'article 2 du décret susvisé. L'épaisseur moyenne du vaigrage est ensuite déduite de cette dernière longueur trouvée. Le point d'aboutissement du pont de tonnage est ainsi en A (fig. 11).

Mêmes opérations si l'étambot est élancé.

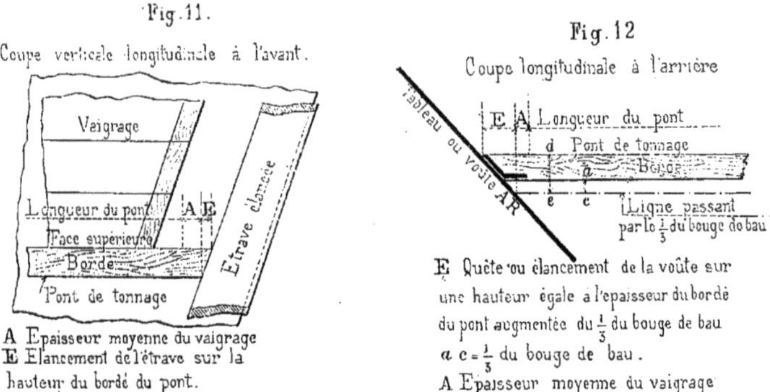

3° Quelquefois, à l'arrière, l'intersection du pont de tonnage se fait avec le tableau ou voûte, et non avec l'étambot, comme l'indiquent les figures 12 et 13. Dans ce cas, on mesure toujours la longueur du pont de tonnage sur sa face supérieure jusqu'à sa rencontre avec la voûte, et on en déduit ensuite une quantité correspondant à la quête ou inclinaison de la voûte, sur une hauteur égale à l'épaisseur du bordé du pont, augmentée du tiers du bouge de bau (article 2 du décret).

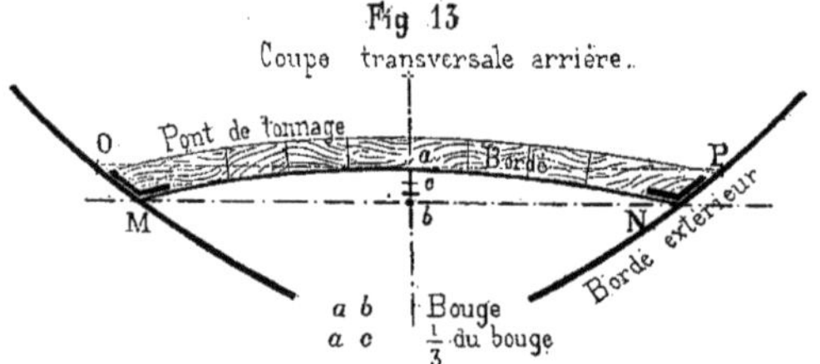

Le *bouge de bau* ou *de barrot* est la flèche *ab* des barrots cintrés suivant le sens transversal du navire. La ligne droite du pont, MN, passant par l'intersection de la face inférieure du pont en abord avec les murailles du navire, est le *livet*. Le tiers du bouge est *ac* : c'est cette quantité qui, portée au-dessous du pont de tonnage, donne une hauteur *de* sur laquelle on mesure la valeur **E** de l'inclinaison ou quête de la voûte qui doit se déduire de la longueur mesurée jusqu'au tableau, ainsi que l'épaisseur moyenne du vaigrage.

Fig. 14

Coupe longitudinale à l'arrière.

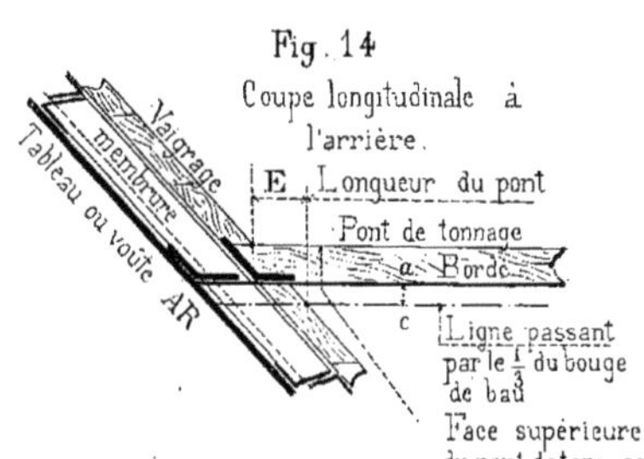

E Quête de la voûte sur une hauteur égale à l'épaisseur du bordé du pont augmentée du $\frac{1}{3}$ du bouge de bau.

$a\ c = \frac{1}{3}$ du bouge de bau.

Fig. 15

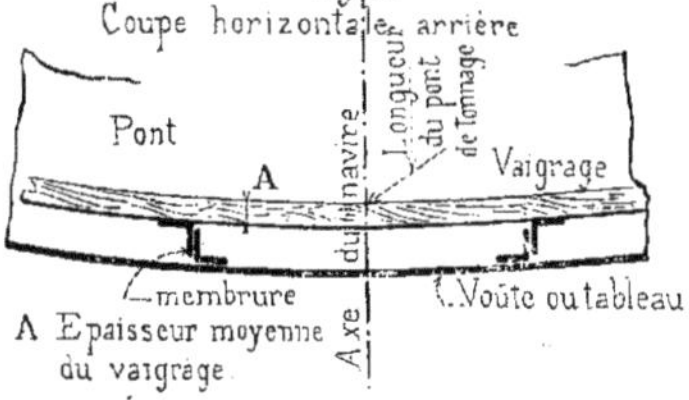

Coupe horizontale arrière

Pont — Longueur du pont de tonnage — Vaigrage — A — Axe du navire — membrure — Voûte ou tableau

A Epaisseur moyenne du vaigrage

Au lieu de ce dispositif, on a souvent (fig. 14 et 15) sur la voûte arrière des membrures et un vaigrage. Dans ce cas, on mesure le pont de tonnage sur sa face supérieure, jusqu'à son intersection avec le vaigrage sur membrures, et on en déduit ensuite la quantité correspondant à l'inclinaison de la voûte sur l'épaisseur du pont, augmentée du tiers du bouge de bau.

Remarques. — La valeur du tiers du bouge de bau, dont il est question ci-dessus, intervient dans les mesurages pour les raisons que nous indiquerons un peu plus loin, lorsque nous parlerons des hauteurs des sections transversales.

De même qu'ils ont généralement une courbe de bâbord à tribord, dont la flèche est appelée *bouge*, les ponts ont une courbe de l'avant à l'arrière dont la flèche est appelée *tonture*.

Dans le mesurage de la longueur, en suivant la face supérieure du pont, on ne tient pas compte de la tonture, ce qui fait que la longueur obtenue est plus grande que celle que l'on devrait avoir en suivant la ligne droite passant par les deux points extrêmes avant et arrière; mais, la différence est si minime, pour les grands navires surtout, qu'on néglige d'en tenir compte, à moins, toutefois, comme nous l'avons dit plus haut, que la tonture fût supérieure au vingtième de la longueur du navire, auquel cas il faudrait mesurer la ligne droite, corde de l'arc.

4° Dans le cas où l'étrave, ou l'étambot, serait incliné vers l'intérieur du navire, de manière à former avec le dessus du pont un angle aigu, il y aurait lieu d'*ajouter* à la longueur, mesurée sur la face supérieure du pont de tonnage, l'inclinaison de l'étrave, sur une hauteur égale à l'épaisseur du bordé du pont. Ce cas est absolument contraire à celui de l'étrave élancée.

Fig. 16

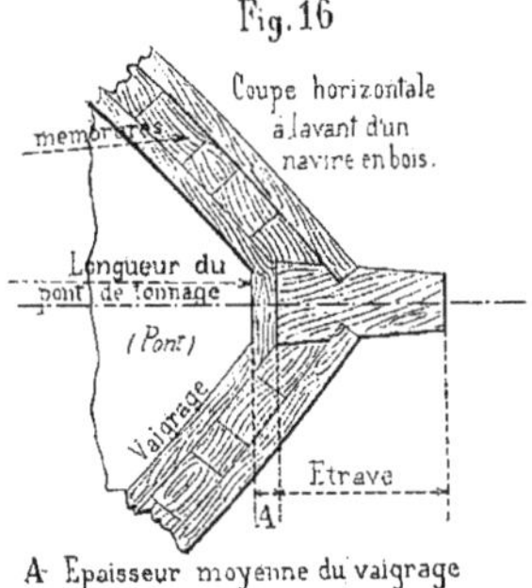

A Epaisseur moyenne du vaigrage

5° *Navires en bois.* — Dans les navires en bois, le mesurage du pont de tonnage s'effectue de la même façon que celle indiquée ci-dessus pour un navire à coque métallique, soit pour l'avant, soit pour l'arrière.

La figure 16 représente la coupe à l'avant, au pont de tonnage, d'un navire en bois.

Les indications de cette figure suffisent pour faire comprendre les opérations du mesurage de la longueur.

Observation générale. — Il est bien entendu que, s'il n'y a pas de vaigrage sur les membrures, on doit effectuer les mesurages sur la membrure intérieure et sur les faces intérieures de l'étrave et de l'étambot.

La longueur du pont de tonnage, ainsi déterminée, indique dans quelle classe le navire doit être jaugé, d'après les décrets de mai 1873 et mars 1889.

---

3. — Division de la longueur.

La longueur du navire, au pont de tonnage, est divisée en un certain nombre de parties égales, en vue de calculer les aires des différentes sections transversales qui sont nécessaires pour établir le volume intérieur du navire (art. 3 du décret du 24 mai 1873). D'après cet article, les navires sont divisés en 5 classes, selon leur longueur, et le maximum des divisions de la longueur est de 12. Le décret du 7 mars 1889 a complété l'article 3 ci-dessus, et porté les classes des navires à 9, avec un maximum de divisions de 20.

Le navire, pris comme exemple, a un pont de tonnage, mesuré comme il est dit plus haut, d'une longueur de 117^{m},52. D'après l'article 1er du décret du 7 mars 1889, ce navire doit être jaugé dans la classe 7, et les divisions de la longueur doivent être au nombre de 16. Le nombre des sections transversales à mesurer est donc de 17.

La distance entre les divisions de la longueur est égale à $\frac{117^{m},52}{16} = 7^{m},3450$. (La 3e décimale doit être forcée, si la 4e est 5 ou plus).

---

4. — Hauteurs des sections transversales.

Les hauteurs des sections transversales se mesurent, d'après l'article 4 du décret du 24 mai 1873, depuis un point marqué au tiers du bouge du pont, au milieu de la largeur du navire, en contre-bas du can supérieur du barrot, jusque sur le vaigrage du fond, à côté de la carlingue centrale et verticalement. (Le long des épontilles, s'il est possible).

La figure 17 représente le pont de tonnage au milieu de la largeur du navire pour une section quelconque. Le bouge indiqué est *ab* ; le tiers du bouge *ac*.

Comme nous le disions plus haut, la valeur du tiers du bouge de bau intervient dans le mesurage des hauteurs. C'est, en effet, à partir du tiers du bouge de bau, en contre-bas du can supérieur du barrot, c'est-à-dire en c, que l'on mesure les hauteurs intérieures du navire. Si l'on mesurait la hauteur jusqu'au sommet du barrot du pont au milieu, au point *a*, on prendrait en trop, dans le volume intérieur du navire, les volumes *a*MO, *a*NP (fig. 13, et planche II), donnés par la courbure des barrots, sur toute la longueur du navire, au-dessous de la ligne OP parallèle au livet. Si l'on prenait les hauteurs au livet du pont MN on négligerait, dans le volume intérieur, les volumes *a*M*b* et *a*N*b* donnés par la courbure des barrots, sur toute la longueur du navire, au-dessus du livet.

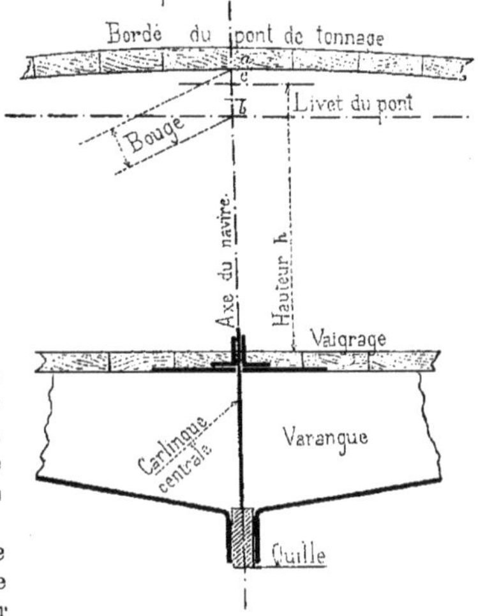

En faisant passer une ligne fictive à une distance *ac* en contre-bas du can supérieur des barrots, égale au 1/3 du bouge de bau, on compense assez exactement les volumes pris en trop d'un côté et négligés de l'autre. Cette règle est suivie pour toutes les hauteurs où le plafond de l'espace à mesurer est cintré suivant un barrot courbe. Si le pont était sans bouge, on mesurerait jusqu'au can supérieur des barrots.

Les hauteurs *h* se mesurent ensuite jusque sur le vaigrage du fond, à côté de la carlingue centrale. S'il n'y a pas de vaigrage, on mesure sur les varangues. La figure 17 représente aussi le fond d'un navire au milieu de la largeur. Les indications de cette figure donnent suffisamment la manière de relever les hauteurs *h* à toutes les sections.

L'article 5 du décret du 24 mai 1873 indique le nombre de divisions que l'on doit faire sur les hauteurs des sections transversales selon la hauteur de la section milieu.

Dans notre exemple, le bouge, au milieu de la longueur, est de $0^m,25$; le tiers du bouge $0^m,08$. La hauteur du dessus de vaigrage au can supérieur du barrot, au milieu de la largeur et au milieu de la longueur du navire, est de $6^m,80$. La hauteur pour le mesurage est donc de :

$$6^m,80 - 0^m,08 = 6^m72$$

(Le bouge de bau est généralement égal à 2 centimètres par mètre de la largeur totale du pont, de bâbord à tribord, au point considéré. Ainsi, pour une largeur de pont MN, de $12^m,50$, le bouge est égal à $12^m,50 \times 0^m,02 = 0^m,25$).

Le nombre de divisions de la hauteur à faire à toutes les sections est, d'après la loi, de 6, et le nombre de largeurs à mesurer de 7.

La distance entre les divisions de la hauteur est de $\frac{6^m,72}{6} = 1^m,120$ pour la section milieu. (La 3e décimale doit être forcée si la 4e est 5 ou plus).

Reliure serrée

Tableau pour le Calcul du [illegible] principal (VOLUME SOUS LE PONT DE TONNAGE)

Longueur du pont de tonnage : Plus de 108 mètres, moins de 122 mètres. — Hauteur sous le pont de tonnage : Plus de 5 mètres. — Classe VII

Longueur du pont de tonnage : 117m,52 (à diviser par 16). — Distance entre les divisions de la longueur : 7m,345 (7,3450)

NUMÉROS DES SECTIONS	1re SECTION (avant)	2e SECTION	3e SECTION	4e SECTION	5e SECTION	6e SECTION	7e SECTION	8e SECTION	9e SECTION	10e SECTION	11e SECTION	12e SECTION	13e SECTION	14e SECTION	15e SECTION	16e SECTION	17e SECTION
Bouge du bau	»	0m,09	0m,15	0m,20	0m,24	0m,25	0m,25	0m,25	[illegible]	0m,25	0m,25	0m,25	0m,25	0m,24	0m,22	0m,18	»
Tiers du bouge du bau	»	0m,03	0m,05	0m,07	0m,08	0m,08	0m,08	0m,08	[illegible]	0m,08	0m,08	0m,08	0m,08	0m,08	0m,07	0m,06	»
Hauteur (après déduction du tiers du bouge de bau)	»	7m,50	7m,50	7m,20	6m,60	6m,77	6m,75	6m,72	[illegible]	6m,72	6m,69	6m,69	6m,69	6m,72	6m,75	3m,69	»
Distance entre les divisions de la hauteur (un sixième de la hauteur)	»	1m,250	1m,250	1m,200	1m,100	1m,128	1m,125	1m,120	1m,1[illegible]	1m,120	1m,115	1m,115	1m,115	1m,120	1m,125	0m,615	»

NUMÉROS des largeurs	FACTEURS	1re Largeurs	1re Produits	2e Largeurs	2e Produits	3e Largeurs	3e Produits	4e Largeurs	4e Produits	5e Largeurs	5e Produits	6e Largeurs	6e Produits	7e Largeurs	7e Produits	8e Largeurs	8e Produits
1	1	»	»	5,20	5,20	8,60	8,60	10,50	10,50	11,80	11,80	12,16	12,16	12,24	12,24	12,37	12,37
2	4	»	»	4,62	18,48	8,28	33,12	10,38	41,52	11,60	46,40	12,14	48,56	12,30	49,20	12,40	49,60
3	2	»	»	4,02	8,04	7,81	15,62	10,14	20,28	11,44	22,88	12,04	24,08	12,32	24,64	12,44	24,88
4	4	»	»	3,50	14,00	7,26	29,04	9,84	39,36	11,22	44,88	11,86	47,44	12,20	48,80	12,36	49,44
5	2	»	»	2,90	5,80	6,70	13,40	9,26	18,52	10,80	21,60	11,60	23,20	12,00	24,00	12,18	24,36
6	4	»	»	2,26	9,04	5,80	23,20	8,20	32,80	9,92	39,68	10,90	43,60	11,56	46,24	11,70	46,80
7	1	»	»	1,10	1,10	3,30	3,30	5,00	5,00	6,40	6,40	7,24	7,24	7,84	7,84	8,04	8,04

NUMÉROS des largeurs	9e Largeurs	9e Produits	10e Largeurs	10e Produits	11e Largeurs	11e Produits	12e Largeurs	12e Produits	13e Largeurs	13e Produits	14e Largeurs	14e Produits	15e Largeurs	15e Produits	16e Largeurs	16e Produits	17e Largeurs	17e Produits
1	12,7[illegible]	[illegible]	[illegible]	12,36	12,20	12,20	12,01	12,01	11,82	11,82	11,10	11,10	10,96	10,96	10,40	10,40	»	»
2	12,4[illegible]	[illegible]	[illegible]	[illegible]	12,24	48,96	12,06	48,24	11,80	47,20	11,34	45,36	10,50	42,00	9,21	36,84	»	»
3	12,1[illegible]	[illegible]	[illegible]	[illegible]	12,24	24,48	12,10	24,20	11,76	23,52	11,30	22,60	9,80	19,60	8,40	16,80	»	»
4	12,3[illegible]	[illegible]	[illegible]	[illegible]	12,18	48,72	12,00	48,00	11,52	46,08	10,40	41,60	8,80	35,20	7,50	30,00	»	»
5	12,3[illegible]	[illegible]	[illegible]	[illegible]	11,90	23,80	11,70	23,40	11,06	22,12	9,56	19,12	7,24	14,48	6,60	13,20	»	»
6	11,9[illegible]	[illegible]	[illegible]	[illegible]	11,34	45,36	10,90	43,60	10,10	40,40	7,94	31,76	4,40	17,60	5,62	22,48	»	»
7	8,10	[illegible]	[illegible]	8,10	7,60	7,60	6,60	6,60	5,40	5,40	3,60	3,60	1,30	1,30	1,58	4,68	»	»

	1re	2e	3e	4e	5e	6e	7e	8e	9e	10e	11e	12e	13e	14e	15e	16e	17e
Totaux	»	51,66	126,34	167,98	193,64	206,28	212,96	215,49	217,1[illegible]	[illegible]	211,12	206,05	196,54	174,90	141,14	134,02	»
Tiers de la distance entre les divisions de la hauteur	»	0m,417	0m,417	0m,400	0m,383	0m,376	0m,375	0m,373	0m,37[illegible]	[illegible]	0m,372	0m,372	0m,372	0m,373	0m,375	0m,205	»
Produits (Aire de la section en mètres carrés)	»	25m²,712	52m²,684	67m²,192	74m²,164	77m²,561	79m²,860	80m²,377	80m²,[illegible]	[illegible]	78m²,536	76m²,661	73m²,112	65m²,237	52m²,927	27m²,474	»

Capacité cubique et tonnage

NUMÉROS des aires transversales	FACTEURS	AIRES des sections	PRODUITS
1	1	»	»
2	4	25,71	102,84
3	2	52,68	105,36
4	4	67,19	268,76
5	2	74,16	148,32
6	4	77,56	310,24
7	2	79,86	159,72
8	4	80,38	321,52
9	2	80,99	161,98
10	4	80,25	321,00
11	2	78,54	157,08
12	4	76,66	306,64
13	2	73,11	146,22
14	4	65,24	260,96
15	2	52,93	105,86
16	4	27,47	109,88
17	1	»	»
Total			2.886,58
Tiers de la distance entre les divisions de la longueur			2m,448
Produit (volume en mètres cubes)			7.310m³,162
A diviser par 2,83 = (tonneaux de jauge)			2.583t,20

5. — Largeurs et aires des sections transversales.

L'article 6 du décret précité dit qu'à chacun des points de division de la hauteur de chaque section, on mesure la largeur du navire, en dedans du vaigrage, quand il en existe et qu'il est fixé à demeure. Pour chaque espace à mesurer, on relève l'épaisseur du vaigrage en divers points, et c'est la moyenne des épaisseurs mesurées qui est considérée comme appliquée sur la membrure. Le vaigrage par lattes en fer ou à claire-voie est considéré comme revêtement complet. Si le vaigrage n'existe pas, on mesure jusqu'à la membrure.

Le mesurage des largeurs se fait perpendiculairement à l'axe longitudinal du navire. Pour cela, on doit porter les divisions de la hauteur de chaque côté de la largeur, aux sections.

La largeur inférieure, sur le vaigrage du fond sur varangues, se mesure seulement dans la partie plate. Celle-ci peut, dans certains cas, être nulle, selon la forme des varangues : la largeur inférieure est alors égale à zéro. A l'extrême avant, les largeurs de la première section sont considérées comme nulles parce qu'elles n'ont que l'épaisseur de l'étrave.

La planche II représente la coupe transversale du navire pris comme exemple. Sur cette coupe sont indiquées les largeurs de vaigrage à vaigrage, du volume principal, pour la section milieu de la longueur. Une moitié de cette coupe donne la disposition des entreponts et cales ; l'autre moitié la disposition des chaudières et des soutes à charbon.

Sur la planche III de l'épure de la jauge, sont figurées toutes les sections transversales du volume principal, sur la moitié du navire seulement, l'autre moitié lui étant égale et symétrique.

Les largeurs sont mesurées à chaque division de la hauteur sous le pont de tonnage, sans s'occuper des ponts intermédiaires comme s'ils n'existaient pas. Elles sont numérotées à partir du pont de tonnage, comme l'indiquent les planches II et III, et multipliées par les facteurs 1, 4, 2, 4 ... 1. Le total de ces produits multiplié par le tiers de la distance entre les divisions de la hauteur donne *l'aire des sections*.

Les aires des sections multipliées également par les facteurs 1, 4, 2, 4 ... 1, donnent des produits dont le total, multiplié par le tiers de la distance entre les divisions de la longueur, donne une capacité cubique qui est le *volume principal* du navire sous le pont de tonnage, et ce volume divisé par 2,83 représente le *tonnage principal.*

(Voir pour l'explication de ces calculs le mémoire de M. Moorsom, page 19.)

En nous basant sur ce que nous venons d'exposer, nous pouvons calculer le volume du navire-exemple, dont les demi-largeurs à toutes les divisions de la hauteur et pour toutes les sections, de l'avant à l'arrière, sont données à la planche III.

Avec ces éléments, nous pouvons constituer le tableau ci-dessus du relevé des ordonnées et du calcul de la capacité cubique et tonnage de jauge pour le volume principal au-dessous du pont de tonnage.

Dans ce tableau, la distance entre les divisions de la longueur du pont de tonnage, les distances entre les divisions de la hauteur, le tiers de ces distances, ainsi que le tiers de la distance entre les divisions de la longueur doivent être exprimés avec trois décimales, en forçant la 3e si la 4e est égale ou supérieure à 5.

Fig. 18

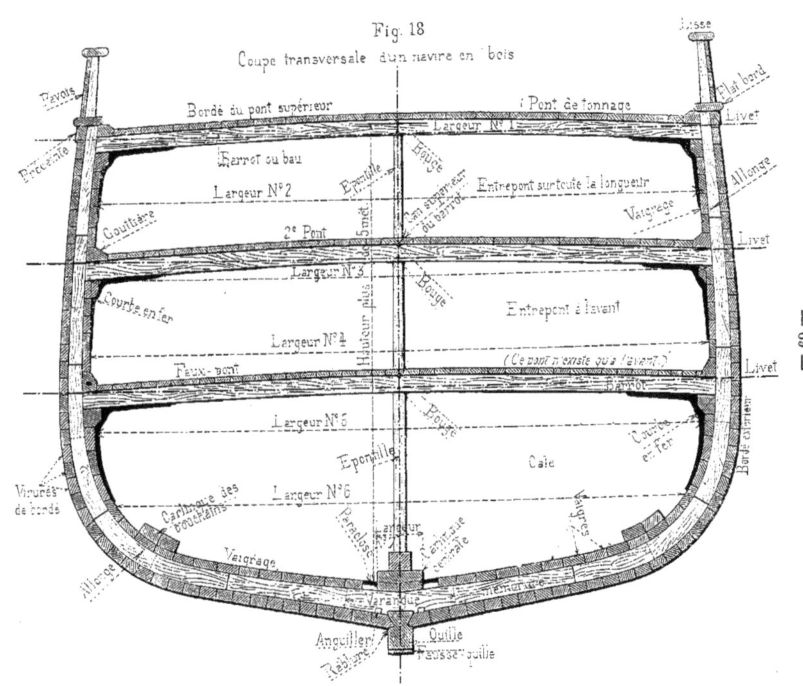

Coupe transversale d'un navire en bois

Navires en bois.

Nous donnons ci-dessus la coupe transversale d'un navire en bois avec désignation des pièces composant la charpente, complétant ainsi le vocabulaire des termes de navire donné page 27.

Ce bateau a deux ponts complets et un faux pont *à l'avant* seulement : le pont supérieur est donc le pont de tonnage. La hauteur intérieure du dessus du vaigrage du fond au tiers du bouge de bau est plus de 5 mètres ; elle doit être divisée en six parties égales (fig. 18).

Les largeurs et les hauteurs, pour le calcul de l'aire de la section, se mesurent de la même façon que pour les navires en acier, dont nous venons de donner le résumé des opérations, d'après la coupe transversale de la planche II.

La septième largeur intérieure, celle qui correspond au vaigrage du fond, est réduite à la largeur de la carlingue centrale. Il arrive quelquefois que cette largeur est nulle, à cause de l'acuité des varangues.

Aux extrémités avant et arrière, les points d'aboutissement du pont de tonnage (pont supérieur) de ce navire en bois ne présentent pas de particularités modifiant ce que nous avons dit lors de la détermination de la longueur du pont de tonnage du navire-exemple en acier. A l'avant, l'étrave est élancée à cause de la guibre dont est pourvu ce bâtiment ; à l'arrière, le pont rencontre le tableau. Les mesurages s'effectuent comme pour le navire en acier cité et nous n'insisterons pas davantage sur ce cas qui n'offre rien de particulier.

La coupe transversale de la page précédente (fig. 18) indique, d'ailleurs, clairement la manière dont les mesurages de largeurs et de hauteurs doivent s'effectuer.

---

6. — Entreponts au-dessus du pont de tonnage.

Le mesurage de ou des entreponts au-dessus du pont de tonnage, en vue d'en déterminer la capacité, s'effectue de la manière suivante :

La longueur se prend au milieu de la hauteur, de vaigrage à vaigrage, s'il en existe. L'épaisseur de ce dernier doit être mesurée sur un certain nombre de points de l'entrepont, et, en cas d'inégalités d'épaisseurs, on établit une moyenne.

A l'avant, le point extrême de la longueur doit se trouver sur la face intérieure de l'étrave, défalcation faite de l'épaisseur moyenne du vaigrage. A l'arrière, si le point extrême de la longueur rencontre la voûte, on doit faire le mesurage sur les membrures, s'il en existe, et déduire ensuite l'épaisseur moyenne du vaigrage.

La longueur, ainsi déterminée, est divisée en autant de parties égales qu'il en a été fait pour le pont de tonnage. A chacun des points de division on mesure la largeur au milieu de la hauteur, de vaigrage à vaigrage, ou de membrure à membrure s'il n'y a pas de vaigrage. Si l'arrière est rectangulaire, la largeur extrême se mesure comme ailleurs ; si l'arrière est arrondi, on prend la largeur sur une partie plate, s'il est possible, et, dans le cas contraire, la largeur extrême arrière est nulle.

Tableau pour le calcul du volume de l'entrepont au-dessus du pont de tonnage.

Longueur au milieu de la hauteur : 120m,02 à diviser par 16, comme pour le volume principal.
Distance entre les divisions de la longueur (7m,5012. : 7m,501.
Nombre de largeurs et de hauteurs à mesurer : 17.

NUMÉROS des Sections	FACTEURS	LARGEURS	PRODUITS	HAUTEURS	OBSERVATION
1	1	»	»	»	Lorsque la hauteur n'est pas constante dans l'entrepont, on additionne les hauteurs mesurées à chaque point de division (les extrémités du pont inférieur comprises) ; le 17me du total donne la hauteur moyenne.
2	4	6m,56	26,24	2m,35	
3	2	9 ,84	19,68	2 ,35	
4	4	11 ,36	45,44	2 ,35	
5	2	11 ,82	23,64	2 ,35	
6	4	12 ,02	48,08	2 ,35	
7	2	12 ,20	24,40	2 ,35	
8	4	12 ,32	49,28	2 ,35	
9	2	12 ,32	24,64	2 ,35	
10	4	12 ,32	49,28	2 ,35	
11	2	12 ,26	24,52	2 ,35	
12	4	12 ,12	48,48	2 ,35	
13	2	11 ,84	23,68	2 ,35	
14	4	11 ,38	45,52	2 ,35	
15	2	10 ,60	21,20	2 ,35	
16	4	9 ,60	38,40	2 ,35	
17	1	2 ,00	2,00	2 ,35	
		TOTAL. . .	914,48		
Tiers de la distance entre les divisions de la longueur (2m,5003).			2m,500		
Produit (aire horizontale).			2.286m²,200		
Hauteur moyenne.			2m,35		
Produit (volume en mètres cubes) . . .			3.022m³,570 à diviser par 2,83.		
donne :			1.068Tx,05 (Tonneaux de jauge.)		

Les hauteurs de l'entrepont sont prises à toutes les divisions de la longueur, excepté aux points extrêmes avant et arrière où le mesurage de la hauteur se fait à l'extrémité du pont le plus court. Si les ponts qui limitent l'entrepont ont tous les deux un bouge ou non, les hauteurs se relèvent du dessus du bordé du pont inférieur au-dessous du bordé du pont supérieur, au milieu de la largeur, et verticalement, suivant les épontilles, s'il est possible. Si le pont inférieur est sans bouge, les hauteurs se mesurent de la même façon que celle que nous venons d'indiquer, mais on en déduit le tiers du bouge de bau du pont supérieur.

Les largeurs sont numérotées à partir de l'avant, et multipliées par les facteurs 1, 4, 2, 4.... 1, comme celles des sections tranversales du volume principal. Le total de ces produits multiplié, par le tiers de la distance entre les divisions de la longueur, donne l'aire moyenne horizontale de l'entrepont.

Le volume de l'entrepont s'obtient ensuite en multipliant cette aire par la hauteur moyenne, et ce volume, divisé par 2,83, représente le tonnage de l'entrepont.

Dans le cas où un navire possèderait plusieurs entreponts au-dessus du pont de tonnage, le mesurage et les calculs de capacité de ces entreponts s'effectueraient d'une façon analogue à celle que nous venons d'exposer.

Les planches II et III donnent les indications du mesurage de l'entrepont au-dessus du pont de tonnage du navire-exemple, ainsi que les largeurs et hauteurs obtenues à toutes les divisions de la longueur. Avec ces éléments, on peut constituer le tableau ci-dessus pour la détermination de la capacité cubique et du tonnage de jauge de l'entrepont au-dessus du pont de tonnage.

Dans ce tableau, la distance entre les divisions de la longueur et le tiers de cette distance, doivent être exprimés avec trois décimales, en forçant la troisième, si la quatrième est égale ou supérieure à cinq.

---

7. — Volume et tonnage de la coque.

Les espaces mesurés au-dessous du pont supérieur doivent être additionnés ensemble pour constituer la capacité cubique et le tonnage total de la coque du navire, comme nous l'avons dit au début de cette deuxième partie, déduction faite du volume du *bordé* du pont de tonnage et des autres ponts au-dessous s'il y en a. Dans les calculs que nous avons faits, le volume de ces ponts n'a pas été compté ; mais il y a lieu de remarquer que dans les navires à vapeur, à cause des déductions qui font l'objet de la règle III, et dont nous nous occuperons un peu plus loin, on ne doit pas déduire de la capacité totale ci-dessus le volume de la partie du bordé de pont qui est dans la coupée des machines et chaudières, puisque ce bordé n'existe pas à ce point.

Ainsi, pour notre navire-exemple (planche I), la coupée des machines et chaudières, au pont de tonnage, a : dans la machine, 7 mètres $\times$ 4^{m},15 = 29$^{m^2}$,05 ; autour de la cheminée, 10^{m},90 $\times$ 4^{m},15 = 45$^{m^2}$,24, soit au total 74$^{m^2}$,29. L'épaisseur du bordé en bois du pont étant de 7 centimètres (planche II), on a comme volume de pont à la coupée des machines et chaudières :

$$74^{m^2},29 \times 0^{m},07 = 5^{m^3},20$$

et, en tonneaux de jauge :

$$\frac{5^{m3},20}{2,83} = 1 \text{ t. } 84.$$

Le *tonnage total de la coque* est donc égal à :

Tonnage principal donné par le tableau de la page 66	2583t,20
Tonnage de l'entrepont donné par le tableau de la page 71	1068 ,05
Tonnage du bordé de pont à la coupée des machines et chaudières.	1 ,84
Total	3652t,89

---

8. — Vérification des mesurages.

Les dimensions relevées à bord des navires, pour la détermination des surfaces et volumes de la coque, peuvent être vérifiées par un tracé graphique d'exécution facile.

Cette épure de jauge, dont un spécimen est donné par la planche III pour notre navire-exemple, s'effectue de la manière suivante :

1° POUR LE VOLUME PRINCIPAL AU-DESSOUS DU PONT DE TONNAGE

On trace une ligne horizontale sur laquelle on porte, à une échelle quelconque, la longueur du pont de tonnage, ainsi que ses divisions numérotées à partir de l'avant. Par chacun de ces points de division, on élève une verticale sur laquelle on porte, à partir de l'horizontale et à une échelle convenable, d'abord la hauteur des varangues, y compris le vaigrage, dont l'indication sur le certificat de jauge est exigée par l'administration des douanes, et ensuite la hauteur mesurée depuis le vaigrage du fond jusqu'au tiers du bouge de bau en contre-bas du can supérieur du barrot, ainsi que les divisions de la hauteur. La ligne horizontale est ainsi le dessus de la quille du navire.

On réunit les points supérieurs des hauteurs, de l'avant à l'arrière, et la courbe que l'on obtient, laquelle passe par le tiers du bouge en contre-bas du can supérieur des barrots, représente sensiblement la *tonture* du pont. On réunit de la même façon les points inférieurs des hauteurs, et la ligne que l'on obtient passe par le dessus du vaigrage du fond et représente assez bien l'encolure des varangues.

Si ces deux courbes sont bien régulières et continues, le mesurage des hauteurs peut être considéré comme bien exécuté.

Par les points de division des hauteurs, on mène des horizontales sur lesquelles on porte, à partir de la verticale, les demi-largeurs relevées correspondant aux sections faites sur la longueur. (On opère sur les demi-largeurs pour plus de simplicité.) Par les points ainsi marqués aux extrémités des largeurs à chacune des sections, depuis la ligne passant par le tiers du bouge jusqu'au vaigrage du fond, on fait passer une courbe dont la régularité indiquera si les opérations de mesurage des largeurs ont été bien exécutées. Ces courbes complètent les figures qui représentent les demi-sections transversales faites dans l'intérieur du navire à tous les points de division de la longueur pour la détermination du volume principal.

Toutes les dimensions de hauteurs et de largeurs ci-dessus sont portées sur le tableau du calcul du volume principal, page 66.

La planche III indique les demi-sections transversales sur la vue longitudinale du navire-exemple, pour en bien faire comprendre la construction et la disposition.

Le tracé des sections transversales que nous venons de faire, quoiqu'indiquant par la forme régulière des courbes la bonne exécution du mesurage des largeurs pour chaque section *prise séparément*, doit être complété par des sections horizontales faites à des hauteurs différentes et réunissant les points des largeurs des sections pour chacune des hauteurs, sur toute la longueur du navire. Les lignes limitant ces largeurs sont également des courbes dont la régularité est indispensable pour le tracé.

Les sections horizontales, appelées souvent *lignes d'eau*, sont représentées sur la planche III pour le navire-exemple, d'abord sur la vue longitudinale aux extrémités avant et arrière, et ensuite en totalité en plan horizontal. Elles sont faites à partir d'une horizontale passant par le dessus du vaigrage du fond au milieu de la longueur, et également espacées ; elles sont numérotées à partir de la plus haute, et ne sont pas prolongées sur le dessin en vue longitudinale sur toute la longueur du navire pour ne pas embrouiller le tracé.

Ces lignes, parallèles à l'horizontale *ab*, dessus de quille, qui a servi au tracé des sections transversales, coupent ces dernières en des points dont on relève les demi-largeurs correspondantes et que l'on porte comme ordonnées sur des droites préalablement tracées en plan horizontal suivant les divisions de la longueur à partir d'une ligne horizontale $x\ y$, représentant l'axe longitudinal du navire, et à laquelle elles sont perpendiculaires.

En réunissant par une ligne les points des demi-largeurs ainsi portées à partir de l'axe xy pour chacune des sections horizontales, on obtient des courbes qui doivent être régulières et continues, de l'avant à l'arrière. Ces conditions assurent la bonne exécution du travail de mesurage.

Pour bien faire comprendre ce que nous venons d'exposer, reportons-nous à la planche III, à la troisième section et à la quinzième section, par exemple. Relevons en vue longitudinale les intersections *cd*, *ce*, *cf*, *cg*, *ch*, *ci*, des sections horizontales avec les sections transversales. Portons ces valeurs *cd*, *ce*,... etc., en plan horizontal sur les ordonnées des troisième et quinzième sections, à partir de l'axe $x\ y$, et marquons les points extrêmes *d*, *e*, *f*, *g*, *h*, *i*, de ces largeurs. Faisons la même opération pour toutes les autres sections et nous aurons, en réunissant tous les points *d*, tous les points *e*... etc., des courbes qui représenteront les sections horizontales 1, 2, 3, 4, 5, 6.

Les aboutissements de ces sections horizontales, à l'avant et à l'arrière, s'arrêtent effectivement aux points *m*, *n*, *o*, *q*, *r*, de l'intersection des horizontales avec la ligne de l'encolure des varangues ; elles sont prolongées en plan horizontal jusqu'à l'étrave et l'étambot pour faciliter l'alignement des courbes.

La ligne du pont passant par le tiers du bouge de bau est portée en plan horizontal suivant la tonture, telle qu'elle existe, de sorte qu'elle forme une double courbure dans ces deux plans.

Aux troisième et quinzième sections, la demi-largeur au pont est *cp*.

Le tracé que nous venons d'indiquer se fait rapidement si les mesurages ont été soigneusement exécutés.

Lors du tracé des sections transversales, si l'on remarque que les points des largeurs ne peuvent pas donner, par leur réunion, une courbe régulière, il faut reprendre le mesurage de ces largeurs, car la coque des navires étant de forme régulière, l'intérieur des cales est sensiblement de même, et l'on doit pouvoir toujours tracer correctement les sections transversales.

Il peut arriver pourtant qu'une même erreur soit faite sur toutes les largeurs d'une même section. Ainsi on peut, par exemple, marquer 50 centimètres en moins sur chacune des largeurs; on ne s'en apercevra certainement pas au tracé de la section, mais lors du tracé des lignes d'eau horizontales, cette erreur se remarquera, car les largeurs se trouveront, pour cette section, en retrait de 50 centimètres sur l'alignement des autres. Ce qui prouve que les sections verticales et horizontales se corrigent l'une par l'autre et sont absolument nécessaires pour le tracé de l'épure.

L'opération que l'on a faite sur les largeurs s'exécute de la même façon pour les aires. Ainsi, les aires des sections du navire-exemple, planche III, sont portées à l'échelle de $7^{mm},5$ par 10 mètres carrés sur les ordonnées des divisions de la longueur, d'après les chiffres portés sur le tableau de la page 66. La ligne qui réunit les extrémités des ordonnées de surface est la courbe des aires des sections du volume principal, et doit être régulière comme toutes les autres déjà tracées.

Cette nouvelle courbe résume les opérations de mesurage et de calcul et complète l'épure de la jauge du volume principal.

2° POUR LE VOLUME DE L'ENTREPONT AU-DESSUS DU PONT DE TONNAGE

Les demi-largeurs, relevées dans l'entrepont au milieu de la hauteur, sont portées sur des ordonnées distantes d'une quantité égale aux divisions de la longueur de cet espace, à partir d'une ligne horizontale représentant l'axe longitudinal du navire, comme il a été exécuté pour les sections horizontales du volume principal, et l'on fait passer une courbe par les points de ces demi-largeurs. Cette courbe doit être régulière pour assurer la bonne exécution du travail de mesurage. Les largeurs nécessaires pour son tracé sont celles du tableau spécial de la page 71.

La planche III donne le tracé de la courbe de l'entrepont du navire-exemple. Cette indication suffit pour bien faire comprendre l'opération d'épure de jauge concernant l'entrepont au-dessus du pont de tonnage.

OBSERVATION

Le tracé des courbes de vérification dont nous venons de parler présente l'avantage suivant :

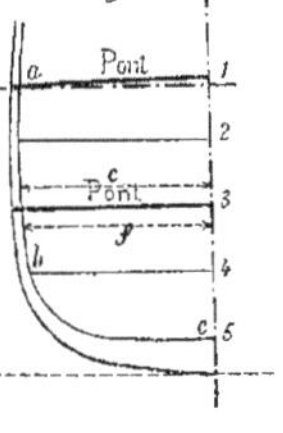

Dans le cours des opérations du mesurage on peut se heurter à des difficultés pour le relevé des ordonnées; il peut arriver, par exemple, que dans les divisions des hauteurs aux sections transversales du volume principal un des points où l'on doit mesurer la largeur tombe à la hauteur du bordé d'un pont inférieur (fig. 19). Dans ce cas, il est matériellement impossible de relever la largeur à cet endroit. On prend alors un point au-dessus du pont et un point au-dessous, aux endroits accessibles, en ayant bien soin de relever la position de ces points par rapport aux autres divisions de la hauteur, et l'on mesure les largeurs correspondantes *e*, *f*. Ces largeurs *e* et *f* sont portées ensuite sur l'épure à leur position respective et l'alignement de la courbe *abc* donnera à l'échelle du plan la largeur vraie n° 3 qui correspond au bordé du pont.

Fig. 19

On opérerait de la même façon dans le cas où une section transversale entière ne pourrait se mesurer à la position donnée par les divisions de la longueur. On prendrait, comme pour les largeurs, une section à l'avant et une section à l'arrière du point inaccessible et le tracé des courbes horizontales des largeurs passant par les ordonnées de ces sections et des autres, donnerait les largeurs de la véritable section en les relevant à l'échelle du plan.

---

9. — Remarques sur l'application des opérations de jaugeage à des navires de construction spéciale.

Les indications et tracés que nous venons de donner pour le navire-exemple peuvent s'appliquer à tous les navires à coque métallique et en bois d'un type analogue : ce qui représente la grande majorité des cas.

Il est pourtant quelques types de navires présentant des particularités de construction sur lesquelles il est bon de jeter un coup d'œil pour l'application des opérations de jaugeage.

Pour bien apprécier les différents systèmes de construction des navires composant actuellement l'effectif de la marine marchande, à voiles et à vapeur, nous allons donner un extrait des Règlements du bureau « Veritas » relatif à la classification des navires de commerce.

Cette classification est la suivante :

1° *Navires à un, deux ou trois ponts.*

Dans ces navires, les ponts règnent sur toute la longueur. C'est le type ordinaire de nos figures 6, 7 et 8, (page 60).

2° *Navires à demi-dunette, avec ou sans demi-gaillard.* (*Pont surélevé*).

Dans ces navires, le pont supérieur est interrompu et surélevé à l'arrière; l'avant porte un gaillard (teugue) construit de la manière ordinaire, ou bien le pont supérieur est surélevé comme à l'arrière (fig. 20).

Fig. 20

Navire à pont surélevé

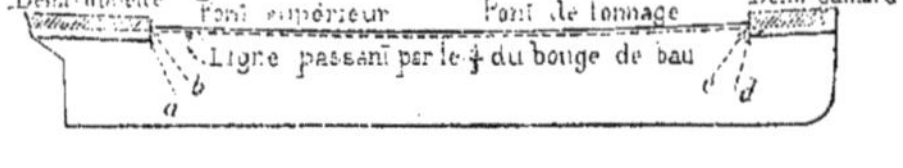

Demi-dunette — Pont supérieur — Pont de tonnage — Demi-gaillard — Ligne passant par le ¼ du bouge de bau — a — b — c — d

3° *Navires du type Welldeck.*

Lorsque la dunette ou la demi-dunette est reliée au roof central, et que l'avant porte un gaillard (Teugue) ou un demi-gaillard, de telle sorte que le pont supérieur ne soit découvert que dans l'espace compris entre le roof central et le gaillard, le navire appartient au type *Welldeck*, (fig. 21, 22 et 23).

4° *Navires à Spardeck.*

Ces navires, destinés au transport des marchandises légères dans l'entrepont supérieur, doivent avoir au moins deux ponts bordés, avec des superstructures légères.

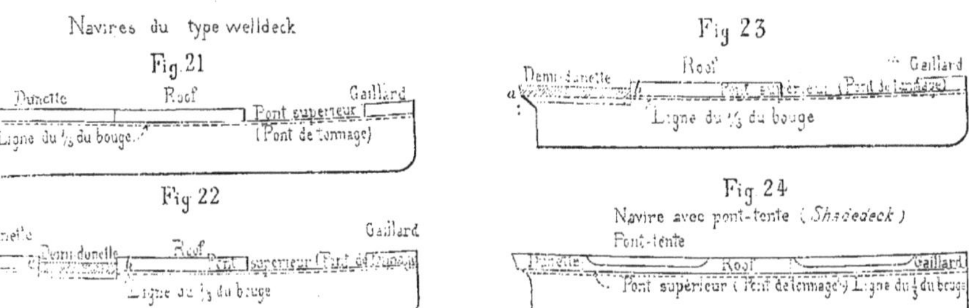

5° *Navires à Awningdeck ou Hurricanedeck (pont-abri).* Dans ces navires, le deuxième pont est recouvert d'un pont léger s'étendant de l'avant à l'arrière et destiné à abriter des passagers et des marchandises légères.

Si la muraille entre le pont-abri et le deuxième pont reste ouverte sur une certaine longueur en avant et en arrière de la partie centrale, ou de bout en bout, le pont supérieur devient un *pont-tente* (*Shadedeck*). (fig. 24).

Si le pont-abri est interrompu sur l'arrière et remplacé par une demi-dunette, le navire est désigné *à pont-abri partiel* (fig. 25 et 26).

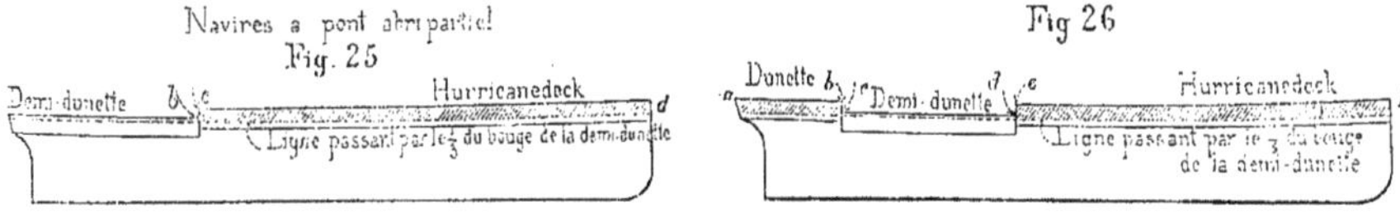

Pour l'application des opérations du jaugeage légal à ces divers types de navires on suit les indications suivantes :

1° Les navires à un, deux et trois ponts sont du type ordinaire : celui de notre navire-exemple. Nous n'avons rien à ajouter à ce que nous avons dit à ce sujet.

2° Les navires qui ont des ponts interrompus sur leur longueur sont désignés par la Douane sous le nom de *navires avec des coupées de pont.* Dans ces bâtiments, les opérations de mesurage du volume intérieur doivent avoir pour point de départ la *partie du pont qui est la plus basse*, et l'on continue par une ligne fictive passant par le tiers du bouge de bau, lorsque le pont a un bouge, et par le dessous du bordé du pont, lorsque ce dernier n'a pas de bouge, cette partie de pont parallèlement au pont au-dessus comme si c'était le vrai pont de tonnage. Les hauteurs, pour la détermination du volume principal, se mesurent jusqu'à cette ligne fictive, et la partie du volume comprise entre cette ligne et le pont au-dessus est comptée comme entrepont ou construction supérieure.

Si, au-dessous du pont supérieur ainsi interrompu, il y a deux ou plusieurs autres ponts, interrompus de la même façon, l'on doit toujours prendre comme pont de tonnage le second pont à partir de la cale, pour ne pas s'écarter des dispositions de la loi.

Le mesurage du volume principal s'effectue, dans ce cas, jusqu'à la partie du pont qui est la plus basse, en suivant la ligne du dessous du pont, s'il n'y a pas de bouge, ou la ligne fictive passant par le tiers du bouge de bau de cette partie de pont, dans le cas contraire, prolongée jusqu'aux extrémités.

Dans les navires à *pont surélevé*, (fig. 20) le pont supérieur est interrompu à l'avant et à l'arrière. Le dessus du demi-gaillard et le dessus de la demi-dunette continuent le pont en baïonnette, et la partie comprise entre ces deux constructions avant et arrière se trouvant la plus basse, c'est elle qui doit servir de point de départ pour le mesurage du volume intérieur. Le pont supérieur est alors le pont de tonnage (s'il n'y a qu'un pont au-dessous), et la ligne passant par le tiers du bouge de bau est prolongée fictivement jusqu'aux extrémités avant et arrière. Les hauteurs se prennent jusqu'à cette ligne, et la partie du volume du demi-gaillard et de la demi-dunette comprise entre le dessous du plafond, au tiers du bouge, et la ligne fictive de pont est calculée séparément et ajoutée au volume principal comme construction supérieure. Cette partie de volume est hachurée sur la figure 20.

Le mesurage des hauteurs du volume principal qui correspondent à la demi-dunette et au demi-gaillard s'effectue jusqu'au dessous du plancher de ces constructions, et l'on ajoute ensuite à chaque hauteur la quantité *ab* ou *cd* (fig. 20) prise du dessous du plancher de la demi-dunette ou du demi-gaillard à la ligne du tiers du bouge de bau. Ces hauteurs *ab* et *cd* se déterminent facilement par des mesurages partiels.

3° Les indications que nous venons de donner pour le navire de la figure 20 s'appliquent aux navires du type *Welldeck*, (fig. 22 et 23). La partie hachurée, *ab*, de la demi-dunette est à ajouter au volume principal comme construction supérieure, à l'instar de la dunette, du roof et du gaillard (Teugue). Le navire de la figure 21, dont le pont est non interrompu, entre dans la catégorie des navires à un, deux et trois ponts.

5° Pour les navires à *Spardeck*, tels qu'ils sont définis par le bureau « Veritas », la Douane n'a pas à les considérer autrement que comme navires à un, deux et trois ponts, dès l'instant que les ponts sont non interrompus et que les murailles règnent sur toute la hauteur et toute la longueur entre le pont du spardeck et le pont immédiatement au-dessous, constituant ainsi un entrepont absolument fermé.

La Douane comprend, d'une manière générale, sous le nom de *spardeck*, les navires avec le pont supérieur (au-dessus de toutes les superstructures) non interrompu, mais avec les murailles longitudinales ouvertes sur une partie plus ou moins importante, comme ceux que le « Veritas » appelle navires à *shadedeck* (*pont-tente*) (fig. 24). Ainsi, si nous nous reportons à la lettre du Directeur général des Douanes du 18 novembre 1878, page 33, nous voyons que cette lettre vise spécialement ce cas de construction, car elle dit « que pour être traité comme un pont supérieur, c'est-à-dire, pour que la construction qu'il forme au-dessus du pont de tonnage puisse être comprise dans le volume du navire, le troisième pont (à partir de la cale) communément appelé faux-pont ou *spardeck* doit être un pont continu, établi d'un bout à l'autre du bâtiment, fixe et étanche, fermant l'espace compris entre ce même *spardeck* et le pont de tonnage, et rendant le dit espace propre à loger une cargaison au même titre qu'une cale. »

On voit bien par là que si les murailles qui relient le *spardeck* au pont au-dessous ne sont pas fermées et fixes, ce spardeck n'est pas traité comme pont supérieur d'entrepont et le navire passe dans la catégorie des navires à pont-tente (shadedeck).

5° *Navires à awning-deck ou hurricanedeck (pont-abri).*

Dans ces navires, si le pont-abri est continu sur toute sa longueur et si les murailles au-dessous sont fixes et fermées, l'application des mesurages de jauge se fait de la même façon que pour les navires à un, deux et trois ponts.

Si les murailles sont totalement ou partiellement ouvertes, les navires sont du type *shadedeck* (pont-tente), et les constructions au-dessous du pont-abri (devenu pont-tente), sont considérées comme superstructures et mesurées comme telles. Le pont de tonnage est alors le 2e pont (fig. 24), ou l'autre au-dessous, si le navire a plus de deux ponts encore.

Si le pont-abri est interrompu sur une partie de la longueur, les navires, désignés par le « Veritas » sous le nom de navires *à pont-abri partiel* (fig. 25 et 26), sont considérés par la Douane comme des navires avec des *coupées de pont* et l'application du jaugeage se fait d'après les indications que nous avons données plus haut, page 77.

Dans le navire de la figure 25, la partie du pont supérieur la plus haute est le Hurricanedeck *c d* (pont de l'ouragan), et la partie la plus basse le plafond de la demi-dunette, *a b*. C'est donc ce plafond *a b* qui sert de point de départ pour les mesurages du volume principal. La ligne fictive du pont de tonnage passe par le tiers du bouge du plafond de la demi-dunette et est prolongée jusqu'à l'avant parallèlement au hurricanedeck. La partie hachurée *c d* est mesurée séparément et ajoutée au volume principal comme partie d'entrepont.

Dans le navire de la figure 26, la partie du pont supérieur la plus haute est le plafond *a b* de la dunette et le hurricanedeck *e f*, la partie la plus basse le plafond *c d* de la demi-dunette. C'est ce plafond qui sert de point de départ pour les mesurages du volume principal. La ligne fictive passant par le tiers du bouge de bau du plafond de la demi-dunette est prolongée jusqu'aux extrémités avant et arrière parallèlement au pont de la dunette et du hurricanedeck. Les parties hachurées *a b* et *e f* sont mesurées séparément et ajoutées au volume principal comme parties d'entrepont.

Un certain nombre de navires à voiles ont une demi-dunette, appelée communément *Bermudienne* (fig. 27), qui interrompt le pont supérieur à l'arrière. Ce dernier est alors le pont de tonnage,

Fig 27

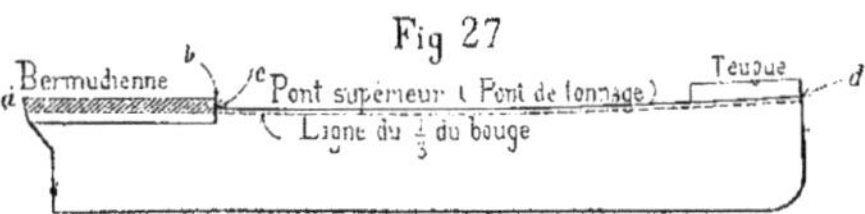

puisque la partie *c d* est en contre-bas du plafond *a b* de la Bermudienne. Ce cas est semblable à celui de la figure 23.

La ligne fictive du tiers du bouge du pont supérieur est prolongée jusqu'à l'arrière, et la partie *a b* du volume de la Bermudienne est mesurée séparément et ajoutée au volume principal comme superstructure.

Observation générale. — Dans les navires dont nous venons de décrire la construction, le volume de la coque, lequel a une grande importance pour les déductions relatives au moteur des navires à vapeur, comme nous le verrons plus loin, s'entend comme suit :

Pour les navires à pont surelevé (fig. 20), à welldeck (fig. 21, 22, 23), à shadedeck (fig. 24) et à bermudienne (fig. 27), le volume de la coque se prend jusqu'à la ligne du tiers du bouge de bau du pont supérieur prolongée jusqu'aux extrémités : les constructions au-dessus sont considérées comme des superstructures

Pour les navires à pont-abri partiel, le volume de la coque est compris sous les ponts en baïonnette *a b c d* (fig. 25) et *a b c d e f* (fig. 26), au tiers du bouge ; parce que les parties hachurées *a b* et *e f* de cette dernière figure et *c d* de la première sont considérées comme des parties d'entrepont et non comme des constructions supérieures, puisqu'il suffirait pour bien caractériser l'entrepont de mettre le plafond de la demi-dunette au niveau du hurricanedeck et de la dunette.

Navires pourvus d'un faux-tillac.

S'il se présentait des navires avec un *faux-tillac* dans les cales, c'est-à-dire, avec un vaigrage surélevé au-dessus du fond, constituant ainsi un vaigrage double, et que ce dit faux-tillac, destiné à préserver les marchandises de l'humidité des fonds, fût fixé à demeure, les hauteurs du volume principal se prendraient au-dessus de ce tillac comme s'il reposait directement sur les varangues.

Néanmoins, le volume compris entre le dessus du faux-tillac et le dessus du vaigrage du fond sur varangues doit être déterminé et mis à part, parce qu'il doit être compris dans le volume brut total *spécial* du navire servant de base à la liquidation des primes à la construction et à la navigation, d'après la loi du 30 janvier 1893 sur la marine marchande.

Nous reparlerons de cette particularité dans le chapitre suivant relatif aux navires munis de *water-ballast* et à *double-fond.*

Navires à vapeur avec hélice en tunnel.

Pour la navigation dans certaines eaux, on a construit des navires ayant un tunnel central, régnant sur une partie de la longueur, dans lequel se meut l'hélice (fig. 28).

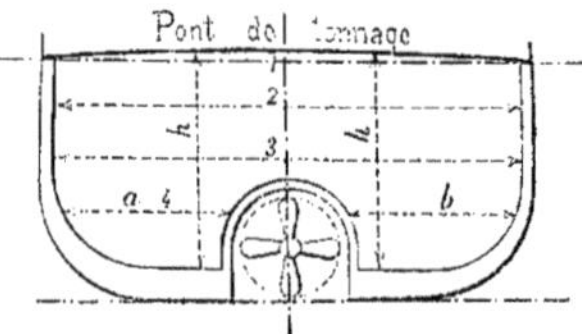

Fig. 28

Dans la détermination du tonnage légal de ces navires, il se présente la particularité suivante :

Les sections transversales qui tombent à l'endroit du tunnel (fig. 28), sont divisées en deux par ce dernier. Il y a lieu, dans ce cas, de mesurer séparément les largeurs *a* et *b*, de chaque côté du tunnel et de les additionner ensuite pour le calcul du volume principal qui s'effectue de la manière ordinaire.

Pour le tracé des courbes de vérification, les largeurs correspondant au tunnel doivent se porter entière, c'est-à-dire, en comprenant la largeur du tunnel, comme si ce dernier n'existait pas, car, sans cela, il ne serait pas possible d'aligner les courbes horizontales et verticales avec les points des autres sections.

Les hauteurs *h* sont prises en dehors du tunnel, sur vaigrage ou sur varangues, à bâbord et à tribord.

Navires à éperon.

Il peut se présenter des navires avec une forme d'éperon à l'avant (fig. 29). La première section, dont la position est déterminée par l'aboutissement du pont de tonnage à l'étrave, a, dans ce cas, une forme qui permet le mesurage des largeurs comme dans les autres sections. La partie *a* de l'éperon se mesure séparément, comme un espace limité par des surfaces courbes, et s'ajoute au volume principal.

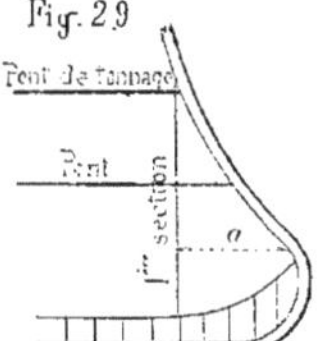

OBSERVATION

Quelques cas spéciaux de disposition de construction de navires peuvent encore se présenter en dehors de ceux que nous venons d'indiquer, mais les procédés de mesurages ne diffèrent pas de ceux que nous avons donnés pour guides et qui résument la presque totalité des cas.

10. — Navires pourvus de water-ballast.

La plupart des navires en fer ou en acier de la marine marchande, soit à voiles, soit à vapeur, sont actuellement munis de water-ballast, c'est-à-dire, de caisses à eau étanches formées par les fonds du navire, dans une ou plusieurs cales disposées à cet effet, et destinées à recevoir un lest d'eau dont on peut modifier l'influence au fur et à mesure des besoins du chargement et de la stabilité.

Le jaugeage de ces navires présente quelques particularités dont nous allons nous occuper.

Il existe généralement deux dispositions de water-ballast : 1° le water-ballast formé par les fonds du navire et un plafond surélevé au-dessus des varangues règlementaires (fig. 30) ; 2° le water-ballast formé par les fonds du navire et un plafond reposant directement sur les varangues, lesquelles atteignent, dans ce cas, une hauteur qui n'est pas règlementaire (fig. 31). Ces deux figures représentent une coupe transversale d'un navire à water-ballast, au milieu de la largeur.

Le plafond du water-ballast est surmonté d'un vaigrage posé sur des lambourdes transversales qui permettent de laisser un vide entre le vaigrage en bois et le plafond en tôle du water-ballast, vide destiné à l'écoulement des eaux de cale et à la conservation des fonds.

Le mesurage des sections transversales du navire, en vue de la détermination du volume principal, se fait par le procédé ordinaire d'après les dispositions des décrets du 24 mai 1873 et 7 mars 1889, ainsi que de la circulaire du Directeur général des Douanes du 29 mars 1889 pour l'application des termes de ce dernier décret (voir ces décrets et circulaire dans la 1re partie de l'ouvrage) ; mais le volume compris entre le dessus du vaigrage sur water-ballast et le dessus du vaigrage sur les varangues normales doit être calculé et ajouté au volume principal pour constituer le *tonnage brut spécial* sur lequel doivent être liquidées les primes à la navigation et à la construction, d'après les termes de la loi sur la marine marchande du 30 janvier 1893, comme nous l'avons déjà indiqué pour les navires pourvus d'un faux-tillac.

Comme il est très difficile, sinon impossible, de prendre des mesures de hauteurs et de largeurs sur varangues dans le water-ballast, surtout lorsque ces varangues sont prolongées jusqu'au plafond, et que, par suite, elles n'ont pas la hauteur règlementaire, c'est-à-dire, la hauteur qu'elles auraient si le ballast n'existait pas, l'Administration des Douanes a donné une formule empirique qui permet de calculer le volume de la partie du ballast au-dessus des varangues règlementaires ou normales, sans qu'il soit nécessaire de pénétrer dans le water-ballast. Cette formule et les indications de calcul qui l'accompagnent font partie du décret règlementaire du 25 juillet 1893 et de la circulaire ministérielle du 16 août 1893, dont une copie se trouve à la fin de cet ouvrage.

Pour l'application de cette formule, nous aurons, dans les figures 30 et 31 :

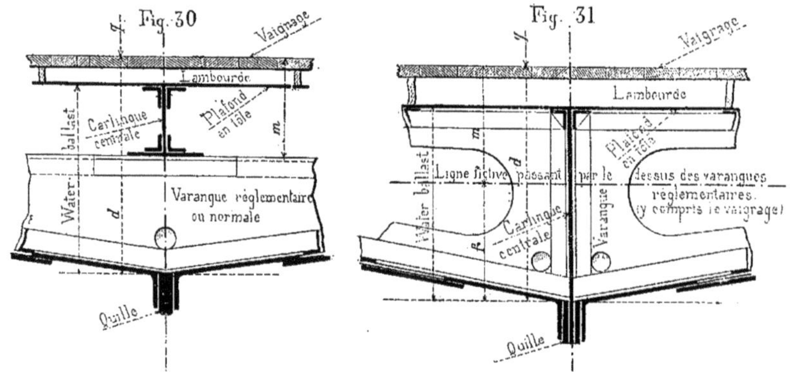

q, creux au-dessus du plafond du water-ballast dans la section considérée ;
d, hauteur de ce plafond au-dessus de quille id.

Remarquons que l'article 2 du décret du 7 mars 1889 dit que le creux sera pris jusqu'au plafond du water-ballast *surmonté du vaigrage sur lambourdes* », et que la circulaire du 29 mars 1889, sur le même sujet, dit également que « le point de départ des hauteurs, pour le calcul du volume principal, sera le plafond même du water-ballast, qu'il soit ou non distant des varangues, *déduction faite du vaigrage du fond* ».

D'après cela, le plafond du water-ballast, pour l'application de la formule, n'est pas le dessu en tôle de l'espace réservé au lest d'eau, mais le dessus du vaigrage qui le surmonte, comme nous l'avons indiqué dans les figures 30 et 31.

Le volume de la partie du water-ballast à déterminer et à ajouter au volume principal est celui qui correspond à la hauteur *m*, après défalcation d'une épaisseur de vaigrage sur varangues.

Dans la figure 31 cette hauteur *m* est prise à partir d'une ligne fictive passant par le dessus des varangues règlementaires ou normales dont la détermination fait l'objet de la formule susvisée et donnée dans l'article 1er du décret du 23 juillet 1893. Pour le cas du water-ballast dont les varangues existent à leur hauteur ordinaire (fig. 30), l'article ci-dessus dit que « la hauteur ou le creux pour le tonnage doit être mesuré jusqu'au-dessus de la varangue » ; mais si, pour une cause quelconque, on ne pouvait pénétrer dans le water-ballast pour effectuer les mesurages, comme nous le disions plus haut, on pourrait appliquer également la formule du cas précédent.

En pratique, on suit souvent ce dernier procédé, que le plafond du water-ballast repose ou non sur les varangues (1). Il en est de même des navires à double fond dont il est parlé dans la circulaire de la Direction générale des Douanes du 16 août 1893.

Les navires dits à *double-fond* sont ceux qui possèdent un faux-tillac, ou vaigrage sur lambourdes, appelé souvent payol, placé à une certaine hauteur au-dessus des varangues pour les besoins d'un chargement lourd sous un petit volume, ou pour préserver les marchandises de l'humidité des fonds, comme nous l'avons dit, page 80.

Il est bien entendu que si le faux-tillac n'est pas fixé à demeure et que l'on puisse placer, au-dessous, des marchandises, le mesurage du volume principal s'effectue jusque sur les varangues comme si le faux-tillac n'existait pas.

Les navires à water-ballast sont considérés comme des navires à double-fond, puisque le vaigrage au-dessus du plafond du water-ballast représente un faux-tillac.

La hauteur *h* ou le creux, pour le tonnage, dans chaque section considérée, est donnée par la formule :

$$h = q + d - 0{,}03\ (B + C) ;$$

dans laquelle :

q, est le creux au-dessus du double-fond dans la section considérée ;

d, la hauteur de ce double-fond au-dessus de la quille dans la section considérée ;

B, la plus grande largeur du navire en dehors des membrures au maître-bau ;

C, le creux total au-dessus de la quille de la partie supérieure des barrots du pont de construction le plus élevé, dans l'axe du navire et au milieu de sa longueur (2).

Les calculs à faire pour la détermination du volume compris entre le vaigrage sur plafond de water-ballast, ou celui du faux-tillac, au-dessus des varangues réglementaires, s'appliquent de la même manière à tous ces cas analogues.

En résumé, dans les navires à *double-fond*, c'est-à-dire, pourvus de *faux-tillac*, ou de *water-ballast*, la détermination du volume principal sur les varangues se fait par les calculs ordinaires, en ajoutant à la surface de chacune des sections transversales qui correspondent au faux-tillac ou au water-ballast, et mesurées jusqu'au vaigrage de ces constructions, la surface d'un trapèze dont une base est la largeur du fond, d'après le décret du 7 mars 1889, au vaigrage sur lambourdes, et l'autre une largeur fictive passant par le dessus du vaigrage sur les varangues normales supposées. (Circulaire du 6 septembre 1893). (Voir la suite, page 86.)

1. L'Administration des Douanes exige pourtant de ses agents qu'ils s'en tiennent aux termes du règlement.

2. Le pont d'un spardeck (fig. 24, page 77) ne doit pas être considéré comme celui d'un entrepont. (Lettre du Directeur général des Douanes du 12 janvier 1894).

Tableau pour le Calcul du volume principal du navire pourvu de water-ballast, [...]sions du pont de tonnage et sur les varangues dans toute la longueur

Longueur du pont de tonnage : Plus de 85 mètres, moins de 105 mètres. [...] [Div]isions du pont de tonnage : moins de 5 mètres. — Classe VI

Longueur du pont de tonnage : 98m,20 (à diviser par 14) — [Distan]ce entre les divisions de la longueur : 7m,014

NUMÉROS DES SECTIONS	1re SECTION	2e SECTION	3e SECTION	4e SECTION	5e SECTION	6e SECTION	7e SECTION	8e SECTION	[9e SECTION]	10e SECTION	11e SECTION	12e SECTION	13e SECTION	14e SECTION	15e SECTION
Bouge du bau	»	0m,14	0m,18	0m,21	0m,23	0m,24	0m,24	0m,2[...]	[...]0m,21	0m,21	0m,23	0m,22	0m,20	0m,15	»
Tiers du bouge du bau	»	0m,047	0m,06	0m,07	0m,077	0m,08	0m,08	0m,0[...]	[...]	0m,08	0m,077	0m,073	0m,067	0m,05	»
Hauteur (après déduction du tiers du bouge du bau)	»	5m,00	4m,70	4m,48	4m,22	4m,09	4m,63	4m,51	[...]4,62	4m,00	4m,01	4m,03	4m,10	2m,50	»
Distance entre les divisions de la hauteur (1/4 de la hauteur)	»	1m,250	1m,175	1m,120	1m,055	1m,022	1m,157	1m,12[...]	[...]1,155	1m,000	1m,002	1m,007	1m,025	0m,625	»

NUMÉROS des largeurs	FACTEURS	1re Largeurs	1re Produits	2e Largeurs	2e Produits	3e Largeurs	3e Produits	4e Largeurs	4e Produits	5e Largeurs	5e Produits	6e Largeurs	6e Produits	7e Largeurs	7e Produits	8e Largeurs	8e Produits
1	1	»	»	7,12	7,12	9,64	9,64	10,70	10,70	11,02	11,02	11,46	11,46	11,48	11,48	11,50	11,5[...]
2	4	»	»	6,64	26,56	9,46	37,84	10,64	42,56	11,00	44,00	11,44	45,76	11,46	45,84	11,4[...]	[...]
3	2	»	»	5,86	11,72	9,08	18,16	10,44	20,88	10,60	21,20	11,20	22,40	11,16	22,32	11,1[...]	22,3[...]
4	4	»	»	4,60	18,40	7,94	31,76	9,46	37,84	10,04	40,16	10,56	42,24	10,36	41,44	10,4[...]	[...]
5	1	»	»	1,60	1,60	4,02	4,02	5,58	5,58	7,54	7,54	8,50	8,50	6,46	6,46	6,5[...]	6,5[...]

NUMÉROS des largeurs	FACTEURS	[9e Largeurs]	[9e Produits]	10e Largeurs	10e Produits	11e Largeurs	11e Produits	12e Largeurs	12e Produits	13e Largeurs	13e Produits	14e Largeurs	14e Produits	15e Largeurs	15e Produits
1	1	[...]	11,46	11,44	11,44	11,42	11,42	11,24	11,24	9,92	9,92	6,90	6,90	»	»
2	4	[...]	[...]	11,44	45,76	11,42	45,68	11,24	44,96	9,60	38,40	6,40	25,60	»	»
3	2	[...]	[...]	11,20	22,40	11,18	22,36	10,84	21,68	8,64	17,28	5,80	11,60	»	»
4	4	[...]	[...]	10,60	42,40	10,60	42,40	9,46	37,84	6,70	26,80	4,86	19,44	»	»
5	1	[...]	[...]	7,90	7,90	7,44	7,44	4,60	4,60	2,00	2,00	2,92	2,92	»	»

NUMÉROS DES SECTIONS	1re SECTION	2e SECTION	3e SECTION	4e SECTION	5e SECTION	6e SECTION	7e SECTION	8e SECTION	[9e SECTION]	10e SECTION	11e SECTION	12e SECTION	13e SECTION	14e SECTION	15e SECTION
Totaux	»	65,40	101,42	117,58	123,92	130,36	127,54	127,[...]	[...]	129,90	129,30	120,32	94,40	66,46	»
Tiers de la distance entre les divisions de la hauteur	»	0m,417	0m,392	0m,373	0m,352	0m,341	0m,386	0m,3[...]	[...]	0m,333	0m,334	0m,336	0m,342	0m,208	»
Produits. Aire de la section en mètres carrés	»	27m²,27	39m²,76	43m²,86	43m²,62	44m²,45	49m²,23	49m²,11	[...]	43m²,26	43m²,19	40m²,43	32m²,28	13m²,82	»
Surface du trapèze au-dessous du plafond du water-ballast, en mètres carrés	»	0m²,98	2m²,46	3m²,43	4m²,62	5m²,21	»			4m²,84	4m²,56	2m²,82	1m²,23	»	»
Aire totale de la section, en mètres carrés	»	28m²,25	42m²,22	47m²,29	48m²,24	49m²,66	49m²,23	49m²,11	[...]	48m²,10	47m²,75	43m²,25	33m²,51	13m²,82	»

Capacité cubique et tonnage

NUMÉROS des sections transversales	FACTEURS	AIRES des sections	PRODUITS
		m. car.	
1	1	»	»
2	4	28,25	113,00
3	2	42,22	84,44
4	4	47,29	189,16
5	2	48,24	96,48
6	4	49,66	198,64
7	2	49,23	98,46
8	4	49,14	196,56
9	2	49,11	98,28
10	4	48,10	192,40
11	2	47,75	95,50
12	4	43,25	173,00
13	2	33,51	67,02
14	4	13,82	55,28
15	1	»	»
		Total . . .	1.658,22

Tiers de la distance entre les divisions de la longueur . . . 2m,338

Produit : (volume en mètres cubes). 3.876m³,92

À diviser par 2,83 :

Tonneaux de jauge . . . . 1.369T,93 pour le brut *spécial*.

La formule qui donne la surface de ce trapèze est la suivante :

$$\text{Trapèze} = \frac{F}{2\,V}\,(V^2 - f^2);$$

dans laquelle :

F, est la largeur du fond, d'après le décret de 1889 ;

V, la hauteur des varangues ;

f, hauteur des varangues fictives, données plus haut, et égale à 0,03 (B + C).

---

11. — Application de la jauge à un navire à water-ballast.

Pour bien faire comprendre les opérations de la jauge d'un navire à water-ballast, d'après les indications et formules données ci-dessus, nous allons en faire l'application sur un navire-exemple figuré planche IV. Les calculs que nous ferons sur ce navire seront applicables à tous les navires à double-fond, pourvus de water-ballast, ou de faux-tillac, s'étendant sur toute ou partie de la longueur.

Le navire, figuré planche IV, a un water-ballast formé de deux compartiments séparés par la chambre des machines et chaudières. Ces deux compartiments ne s'étendent pas jusqu'aux extrémités avant et arrière.

Dans le water-ballast les varangues sont prolongées jusqu'au plafond en tôle. Ce dernier est surmonté d'un vaigrage posé sur des lambourdes transversales. La hauteur du dessus du vaigrage jusqu'au-dessus de la quille est uniformément de 1m,46 dans toute l'étendue du water-ballast. Les varangues, dans la partie correspondant au compartiment des machines et chaudières, ont 0m,63 de hauteur ; il n'y a pas de vaigrage dans cette partie.

Le navire a trois ponts complets. Le second pont, à partir de la cale, est le pont de tonnage ; le pont au-dessus est le pont supérieur : il y a donc un entrepont complet au-dessus du pont de tonnage. Ce dernier a 98m,20 de longueur de vaigrage à vaigrage. Le creux sur quille au milieu, au pont de tonnage, est de 5m,32 ; le creux sur varangue est de 4m,69. La hauteur de l'entrepont, de planche en planche, est de 2m,30.

Le mesurage des sections pour le calcul du volume principal s'effectue d'abord d'après le décret du 7 mars 1889 au-dessus du vaigrage du fond sur water-ballast. On ajoute ensuite à la surface de chacune des sections qui correspondent aux compartiments du water-ballast, la surface du trapèze, d'après la circulaire du 6 septembre 1893, et l'on obtient ainsi l'aire des sections, au-dessus des varangues de hauteur ordinaire (varangues normales), qui permet de déterminer le volume principal au-dessus des varangues sur toute la longueur du navire.

Le tableau de la page précédente résume les calculs du volume principal d'après les indications et données de la planche IV.

Résumé des calculs du volume compris entre le plafond du water-ballast (dessus du vaigrage sur lambourdes), et le dessus des varangues règlementaires, pour la détermination du volume brut spécial en vue de la liquidation des primes prévues par la loi du 30 janvier 1893 sur la marine marchande.

(Application des formules du décret du 23 juillet 1893 (article 1er), et de la circulaire ministérielle du 6 septembre 1893).

Détermination de la valeur de B :

Largeur, intérieur vaigrage, au maître-couple, au milieu de la longueur du navire (8e section)	$11^m,50$
Hauteur de la membrure : . . . . $0^m,11$ } Épaisseur du vaigrage : . . . . $0\ ,05$ } $0^m,16$; et pour les deux bords :	$0\ ,32$
B. — Largeur du navire en dehors des membrures au maître-bau.	$11^m,82$

(Cette largeur doit être la plus grande de celles mesurées au maître-couple).

Détermination de la valeur de C :

Si le water-ballast régnait sur toute la longueur du navire, on aurait au maître-couple ou maître bau (milieu de la longueur) :

1° Creux, d'après le décret de 1889, du dessus du vaigrage sur water-ballast jusqu'à un point marqué au tiers du bouge de bau du pont de tonnage en contre-bas du can supérieur du barrot, au milieu de la longueur (8e section).	$3^m,78$
2° Hauteur du plafond du water-ballast (dessus du vaigrage sur lambourdes) au-dessus de la quille.	$1\ ,46$
3° Tiers du bouge de bau du pont de tonnage au Maître-couple.	$0\ ,08$
4° Épaisseur du bordé du pont de tonnage.	$0\ ,07$
5° Hauteur de l'entrepont du dessus du bordé du pont de tonnage au-dessous du bordé du pont supérieur.	$2\ ,30$
Total.	$7^m,69$

Cette hauteur de $7^m,69$ est la valeur de C, et représente le creux total au-dessus de la quille de la partie supérieure des barrots du pont de construction le plus élevé, dans l'axe du navire et au milieu de la longueur.

Mais comme le water-ballast est interrompu dans la partie centrale du navire, on a, au maître-couple (milieu de la longueur) :

1° Creux du dessus du vaigrage sur varangues (dans notre cas le vaigrage n'existe pas au maître-couple) à la ligne du tiers du bouge de bau du pont de tonnage	$4^m,61$
2° Hauteur des varangues sur quille	$0\ ,63$
3° Tiers du bouge de bau du pont de tonnage	$0\ ,08$
4° Épaisseur du bordé du pont de tonnage	$0\ ,07$
5° Hauteur de l'entrepont de planche en planche	$2\ ,30$
Total	$7^m,69$

La valeur de C est comme ci-dessus égale à $7^m,69$.

La surface S du trapèze à ajouter à chacune des sections qui correspondent au water-ballast est donnée, avons-nous vu, par la formule :

$$S = \frac{F}{2V}(V^2 - f^2)$$

La hauteur V des varangues est, au milieu de la longueur, en dehors du water-ballast, de $0^m,63$; à la position du water-ballast cette hauteur est de $1^m,46$ (y compris les lambourdes et le vaigrage). Cette dernière hauteur est celle indiquée d sur la figure 31.

A toutes les sections correspondant au water-ballast on a, pour le creux h du volume au-dessous du pont de tonnage, la valeur suivante, d'après la formule de l'article 1er du décret du 25 juillet 1893 :

$$h = q + d - 0,03\,(B + C);$$

dans laquelle,

q, est le creux au-dessus du plafond du water-ballast de la partie supérieure des barrots du pont de tonnage, au milieu de la largeur (y compris le tiers du bouge).

d, la hauteur du plafond du water-ballast au-dessus de la quille, et uniformément égale, avons-nous vu, à $1^m,46$.

La valeur de 0,03 (B + C) est dans notre cas égale à :

$$0,03\,(11^m,82 + 7^m,69) = 0^m,585\ (f)$$

Cette quantité, $0^m,585$, représente la hauteur normale des varangues dans le water-ballast : c'est une hauteur fictive.

Pour les calculs du volume au-dessous du plafond du water-ballast et jusqu'aux varangues fictives nous n'avons pas besoin de nous servir des valeurs de q et de h ; en considérant le navire comme pourvu d'un double-fond nous appliquerons seulement la formule du trapèze donnée par la circulaire du 6 septembre 1893, que nous avons reproduite plus haut.

Nous aurons dans ce cas, en nous reportant à la planche IV :

1° A la 2e section : F, largeur du fond, d'après le décret de 1889, sur vaigrage, $1^m,60$ — V ou d, hauteur du vaigrage au-dessus de la quille, ou, plus communément, hauteur des varangues sur quille (y compris le vaigrage sur lambourdes), $1^m,46$.

f, hauteur sur quille des varangues fictives, égale à 0,03 (B + C), c'est-à-dire à $0^m,585$.

$$V^2 = 2,132\,;\ f^2 = 0,342\,;\ V^2 - f^2 = 1,79$$

La surface du trapèze à cette 2e section sera :

$$S = \frac{1^m,60}{2 \times 1^m,46}\,(1,79) = 0^{m^2}98$$

2° A la 3e section

$$F = 4^m,02\,;\ V = 1^m,46\,;\ V^2 = 2,132\,;\ f^2 = 0,342\,;\ V^2 - f^2 = 1,79$$

$$S = \frac{4,02}{2,92}\,(1,79) = 2^{m^2},46$$

Si nous remarquons que pour toutes les sections correspondant au water-ballast nous avons la même valeur de V, nous pouvons faire un facteur commun, pour abréger les calculs (f étant une constante), et poser :

$$\frac{V^2 - f^2}{2\,V} = \frac{1,79}{2,92} = 0,613$$

Alors :

3° A la 4e section.	F = 5,60	—	S = 5,60 × 0,613 = 3m²,43
4° A la 5e —	F = 7,54	—	S = 7,54 × 0,613 = 4m²,62
5° A la 6e —	F = 8,50	—	S = 8,50 × 0,613 = 5m²,21
6° A la 10e —	F = 7,90	—	S = 7,90 × 0,613 = 4m²,84
7° A la 11e —	F = 7,44	—	S = 7,44 × 0,613 = 4m²,56
8° A la 12e —	F = 4,60	—	S = 4,60 × 0,613 = 2m²,82
9° A la 13e —	F = 2,00	—	S = 2,00 × 0,613 = 1m²,23

Ce sont ces surfaces de trapèze qui sont portées sur le tableau de la page 83, pour la détermination du tonnage au-dessus des varangues sur toute la longueur du navire. Ce tonnage de 1 369 t. 93 est celui qui entre dans la composition du tonnage brut total *spécial* pour la liquidation des primes prévues par la loi du 30 janvier 1893 sur la marine marchande.

TONNAGE BRUT LÉGAL

Les chiffres portés au tableau de la page 83, permettent d'établir le volume brut *légal* et le tonnage correspondant, exigés par le décret du 7 mars 1889 au-dessus du vaigrage du fond, qu'il repose sur un water-ballast ou qu'il soit ou non distant des varangues.

En nous reportant au tableau cité, nous calculerons le volume principal et le tonnage en prenant les aires des sections au-dessus du water-ballast, et en procédant de la façon suivante, qui est celle suivie dans le cas du navire sans water-ballast ni double-fond.

CAPACITÉ CUBIQUE & TONNAGE DU VOLUME PRINCIPAL SUR WATER-BALLAST

NUMÉROS des sections transversales	FACTEURS	AIRES des sections	PRODUITS	NUMÉROS des sections transversales	FACTEURS	AIRES des sections	PRODUITS
1	1	»	»			*Report*. . .	924,10
2	4	27m²,27	109,08	9	2	49m²,14	98,28
3	2	39 , 76	79,52	10	4	43 , 26	173,04
4	4	43 , 86	175,44	11	2	43 , 19	86,38
5	2	43 , 62	87,24	12	4	40 , 43	161,72
6	4	44 , 45	177,80	13	2	32 , 28	64,56
7	2	49 , 23	98,46	14	4	13 , 82	55,28
8	4	49 , 14	196,56	15	1	»	»
		A reporter. . .	924,10			Total. . .	1.568,36

Tiers de la distance entre les divisions de la longueur.	2m,338
Produit : volume en mètres cubes.	3.655m³,14
à diviser par 2,83 : tonneaux de jauge : pour le brut légal.	1.291Tx,56

REMARQUE.

Dans notre navire-exemple, les extrémités des compartiments du water-ballast ne s'arrêtent pas à des sections; en suivant à la lettre les prescriptions de la circulaire du Directeur général des Douanes en date du 29 mars 1889 (page 37), il y aurait lieu de tenir compte de cette particularité dans le calcul du volume principal sur water-ballast.

Ainsi, nous voyons, planche IV, que l'extrémité arrière du compartiment avant s'arrête entre la 6e et la 7e section, plus près de cette dernière que de la 6e ; de même, l'extrémité avant du compartiment arrière s'arrête entre la 10e et la 9e section, plus près de cette dernière que de la 10e.

D'après la circulaire précitée, l'on doit retrancher du volume principal la partie du water-ballast dépassant les varangues et allant de la 6e section à l'extrémité du compartiment de l'avant, et de la 10e section à l'extrémité du compartiment de l'arrière.

Cette manière d'opérer n'est pas toujours exacte et peut amener des erreurs.

En effet, si nous prenons, par exemple, le volume compris entre la 6e et la 8e section (pl. IV), au-dessus des varangues de hauteur ordinaire, en nous servant des chiffres du tableau de la page 83, nous avons :

Aire de la 6e section	49^{m2},66
Aire de la 7e —	49 ,23
Aire de la 8e —	49 ,14

Le calcul du volume compris entre la 6e et la 8e section s'effectue de la façon suivante :

1/2 Aire de la 6e section.	24^{m2},83
Aire de la 7e section	49 ,23
1/2 Aire de la 8e section.	24 ,57
Total	98^{m2},63

A multiplier par la distance entre deux ordonnées ou les divisions de longueur : 7^{m},014.

Le volume en mètres cubes de la tranche entre les 6e et 8e sections est donc égal à :

$$98^{m2},63 \times 7^{m},014 = 691^{m3},79$$

Le volume de la partie du water-ballast au-dessus des varangues, allant de A en B (pl. IV) est égal à : surface du trapèze à la 6e section, soit 5^{m2},21, multipliée par la distance AB égale à 5^{m},20, ou 27^{m3},09.

Si nous retranchons du volume de la tranche le volume de la partie du water-ballast allant de A en B, nous avons : 691,79 — 27,09 = 664 mètres cubes 70 (volume exact de la tranche).

D'autre part, en suivant les instructions de la circulaire de 29 mars 1889 (p. 38, fig. 5), nous posons :

Aire de la 6e section	44^{m2},45
Aire — 7e —	49 ,23
Aire — 8e —	49 ,14

Et pour le calcul du volume :

1/2 Aire de la 6e section.	$22^{m^2},225$
Aire de la 7e section	$49\ ,23$
1/2 Aire de la 8e section.	$24\ ,57$
Total.	$96^{m^2},025$

$$96^{m^2},025 \times 7^{m},014 = 673^{m^3},52$$

Si nous retranchons de ce volume la partie du water-ballast de A en B, nous avons :

$$673,52 - 27,09 = 646^{m^3},43$$

D'où, différence en moins du volume vrai :

$$664,70 - 646,43 = 18^{m^3},27$$

En négligeant totalement de tenir compte des prescriptions de la circulaire, nous n'avons qu'une différence en plus de :

$$673,52 - 664,70 = 8^{m^3},82$$

La différence entre les deux modes de procéder serait encore plus sensible si l'extrémité arrière du water-ballast s'arrêtait plus avant et si le volume AB était de 17^{m^3}, par exemple, au lieu de 27, ce qui pourrait fort bien arriver ; car alors on aurait :

$$691^{m^3}79 - 17 \text{ mètres cubes} = 674^{m^3},79$$

pour volume exact de la tranche allant de la 6e à la 8e section. Ce résultat se rapprocherait beaucoup de celui obtenu directement (673,52) sans la déduction de AB. Par contre, en suivant les prescriptions de la circulaire, on aurait, dans ce cas :

$$673,52 - 17 = 656,52$$

au lieu de 674,79; différence en moins $18^{m^3},27$.

Ce qui prouve que, pour ne pas compliquer les calculs et les mesurages, l'on peut négliger de tenir compte des instructions de la circulaire ministérielle susvisée et opérer d'après les sections telles qu'elles se présentent, qu'elles tombent sur les varangues ou sur le water-ballast. En pratique, c'est ainsi que l'on opère, et les résultats sont suffisamment exacts.

OBSERVATION

Les instructions de l'Administration des Douanes, pour l'établissement du certificat spécial de jauge nécessaire à la liquidation des primes à la navigation et à la construction des navires à water-ballast ou à double-fond, portent qu'il sera dressé, à cet effet, un tableau spécial, pour ce tonnage de prime, portant sur la détermination du volume au-dessous du plafond du water-ballast ou du double-fond, d'après le modèle ci-après que nous pouvons appliquer à notre navire-exemple à water-ballast. Les chiffres de ce tableau ont été donnés plus haut sous une autre forme.

Rappelons que F est la largeur du fond aux sections qui correspondent au water-ballast, d'après le décret de mars 1889.

Tableau spécial pour le calcul du tonnage de prime du navire à water-ballast.

NUMÉROS des SECTIONS	2me	3me	4me	5me	6me	10me	11me	12me	13me
F	$1^{m},60$	$4^{m},02$	$5^{m},60$	$7^{m},54$	$8^{m},50$	$7^{m},90$	$7^{m},44$	$4^{m},60$	$2^{m}.00$
V	1 ,46	1 ,46	1 ,46	1 ,46	1 ,46	1 ,46	1 ,46	1 ,46	1 ,46
2 V	2 ,92	2 ,92	2 ,92	2 ,92	2 ,92	2 ,92	2 ,92	2 ,92	2 ,92
V^2	2 ,132	2 ,132	2 ,142	2 ,132	2 ,132	2 ,132	2 ,132	2 ,132	2 ,132
f^2	0 ,342	0 ,342	0 ,342	0 ,342	0 ,342	0 ,342	0 ,342	0 ,342	0 ,342
$V^2 - f^2$	1 ,790	1 ,790	1 ,790	1 ,790	1 ,790	1 ,790	1 ,790	1 ,790	1 ,790
multiplié par F	1 ,60	4 ,02	5 ,60	7 ,54	8 ,50	7 ,90	7 ,44	4 ,60	2 ,00
Produit	2 ,864	7 ,196	10 ,024	13 ,497	15 ,215	14 ,141	13 , 318	8 ,234	3 ,780
divisé par 2 V	2 ,92	2 ,92	2 ,92	2 ,92	2 ,92	2 ,92	2 ,92	2 ,92	2 ,92
Quotient aire en mètres carrés	$0^{m2},98$	$2^{m2},46$	$3^{m2},43$	$4^{m2},62$	$5^{m2},21$	$4^{m2},84$	$4^{m2},56$	$2^{m2},82$	$1^{m2},23$

CALCUL DE B

—

Largeur de la 8e section	$11^{m},50$
2 membrures . . .	0 ,22
2 vaigrages. . . .	0 ,10
B = . . .	$11^{m},82$

CALCUL DE C

—

Hauteur du volume principal d'après le décret de 1889 . .	$4^{m},61$
Hauteur d'entrepont.	2 ,30
1/3 du bouge. . .	0 ,08
Bordé d'entrepont .	0 ,07
Varangues. . . .	0 .63
C = . . .	$7^{m},69$

$B + C = 19,51$

$f\ 19,51 \times 0,03 = 0,585$

$f^2 = 0,342$

CAPACITÉ CUBIQUE ET TONNAGE

NUMÉROS des sections	FACTEURS	AIRE des sections	PRODUITS
2	4	$0^{m2},98$	3,92
3	2	2 ,46	4,92
4	4	3 ,43	13,72
5	2	4 ,62	9,24
6	4	5 ,21	20,84
10	4	4 ,84	19,36
11	2	4 ,56	9,12
12	4	2 ,82	11,28
13	2	1 ,23	2,46
Total. . .			94,86
Total précédent			1.563,36
Total. . .			1.658,22

Total ci-contre.	1.658 ,22
Tiers de la distance entre les divisions de la longueur . .	2^{m} ,338
Produit (volume en mètres cubes)	$3.876^{m3},92$
Divisé par 2,83. Tonnage de prime	1.369^{Tx} ,93

V est la hauteur des varangues sur quille, y compris le vaigrage sur lambourdes.

Les autres quantités sont détaillées.

Le total 1563,36 est celui de tableau de la page 89, de la capacité cubique du volume principal sur le plafond du water-ballast.

Le tonnage de prime, au-dessous du pont de tonnage, est de 1369 t, 93 : chiffre obtenu par les calculs du tableau de la page 84.

Tableau pour le calcul du volume de l'entrepont au-dessus du pont de tonnage

Longueur au milieu de la hauteur : 98m,20 ; à diviser par 14
Distance entre les divisions de la longueur : 7m,014
Nombre de largeurs et de hauteurs à mesurer : 15.

NUMÉROS des SECTIONS	FACTEURS	LARGEURS	PRODUITS	HAUTEUR	OBSERVATION
1	1	»	»	»	Lorsque la hauteur n'est pas constante dans l'entrepont, on additionne les hauteurs mesurées à chaque point de division (les extrémités du pont inférieur comprises) ; le 15me du total donne la hauteur moyenne.
2	4	7m,25	29,00	2m,30	
3	2	9 ,62	19,24	2 ,30	
4	4	10 ,64	42,56	2 ,30	
5	2	10 ,95	21,90	2 ,30	
6	4	11 ,35	45,40	2 ,30	
7	2	11 ,38	22,76	2 ,30	
8	4	11 ,39	45,56	2 ,30	
9	2	11 ,38	22,76	2 ,30	
10	4	11 ,35	45,40	2 ,30	
11	2	11 ,28	22,56	2 ,30	
12	4	11 ,10	44,40	2 ,30	
13	2	10 ,30	20,60	2 ,30	
14	4	7 ,40	29,60	2 ,30	
15	1	»	»	»	
TOTAL. . .			411,74		
Tiers de la distance entre les divisions de la longueur.			2m,338		
Produit (aire horizontale en mètres carrés).			962m²,65		
Hauteur moyenne			2m,30		
Produit (volume en mètres cubes). . .			2.214m³,10 ; à diviser par 2,83,		
donne :			782Tx,36 (Tonneaux de jauge)		

Volume de l'entrepont du navire à water-ballast.

Le mesurage de cet espace s'effectue de la manière ordinaire (page 70).

La longueur est égale à celle du pont de tonnage (planche IV), parce qu'à l'arrière le point d'aboutissement de cette longueur rencontre l'étambot de la même façon que le pont de tonnage, et que l'étrave est verticale. L'épaisseur du vaigrage est déduite à chacune des extrémités.

(Voir les calculs au tableau de la page précédente.)

---

12. — Constructions supérieures ou superstructures.

On désigne sous le nom de *constructions supérieures* ou *superstructures* tous les espaces clos et couverts d'une manière permanente qui sont au-dessus du pont supérieur.

Elles comprennent généralement :

Les dunettes, teugues ou gaillards d'avant, rouffles ou roofs, cabines latérales, claires-voies, entourages, capots de descente, etc.

Toutes ces constructions peuvent être limitées par des surfaces planes ou par des surfaces courbes. Quelques-unes peuvent affecter des formes spéciales dont nous nous occuperons plus loin.

On détermine le volume de ces espaces et leur tonnage, que l'on ajoute au volume et au tonnage principal pour constituer le brut total du navire. Ensuite, la plupart de ces constructions sont déduites du tonnage brut pour former le tonnage net des navires à voiles et le tonnage brut officiel des navires à vapeur, d'après les indications suivantes, conformes aux dispositions des décrets et instructions ministérielles :

ESPACES CLOS AU-DESSUS DU PONT SUPÉRIEUR. (DUNETTES, GAILLARDS, TEUGUES, ROUFFLES, ETC.)

L'article 21 du décret de mai 1873 dit que lorsque, sur les navires, il existe des dunettes, gaillards, teugues, rouffles ou roofs, ou toute autre construction permanente ou fermée pouvant recevoir du chargement et des vivres, ou servir de logement pour l'équipage ou les passagers, le tonnage en est ajouté au tonnage principal.

On calcule ce tonnage de deux manières différentes, selon que les contours qui limitent ces espaces sont formés par des *surfaces courbes* ou par des *surfaces planes*. (Voir l'article 21 de ce décret).

Les dimensions sont relevées à l'intérieur, sur le vaigrage lorsqu'il existe. La longueur est toujours prise selon le plan longitudinal du navire, et les sections transversales sont numérotées à partir de l'avant. On ne doit pas tenir compte du bouge si le plancher et le plafond de ces espaces en ont un ; mais si l'un des deux est sans bouge, il faut prendre les hauteurs au tiers du bouge de celui qui en est pourvu.

En appliquant ces dispositions à notre navire-exemple, planche I, nous avons :

A l'avant, sous la teugue :

Deux parcs à bœufs, à moutons et à volailles dont le contour extérieur est formé par une surface courbe.

Pour chacun de ces compartiments, le volume se détermine en prenant à l'intérieur, au milieu de la hauteur, une longueur moyenne : 6m,26. Au milieu de cette longueur et à la moitié de la hauteur, on mesure la largeur intérieure, sur vaigrage ; on en fait autant aux extrémités du compartiment, et l'on a alors : largeur à l'avant, 2m,10 ; largeur au milieu, 2m,80 ; largeur à l'arrière, 3m,15. La hauteur mesurée à la position de chacune de ces largeurs, et au milieu de l'espace, du dessus du plancher au-dessous du plafond, donne : à l'avant, 1m,87, au milieu, 1m,90 ; à l'arrière, 1m,93 ; d'où, hauteur moyenne = 1m,90. Avec ces données, nous constituerons le tableau suivant :

PARC A BŒUFS

Longueur (au milieu de la hauteur)		=	6m26
Moitié de la longueur		=	3,13

NUMÉROS DES LARGEURS	FACTEURS	LARGEURS	PRODUITS
1	1	2m10	2,10
2	4	2,80	11,20
3	1	3,12	3,12

Total		16,42
Tiers de la moitié de la longueur		1m045
Produit (aire horizontale)		17mq16
Hauteur moyenne		1m90
Produit (volume en mètres cubes) à diviser par 2,83		32m³60
Tonneaux de jauge	=	11t52

11 tx. 52 représentent le tonnage du parc à bœufs à tribord sous la teugue, ainsi que celui du parc à moutons et à volailles de bâbord qui lui est identique.

Les opérations que nous venons de faire pour le parc à bœufs s'appliquent à tous les autres espaces sous la teugue limités par des surfaces courbes, et, en général, à tous les locaux constitués de cette façon.

Les espaces compris dans les roofs sont tous limités par des surfaces planes. Le volume de ces espaces est facile à obtenir puisqu'il est le produit des trois dimensions moyennes intérieures : longueur, largeur et hauteur. Nous n'insisterons pas davantage sur ces mesurages fort simples, et nous donnerons le résultat des calculs pour tous les espaces clos au-dessus du pont supérieur de notre navire-exemple, planches I et III, afin d'avoir le tonnage brut total de ce bâtiment.

	Tonneaux de jauge
1° *Roof extrême arrière :*	
A { Descente des deuxièmes et fumoir	7t,85
A { Magasins, pavillons et descente des garçons	5 ,85
Total.	13t,70
2° B. — *Claire-voie de la salle à manger des deuxièmes*	0t,63
3° *Roof arrière :*	
C { Salle à manger des premières	38 ,26
C { Offices	6 ,55
D. — Claire-voie au-dessus	1 ,14
Total.	45t,95
4° E. — *Roof du capitaine*	8t,60
5° F. — *Grand roof central :*	
Logement des officiers	12 ,39
Logement des cuisiniers	4 ,43
Carré des officiers	12 ,65
Cuisine des passagers et de l'équipage	12 ,50
Atelier de la machine	3 ,58
Bureau du 2e capitaine	3 ,48
Boulangerie, pâtisserie, four à pain	13 ,37
Descente des chauffeurs	2 ,20
Aérages des chaufferies	17 ,30
Entourage de la cheminée	9 ,85
Emplacement de la chaudière auxiliaire	11 ,95
Entourage de la machine	27 ,85
Pharmacie, descentes des émigrants et des mécaniciens	11 ,40
Total.	142t,95
6° *Au-dessus du roof central :*	
G. — Claire-voie de la machine	3t,46
H. — Capot de la chaudière auxiliaire	1 ,77
I. — Chambre de veille et timonerie	16 ,25
Total.	21t,48
7° *Roof avant :*	
J { Cambuse de distribution	6t,85
J { Cuisine des émigrants	11 ,75
Total.	18t,60

8° *Au-dessous de la teugue:*

		Tonneaux de jauge
Espaces limités par des surfaces courbes	K { Boucherie, lampisterie, fruits et légumes.	15ᵗ,70
	K { Bancs creux et water-closets	8 ,22
	L. — Parcs à bœufs, à moutons et à volailles.	23 ,04
	N. — Armoire à l'extrême avant.	1 ,44
Espace limité par des surfaces planes : M. — Descentes		2 ,90
	Total.	51 ,30

RÉCAPITULATION:

1° Roof extrême arrière	13ᵗ,70
2° Claire-voie de la salle à manger des deuxièmes	0 ,63
3° Roof arrière et claire-voie au-dessus.	45 ,95
4° Roof du capitaine	8 ,60
5° Grand roof central	142 ,95
6° Au-dessus du roof central.	21 ,48
7° Roof avant	18 ,60
8° Au-dessous de la teugue	51 ,30
Total des espaces clos au-dessus du pont supérieur	303ᵗ,21

COMPOSITION DU TONNAGE BRUT TOTAL DU NAVIRE :

1° Tonnage principal (page 67)	2583ᵗ,20
2° Tonnage de l'entrepont, y compris la coupée du pont, (page 73)	1069 ,89
3° Tonnage des espaces clos au-dessus du pont supérieur	303 ,21
Tonnage total	3956ᵗ,30

C'est ce tonnage, dit *spécial*, qui sert de base à la liquidation des primes à la construction et à la navigation prévues par la loi du 30 janvier 1893 sur la marine marchande.

Remarque.

Dans la nomenclature qui vient d'être donnée, les espaces du roof central qui sont désignés : entourage de la machine, entourage de la cheminée et aérages des chaufferies, comportent une coupée de pont, c'est-à-dire qu'à ces endroits, le bordé du pont (le plancher) n'existe pas. En conséquence, les hauteurs sont prises au-dessus d'une ligne fictive passant par le dessus des barrots du pont supérieur. Le volume de ces espaces comprend donc le volume du *bordé* de pont, comme nous l'avons fait pour le pont de tonnage, page 72, aux machines et chaudières.

Les hauteurs intérieures qui, dans les autres parties de ce roof, sont de $2^m,10$ (voir planche II), deviennent, dans les espaces de machine, cheminée et aérages ci-dessus, égales à $2^m,10 + 0^m,09$, épaisseur du bordé en bois du pont $= 2^m,19$.

Nous reviendrons, d'ailleurs, sur ce sujet, lorsque nous parlerons des déductions applicables au moteur.

13. — Cubage des capots de descente et des claires-voies.

Comme on vient de le voir dans les espaces mesurés au-dessus du pont supérieur, les capots de descente et les claires-voies sont comprises dans le tonnage des navires.

Ces constructions ne sont mesurées que lorsqu'elles sont fixées à demeure et qu'elles sont closes d'une manière permanente. Sur certains navires, les panneaux de chargement sont recouverts d'un plancher mobile en bois, avec, au milieu, un capot de descente ou une claire-voie. Dans ce cas, le capot et la claire-voie ne doivent pas être pris en charge parce qu'ils reposent sur une partie amovible et qu'eux-mêmes s'enlèvent au moment du chargement.

Le cubage des claires-voies s'effectue par les procédés géométriques lorsqu'on ne peut faire l'application de la méthode Moorsom.

En général, les claires-voies affectent, dans le sens transversal, la forme de la figure 32. Si l'on mesure la hauteur h à une distance au-dessous de a égale à la moitié de $a\ m$, on arrivera, en faisant le produit $h \times l$, à avoir exactement l'aire de la section $a\ c\ h'\ g\ f\ a$; car, si d'un côté on néglige la surface du triangle $a\ b\ c$, on compte en plus de l'autre celle du triangle $b\ c\ d$, et comme ces triangles sont égaux, l'aire de la section n'est pas altérée. Le produit $h \times l$ représente donc bien l'aire de la section de la claire-voie.

Le produit de la longueur L de cette construction par $h \times l$, ou $L \times l \times h$, donne le volume; ce dernier divisé par 2,83 donne le tonnage.

Il est bien entendu que toutes les dimensions doivent être prises intérieurement bois ou fer.

Fig. 32

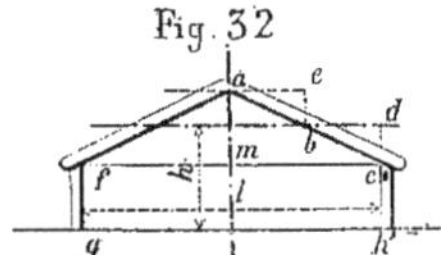

Fig. 33

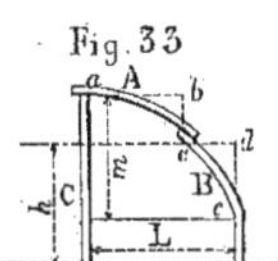

Les capots de descente sont souvent à coulisse sur surface plane ou sur surface courbe (fig. 33). Dans ce dernier cas, la partie A coulisse sur B et le devant C est fermé par des portes. Le cubage de ces constructions, généralement de peu d'importance, s'effectue d'une façon simple, quoique pas très rigoureusement exacte. On opère comme pour les claires-voies en prenant une hauteur h, à une distance au-dessous du point a, un peu inférieure à la moitié de $.m$, à cause de la partie courbe A B, de manière à égaliser la surface des deux triangles $a\ b\ c$ et $c\ d\ e$ que l'on néglige d'une part et que l'on compte en trop de l'autre. La surface de la section est égale à $h \times L$. L est la longueur quand les capots sont disposés selon le plan longitudinal du navire. Le produit $h \times L$ par l, la largeur, donne le volume.

Ce dernier divisé par 2,83 donne le tonnage.

Si la partie du capot qui coulisse glisse sur une surface plane, on applique les opérations de la claire-voie, en prenant h à une distance au-dessous de a égale à $\frac{m}{2}$ (fig. 33).

Il existe quelquefois sur des paquebots des claires-voies monumentales formant dômes, des roofs et des claires-voies de forme ronde, polygonale, elliptique, etc.

Dans ces cas spéciaux de superstructure l'on doit employer les procédés de la géométrie pour la détermination du volume.

Si la construction est de forme ronde on prend le diamètre intérieur D et la hauteur intérieure H, et l'on a le volume par la formule :

$$V = \frac{\pi D^2}{4} \times H.$$

Si elle est de forme polygonale, on fait la surface S de la base et on la multiplie par la hauteur H.

Dans le cas d'une base hexagonale la surface S est égale au produit du carré du côté c par 2,598, ou $S = 2{,}598\ c^2$.

Dans le cas d'une base octogonale la surface est $S = 4{,}828\ c^2$.

Dans le cas d'une base elliptique, on mesure les deux axes et l'on en prend la moitié. Le demi-grand axe est a et le demi-petit axe b.

La surface S de la base est donnée par la formule $S = \pi a b$. ($\pi = 3{,}1416$).

Les claires-voies de forme ronde et polygonale sont généralement surmontées d'une partie conique et pyramidale de hauteur h. Le volume de ces cônes et pyramides s'obtient par le produit de la surface de la base S par le tiers de la hauteur h.

---

14. — Espaces clos au-dessus du pont supérieur du navire à water-ballast (pl. IV).

Ce navire possède une teugue fermée, un roof central, des cabines latérales et une dunette fermée.

La teugue et la dunette étant fermées doivent être comprises entièrement dans le tonnage du navire.

Dans la teugue se trouvent le poste de l'équipage, les cabines des maîtres et une descente; dans la dunette se trouvent des cabines de passagers, une salle à manger, un office, des water-closets, une descente et l'emplacement des mouvements du gouvernail.

Comme il est nécessaire de séparer les logements d'équipage du restant des constructions, en vue de déductions spéciales, il faut mesurer les espaces occupés par les matelots et les maîtres dans la teugue. Ces espaces sont limités par des surfaces courbes, comme on peut le voir sur la planche IV. Le poste de l'équipage a $7^m,30$ de longueur moyenne; les largeurs prises au milieu de la hauteur, à l'extrémité avant, au milieu de la longueur et à l'extrémité arrière, sont respectivement de $3^m,70$, $7^m,30$ et $8^m,80$; la hauteur moyenne est de $1^m,90$ de planche à planche, le pont supérieur et le pont de la teugue ayant tous les deux le même bouge.

Les cabines des maîtres se mesurent de la même façon.

Dans la dunette, les cabines des passagers, l'office, les water-closets sont limités par des surfaces courbes, ainsi que l'emplacement du mouvement du gouvernail. Ce dernier, placé à l'extrême arrière, a $3^m,42$ de longueur, au milieu de la hauteur. Les largeurs, au milieu de la hauteur, sont : à l'avant, $7^m,80$; au milieu, $6^m,50$ et à l'arrière zéro. La forme arrondie de la voûte ne permet pas de déterminer une largeur à cette extrémité. La hauteur moyenne est de $1^m,90$.

Les cabines, l'office et les water-closets se mesurent de la même façon.

La salle à manger, en y comprenant la descente, est de forme parallélipipédique et son volume s'obtient par le produit de ses trois dimensions intérieures moyennes : longueur, largeur et hauteur, comme toutes les constructions limitées par des surfaces planes.

(Les cabines des passagers et la salle à manger doivent être séparées des autres locaux de la dunette, pour des raisons que nous donnerons plus loin).

Indiquons, comme exemple de calcul, la détermination du tonnage du poste de l'équipage dans la teugue et de l'emplacement réservé au mouvement de gouvernail dans la dunette.

Poste de l'équipage dans la teugue				*Mouvement de gouvernail dans la dunette*	
Longueur au milieu de la hauteur :			$7^m,30$	Longueur, au milieu de la hauteur	$3^m,42$
Moitié de la longueur :			$3^m,65$	Moitié de la longueur	$1^m,71$
NUMÉROS des SECTIONS	FACTEURS	LARGEURS	PRODUITS	LARGEURS	PRODUITS
1	1	$3^m,70$	3 ,70	$7^m,80$	7 ,80
2	4	7 ,30	29 ,20	6 ,50	26 ,00
3	1	8 ,80	8 ,80	0	0
TOTAL			41 ,70		33 ,80
Tiers de la moitié de la longueur			1 ,217		$0^m,57$
Produit (aire horizontale)			$50^{m^2},75$		$19^{m^2},27$
Hauteur moyenne.			1 ,90		1 ,90
Produit (Volume en mètres cubes). . . .			$96^{m^3},43$		$36^{m^3},61$
à diviser par 2,83 :					
Tonneaux de jauge			$34^{Tx},07$		$12^{Tx},93$

Le restant des constructions au-dessus du pont supérieur se cube par les mêmes procédés que nous venons d'indiquer, et que nous avons employés également pour le navire sans ballast de la planche I, (voir pages 96 et suivantes).

Nous nous contenterons de donner la nomenclature et le tonnage des espaces clos au-dessus du pont supérieur, afin de constituer le tonnage brut total.

En nous reportant donc au tracé de la planche IV, nous avons :

1° *Dans la teugue* :

Armoire à l'extrême avant	1t,71
Poste de l'équipage	34,07
Cabines des maîtres	9,34
Descente et entrée	5,20
Bancs creux	4,83
Total	55,15

2° *Capots de descente, avant et arrière* . . . 2t,66

3° *Dans le roof central* :

Capitaine et lieutenants	12,48
Passage	2,54
Cuisine des passagers	6,22
Aérage des chaufferies, entourage de la cheminée, local de la chaudière auxiliaire et entourage de la machine	44,80
Descente	1,41
Total	67,40

4° *Cabines latérales, en abord du roof central :*

A bâbord :	Cambuse de distribution	3t,71
	Carré des officiers	4,45
	Water-closets (bouteilles)	2,64
	Premiers chauffeurs et chauffeurs	11,90
	Escarbilles	1,35
	Mécaniciens	9,36
A tribord :	Deuxième capitaine	3,71
	Restaurateur et cuisiniers	5,90
	Cuisine des émigrants	6,53
	Boulangerie, lampisterie, boucherie, légumes et fruits	11,15
	Escarbilles	1,35
	Water-closet (bouteille)	1,32
	Magasin de la machine	1,90
	Total	66,27

5° *Au-dessus du roof central*:

Timonerie	6,50
Claire-voie de la machine	4,80
Total	11,30

6° *Dunette* :

Cabines des passagers	18,73
Salle à manger et descente	23,93
Office et bouteilles	4,80
Emplacement du mouvement de gouvernail	12,93
Claire-voie au-dessus de la salle à manger	2,15
Total	62,54

RÉCAPITULATION

1° Teugue	55t,15
2° Capots de descente	2 ,68
3° Roof central	67 ,40
4° Cabines latérales	66 ,27
5° Constructions au-dessus du roof central	11 ,30
6° Dunette	62 ,54
Total	265 ,32

Composition du tonnage brut total du navire à water-ballast:

1° Tonnage principal, y compris la partie du water-ballast au-dessus des varangues (p. 85)	1.369t,98
2° Tonnage de l'entrepont (p. 93)	782 ,36
3° Coupée de pont (au pont de tonnage), à l'entourage de la machine, aux aérages des chaufferies et à l'entourage de la cheminée	1 ,27
4° Espaces clos au-dessus du pont supérieur	265 ,32
Tonnage total	2.418 ,88

C'est ce tonnage brut total, dit *spécial*, qui sert de base à la liquidation des primes à la navigation et à la construction prévues par la loi du 30 janvier 1893 sur la Marine marchande.

---

15. — Déductions.

L'article 11 du décret du 24 mai 1873 stipule que, dans la détermination du tonnage total, « lorsqu'il s'agit des compartiments exclusivement affectés à l'équipage, au-dessus ou au-dessous du pont supérieur, et n'excédant pas le vingtième du total du navire, il n'y a pas à les comprendre dans le tonnage total ; et s'ils excèdent ce vingtième, il n'est tenu compte que de l'excédent. »

Le décret du 7 mars 1889, article 3, a remplacé ce paragraphe par le suivant :

« Toutefois, s'il s'agit de compartiments exclusivement affectés à l'équipage, au-dessus ou au-dessous du pont supérieur et reconnus tels par l'administration des douanes, il n'y a pas à les comprendre dans le tonnage total. »

Cette disposition déduit donc du tonnage brut les espaces occupés par l'équipage dans leur intégralité, sans tenir compte du vingtième du total.

Le décret du 31 janvier 1893 a modifié ce paragraphe de l'article 3 du décret de mars 1889, et l'a remplacé par le suivant :

« Toutefois, s'il s'agit des compartiments exclusivement affectés à l'équipage, *y compris le logement du capitaine et ses dépendances*, situés au-dessus ou au-dessous du pont supérieur, il n'y a pas à les comprendre dans le tonnage brut. »

Les décrets de mai 1873, et mars 1889, étaient muets sur la question du logement du capitaine; mais l'Administration des douanes considérait le capitaine *comme ne faisant pas partie de l'équipage* et son logement restait compris dans le tonnage brut.

Par logement d'équipage, on entendait tous les espaces occupés par les officiers, les mécaniciens, les maîtres, les matelots et les chauffeurs. Le docteur était compté dans l'équipage *lorsqu'il était à bord.*

Le décret de janvier 1893 a ajouté le logement du capitaine et ses dépendances aux espaces occupés par l'équipage.

Les logements du commissaire, du restaurateur, des maîtres-d'hôtel, des garçons, cuisiniers, femmes de chambre, etc., font partie, depuis mars 1889, de la déduction, comme espaces dits de navigation, à condition que le personnel qui les occupe soit porté sur le rôle d'équipage.

L'article 11 du décret de mai 1873 dit, dans son dernier paragraphe, « qu'il n'y a pas à comprendre dans le tonnage les abris installés sur le pont pour les passagers et admis pour cette destination par l'Administration des douanes. ».

L'article 3 du décret du 7 mars 1889 a complété ces indications, en disant :

« Tels que : fumoirs, salons de conversation, etc... (Voir le décret page 36, et la circulaire de la Direction générale des douanes, du 29 mars 1889, page 37).

Il y a lieu de remarquer, d'après cette dernière circulaire, que les salles à manger doivent être comprises dans le tonnage brut, puisqu'elles ne font pas partie des déductions ci-dessus.

Ainsi, dans nos navires-exemples, le carré des officiers, situé dans le roof central, pour le navire de la planche I, et dans les constructions latérales bâbord, pour le navire de la planche IV, doit rester compris dans le tonnage brut total; il en est de même de la salle à manger des passagers, dans un roof, pour le navire de la planche I, et dans la dunette, pour le navire de la planche IV. Dans ce dernier navire, on doit laisser également, dans le tonnage total, les cabines de passagers situées dans la dunette, ainsi qu'on le fait pour les cabines au-dessous du pont supérieur.

En résumant ce qui précède et les dispositions des décrets susvisés, nous pouvons dire que toutes les constructions considérées comme abris, celles dites de navigation, les logements d'équipage, les espaces inutilisables pour le transport des voyageurs et des marchandises, les cuisines et les bouteilles, doivent être mesurées et comptées dans le *tonnage brut total*, et déduites ensuite intégralement de ce dernier tonnage pour constituer le *tonnage brut légal* des navires à vapeur, ou le *tonnage net* des navires à voiles.

Le tonnage net des navires à vapeur comporte la déduction de l'appareil moteur dont nous nous occuperons plus loin.

Si, maintenant, nous reprenons notre navire-exemple, planche I, et que nous lui appliquions les dispositions ci-dessus, nous aurons :

ESPACES EN DÉDUCTION

1° *Logements de l'équipage*

	Tonneaux de jauge
Capitaine (roof central)	8t,60
Deuxième capitaine et lieutenants (roof central)	12,39
Maître d'équipage (1er entrepont)	3,85
Seconds-maîtres —	8,53
Poste de l'équipage ou des matelots (1er entrepont)	97,23
Mécaniciens et électricien (1er entrepont)	22,65
Premiers chauffeurs —	7,35
Chauffeurs et soutiers —	22,50
Total	183,10

2° *Espaces inutilisables et espaces dits de navigation*

	Tonneaux de jauge
Chambre de veille et timonerie (roof supérieur)	16t25
Parcs à bœufs et à moutons (teugue)	23,04
Boucherie, lampisterie, légumes et fruits (teugue)	15,70
Descentes de l'équipage et à la cambuse —	2,90
Armoire à l'extrême avant —	1,44
Cambuse de distribution (roof avant)	6,85
Logement des cuisiniers (roof central)	4,43
Bureau du deuxième capitaine (roof central)	3,48
Boulangerie, pâtisserie, four à pain (roof central)	13,37
Descente des chauffeurs (roof central)	2,20
Pharmacie, descentes des émigrants et des mécaniciens (roof central)	11,40
Offices de la salle à manger des premières (roof arrière)	6,55
Claire-voie — — —	1,14
Claire-voie de la salle à manger des secondes (sur le pont)	0,63
Descente des deuxièmes et fumoir (roof extrême-arrière)	7,85
Magasin, pavillons, descente des garçons (roof extrême-arrière)	5,85
Magasin aux filins (1er entrepont)	9,25
Hôpital —	30,30
Archipompe (entreponts et cale)	6,10
Office des émigrants (hommes) (1er entrepont)	3,50
Office des émigrants (femmes) —	2,30
Bains des chauffeurs —	2,00
Restaurateur —	5,00
Petite pharmacie et armoire —	1,32
Cabine du docteur —	5,00
Salon des dames (Boudoir) —	6,02
Salle de bains des premières —	3,70
Salle de bains des dames —	2,96
Armoire pour débarras —	1,47
Salle de bains des secondes	1,75
Office de la salle à manger des secondes (1er entrepont)	5,81
Femme de chambre et lingerie —	8,12
Soute aux vivres à l'extrême-arrière) —	7,15
à reporter	224,83

Report.	224^{Tx},83
Soute aux voiles (2e entrepont)	8,50
Grande cambuse —	37,15
Glacière et bouteilles —	16,60
Poste des garçons —	20,02
Coqueron avant (3e entrepont et cale)	9,10
Puits aux chaînes —	5,25
Cale aux vins —	55,10
Caisses à eau (cale-arrière)	19,30
Total	395,85

3° *Cuisines et bouteilles* (water-closets)

	Tonneaux de jauge
Cuisine des passagers et de l'équipage (roof central)	12^t,50
Cuisine des émigrants (roof avant)	11,75
Water-closets et bancs creux (sous la teugne)	8,22
— de l'hôpital (1er entrepont)	3,45
— des émigrants (hommes) (1er entrepont)	13,80
— — (femmes) et chauffeurs (1er entrepont)	5,15
— des mécaniciens (1er entrepont)	1,85
— et urinoir des premières (1er entrepont)	6,90
— des dames (1er entrepont)	1,70
— des secondes —	5,20
Total	70,52

RÉCAPITULATION

1° Logements de l'équipage	183,10
2° Espaces inutilisables et espaces dits de navigation	395,85
3° Cuisines et bouteilles	70,52
Total	649,47
Le *tonnage brut total*, donné page 97, est de	3.956^{Tx},30
Le *tonnage brut légal* est alors égal à : 3.956,30 — 649,47 =	3.306^{Tx},83

Remarque. — Dans un navire sans water-ballast, comme celui de la planche I, le tonnage brut total ci-dessus, 3956,30, est également le *brut spécial* pour la liquidation des primes prévues par la loi du 30 janvier 1893 sur la marine marchande ; mais dans un navire à water-ballast, comme celui de la planche IV, le *tonnage brut total* est compté au-dessus du vaigrage sur ballast, et le *tonnage brut total spécial* est compté sur les varangues.

En nous reportant aux pages 89 et 102, nous aurons, pour ce dernier navire :

Tonnage brut total spécial :			2.418^{Tx},88
Tonnage brut total	Tonnage principal	1.291,56	2.340^{Tx},51
	Tonnage de l'entrepont	782,36	
	Coupée du pont	1,27	
	Espaces clos au-dessus du pont supérieur	265,32	

En supposant les espaces affectés à l'équipage, les espaces inutilisables et de navigation, les cuisines et les bouteilles égaux à 375 tonneaux, le *tonnage brut légal* sera égal à 2.340,51 — 375 = . . . 1.965^{Tx},51

16. — Navires non pontés.

Pour la détermination du tonnage des navires non pontés, on prend la longueur à la hauteur du can supérieur de la virure la plus haute du bordé extérieur ; on suppose une ligne passant par ce can supérieur, sur toute la longueur, et c'est cette ligne qui limite l'espace à mesurer. (Art. 9 du décret du 24 mai 1873).

Les hauteurs sont prises à partir de cette ligne fictive jusque sur les varangues ou sur le payol (vaigrage du fond), lorsqu'il existe. Les largeurs sont prises intérieur vaigrage, ou intérieur membrure, lorsque le vaigrage n'existe pas.

La longueur et les hauteurs sont divisées, pour le mesurage, en un certain nombre de parties égales, selon la classe à laquelle appartient le navire.

Tout bateau, dont la cale n'est pas entièrement recouverte, doit être considéré comme non ponté.

Si le pont d'un bateau est pourvu d'une coupée dont l'importance est telle qu'elle constitue une chambre jusqu'au fond, pour la manœuvre, le bateau est considéré comme non ponté; il en est de même si le pont est muni de panneaux notablement plus grands que ceux qui, d'ordinaire, suffisent pour donner accès à l'intérieur.

La figure 34 représente la mi-coupe d'un bateau en bois de 5 mètres de long, non ponté. La hauteur se prend du dessus des varangues, puisqu'il n'y a pas de payol, au can supérieur, ou dessus de la dernière virure du bordé sous le platbord. Les largeurs sont prises intérieur membrure, le vaigrage n'existant pas.

Fig 34

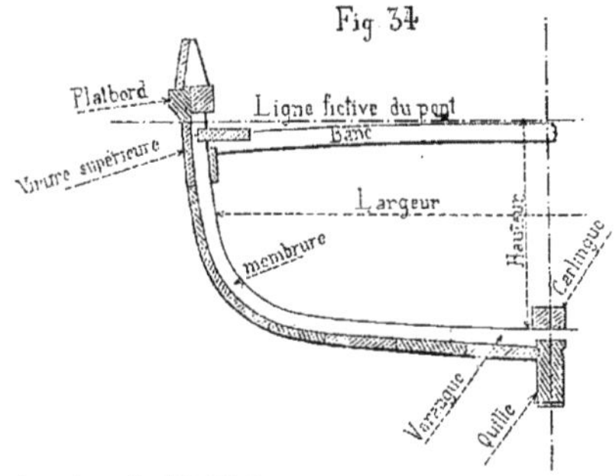

Si le navire, considéré comme non ponté, avait à l'avant une partie couverte, surélevée au-dessus de la ligne passant par le can supérieur de la virure supérieure du bordé, cette ligne fictive serait prolongée jusqu'à l'avant, et la partie *ab*, comprise entre cette ligne et le bout de pont, serait prise comme superstructure (fig. 35).

Nous donnons, comme exemple, planche V, le plan d'un canot en bois non ponté, pour en déterminer le tonnage.

La longueur de cette embarcation, prise à la hauteur du can supérieur de la virure supérieure du bordé extérieur, au-dessous du plat-bord, et de la face arrière de l'étrave à la face avant de l'étambot, intérieur vaigrage, est de 9^{m},24. Cette longueur place l'embarcation dans la première classe, et le nombre de divisions à effectuer sur la longueur est de 4.

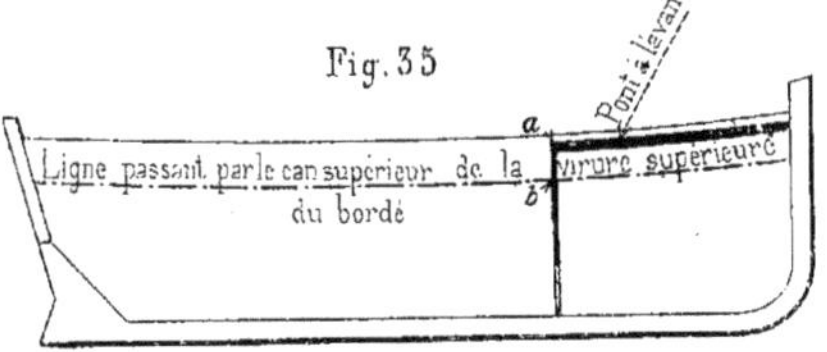

Fig. 35

Les hauteurs aux sections transversales sont prises de la ligne fictive figurant le pont au-dessus du vaigrage du fond, car ce vaigrage ou payol est fixé à demeure. Le nombre de divisions à effectuer sur la hauteur est de 4, d'après le décret de mai 1873.

Les largeurs aux sections sont prises intérieur vaigrage. Ce dernier n'existe pas sur toute la hauteur, mais la plus grande partie des parois intérieures en étant pourvue, le bateau est considéré comme entièrement vaigré. Voici le tableau pour le calcul du tonnage :

Tableau pour le calcul du tonnage du canot non ponté (planche V)

Longueur : moins de 15 mètres — Hauteur : moins de 5 mètres (classe I)											
Longueur : $9^{m}24$, à diviser par 4. Distance entre les divisions de la longueur : $2^{m}31$											
NUMÉROS DES SECTIONS		1re SECTION		2e SECTION		3e SECTION		4e SECTION		5e SECTION	
Hauteur		»		$0^{m}72$		$0^{m}66$		$0^{m}71$		$0^{m}47$	
Distance entre les divisions de la hauteur (1/4 de la hauteur).		»		$0^{m}18$		$0^{m}165$		$0^{m}177$		$0^{m}117$	
NUMÉROS des largeurs	FACTEURS	Largeurs	Produits	Largeurs	Produits	Largeurs	Produits	Largeurs	Produits	Largeurs	Produits
1	1	»	»	$1^{m}80$	1,80	$2^{m}16$	2,16	$1^{m}92$	1,92	$1^{m}12$	1,12
2	4	»	»	1,72	6,88	2,14	8,56	1,84	7,36	1,04	4,16
3	2	»	»	1,52	3,04	2,06	4,12	1,60	3,20	0,68	1,36
4	4	»	»	1,08	4,32	1,84	7,36	0,88	3,52	0,16	0,64
5	1	»	»	0,14	0,14	0,32	0,32	0,18	0,18	»	»
Total.		»		16,18		22,52		16,18		7,28	
Tiers de la distance entre les divisions de la hauteur . .		»		$0^{m}06$		$0^{m}055$		$0^{m}059$		$0^{m}039$	
Produits (aires horizontales) .		»		$0^{m2}97$		$1^{m2}24$		$0^{m2}95$		$0^{m2}28$	
Facteurs		1		4		2		4		1	
Produits		»		3,88		2,48		3,80		0,28	
Total.						10,44					
Tiers de la distance entre les divisions de la longueur. . .						$0^{m}77$					
Produit (volume en mètres cubes). . .						$8^{m3}04$, à diviser par 2,88					
Tonneaux de jauge						2^{t},84					

RÈGLE II.

17. — Pour les navires chargés.

L'article 13 du décret du 24 mai 1873 donne les instructions nécessaires pour la détermination du tonnage des navires chargés.

Pour bien faire comprendre les opérations du jaugeage dans ce cas, où les mesurages intérieurs sont impossibles, nous allons en faire l'application sur notre navire-exemple, planche IV, que nous supposerons chargé.

La première opération consiste à mesurer la longueur depuis l'arrière de l'étrave jusqu'à la face arrière de l'étambot, sur le pont supérieur. Celui-ci, se prolongeant jusqu'à la voûte, ou tableau, il faut s'arrêter à la face avant de la mèche du gouvernail, qui touche presque l'arrière de l'étambot, puisque nous ne pouvons pas atteindre ce dernier.

Ces dispositions ne sont pas rigoureusement celles du décret, mais elles sont acceptées en pratique pour la facilité des mesurages, et donnent un résultat très peu différent de celui que l'on peut obtenir en suivant à la lettre les instructions du décret.

On mesure ensuite la largeur extérieure sur le pont supérieur à l'endroit le plus large. Puis on mesure, à l'aide d'une chaîne, que l'on passe sous le navire, le pourtour extérieur, à l'endroit de la largeur, suivant un plan transversal, et jusqu'au pont supérieur.

Soit, figure 36, la coupe transversale du navire de la planche IV, à l'endroit le plus large.

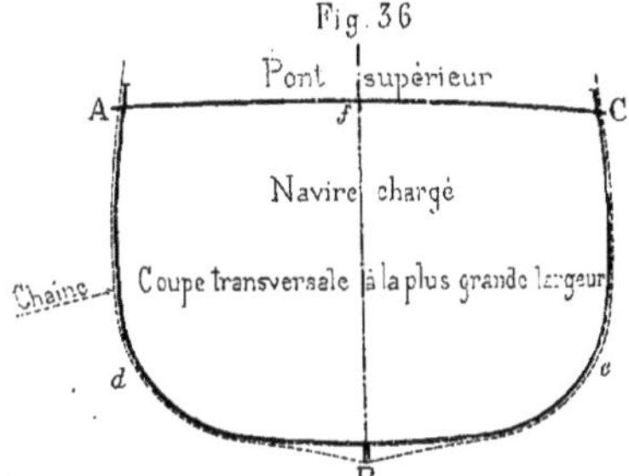

La largeur extérieure, hors préceintes, au pont supérieur, AC, est de 11^{m},36.

La longueur ABC de la chaîne passée sous le navire, du point A du pont supérieur d'un bord au point C du pont supérieur de l'autre bord, est de 24.^{m}20.

La longueur au pont supérieur, de l'arrière de l'étrave à l'arrière de l'étambot, est égale à 98^{m},64. On peut la vérifier en prenant sur le plan :

98^{m},20, longueur du pont de tonnage + 0^{m},08, épaisseur du vaigrage appliqué sur l'étrave, + 0^{m},08 épaisseur du vaigrage sur l'étambot, + 0^{m},28, largeur de l'étambot : soit au total 98^{m},64.

Nous poserons donc, pour le calcul du tonnage :

Volume jusqu'au pont supérieur.

Largeur extérieure à l'endroit le plus large	11^m,36
Moitié de cette largeur.	5^m,68
Pourtour du navire à la hauteur du pont supérieur, à l'endroit de la largeur . .	24^m,20
Moitié de ce pourtour	12^m,10
Addition de la demi-largeur et du demi-pourtour	17^m,78
Multiplication de cette somme par elle-même.	17 ,78
Produit.	316 ,1284
Longueur de l'arrière de l'étrave à l'arrière de l'étambot.	98 ,64
Produit.	31182 ,905
A multiplier par 0,18, puisque le navire est en fer	0 ,18
Produit (Volume en mètres cubes) . . .	5612$^{m^3}$924
A diviser par 2,83.	
Tonneaux de jauge . . . . 1983 t. 36	

Le calcul des constructions supérieures s'effectue de la manière ordinaire, car ces constructions ne contiennent pas de marchandises et peuvent toujours être mesurées.

Pour notre navire-exemple, le tonnage de ces espaces est de 265 t. 32 (page 102).

Le tonnage brut total est donc égal à 1983,36 + 265,32 = 2248 tx. 68, au lieu de 2340,51 donné par les mesurages intérieurs (page 105.)

Le calcul du tonnage des espaces réservés au moteur s'effectue par le procédé ordinaire comme les superstructures, rien n'empêchant les mesurages de ces locaux. Il en est de même des espaces réservés à l'équipage et des espaces inutilisables et dits de navigation pour le tonnage net.

Les calculs admis par la douane pour la détermination du tonnage des navires ayant leur plein chargement et auxquels on ne peut appliquer les dispositions de la règle I pour les navires vides, sont basés sur les considérations suivantes :

La surface transversale du navire sous le pont supérieur comprise dans le pourtour A*d*B*e*C*f*A (fig. 36) peut être comparée à la surface d'un cercle dont la circonférence serait égale à ce pourtour. La surface du cercle et la surface transversale du navire seraient sensiblement égales.

Pour simplifier les calculs, on peut opérer sur le demi-pourtour et la demi-circonférence.

La circonférence du cercle de rayon r est égale à $2\pi r$; celle du demi-cercle à πr.

La demi-circonférence étant égale au demi-pourtour, on a :

$$fAdB = \pi r$$

d'où :

$$r = \frac{fAdB}{\pi} \qquad (1)$$

La surface du cercle étant égale à πr^2 ; celle du demi-cercle est égale à $\frac{\pi r^2}{2}$.

La surface de la demi-section transversale ABf est par suite égale à $\frac{\pi r^2}{2}$; d'où, en remplaçant, dans cette dernière valeur, r par sa valeur (1), nous aurons :

Surface de la demi-section transversale :

$$ABf = \frac{\pi\left(\frac{fAdB}{\pi}\right)^2}{2} = \frac{\overline{fAdB}^2}{2\pi}$$

$$2\pi = 2 \times 3{,}1416 = 6{,}2832$$

D'où:

$$\text{Surface AB}f = \frac{1/2 \text{ pourtour } \overline{f A d B}^2}{6{,}2832}$$

Cette section multipliée par la longueur L du navire donne un volume V_1, dont la base est partout la même, et égal à :

$$V_1 = \frac{1/2 \text{ pourtour}^2}{6{,}2832} \times L.$$

Le rapport du volume V d'un navire de formes ordinaires au volume V_1 ci-dessus, en raison des formes avant et arrière, est égal en moyenne à 0,7; d'où :

$$V = \frac{1/2 \text{ pourtour}^2}{6{,}2832} \times L \times 0{,}7 = 1/2 \text{ pourtour}^2 \times L \times 0{,}11$$

Mais, d'autre part, le volume V étant extérieur et les calculs devant se faire sur le volume v intérieur, on considère que ce dernier est, en moyenne, égal aux $\frac{82}{100}$ du premier, pour les navires en fer ou en acier, et aux $\frac{78}{100}$ pour les navires en bois, en raison de leur plus grande épaisseur de revêtement et membrure. L'on a alors :

Pour les navires en fer : $v = {}^1/_2 \text{ pourtour}^2 \times L \times 0{,}11 \times 0{,}82 = {}^1/_2 \text{ pourtour}^2 \times L \times 0{,}09.$
Pour les navires en bois : $v = {}^1/_2 \text{ pourtour}^2 \times L \times 0{,}11 \times 0{,}78 = {}^1/_2 \text{ pourtour}^2 \times L \times 0{,}085.$

Les calculs étant établis sur la demi-coque du navire, on aura, pour la coque entière, bâbord et tribord, et pour le volume intérieur v:

$v = {}^1/_2 \text{ pourtour}^2 \times L \times 0{,}18$, pour les navires en fer.
$v = {}^1/_2 \text{ pourtour}^2 \times L \times 0{,}17$, pour les navires en bois.

Les coefficients de réduction 0,18 et 0,17, déterminés ainsi empiriquement, tiennent compte à la fois des formes du navire et du rapport du volume intérieur au volume extérieur. Les résultats ne sont qu'approximatifs et sont tantôt supérieurs et tantôt inférieurs à ceux que l'on obtient par la règle I des navires vides, en raison de la diversité des formes, car avec un même maître couple et une même longueur, on peut avoir deux navires avec des volumes intérieurs bien différents, selon la plus ou moins grande finesse des formes de la carène.

RÈGLE III.

18. — Déductions pour les navires à vapeur.

Le décret du 24 mai 1873 stipule, dans son article 14, que « dans les navires mus par la vapeur « ou par toute autre puissance mécanique exigeant une chambre des machines, déduction est faite « des espaces occupés par l'appareil moteur ou nécessaires à son fonctionnement, ainsi que de ceux « occupés par les magasins ou soutes à charbon » ; et plus loin, article 20, « que tant que les déduc- « tions afférentes aux machines à vapeur seront calculées dans le Royaume-Uni de la Grande-Bre- « tagne et de l'Irlande, suivant les dispositions de l'acte du 10 août 1854, les armateurs auront la « faculté de profiter des mêmes dispositions ».

(Voir le décret du 24 mai 1873 et la circulaire du 31 mai 1873 dans la première partie).

Les dispositions de l'article 20 du décret ci-dessus, et qui sont conformes à celles de l'acte du 10 août 1854, ne sont que *transitoires*, mais elles sont encore appliquées actuellement avec les modifications qui y ont été apportées par la suite et que nous allons résumer.

Le décret du 21 juillet 1887 a modifié les premier et sixième paragraphes de l'article 20 du décret de mai 1873. Le décret du 31 janvier 1893 a modifié ensuite les troisième, quatrième et cinquième paragraphes de l'article 20 ci-dessus et le troisième paragraphe de l'article premier du décret de juillet 1887.

(Voir ces décrets et les circulaires explicatives dans la première partie.)

A partir du 21 juillet 1887, et jusqu'au 31 janvier 1893, la déduction pour l'appareil moteur se déterminait de la manière suivante :

Les emplacements réservés au moteur se mesuraient en vue d'une déduction *avec* ou *sans percentage* et *majoration*, à la demande de l'armateur.

Dans le cas de déduction *avec percentage*, on doit faire le volume intérieur de *tous les espaces réservés au moteur*, savoir : compartiments des machines, chaudières et tunnel de l'arbre de l'hélice (dans les navires à hélice), espaces clos et couverts au-dessus du pont de tonnage et du pont supérieur pour entourages de la cheminée, de la machine, de la chaudière auxiliaire, etc. *Seules les soutes à charbon ne sont pas mesurées.*

Le total de ces volumes, divisé par 2,83, donne le tonnage des espaces réservés au moteur, dits *espaces mesurés.*

On divise ce tonnage par celui brut total du navire (y compris l'équipage), et l'on obtient un quotient qui est le *tant pour cent* représentant la quotité de la déduction.

Si cette proportion est de plus de 13 et moins de 20 % du tonnage brut total, pour les navires à hélice, ou bien supérieure à 20 % et inférieure à 30 % pour les navires à roues, on accorde 32 % de déduction du *tonnage brut total* du navire, pour les navires à hélice, et 37 % de ce même tonnage pour les bateaux à roues.

Si elle est de 13 % ou moins du tonnage brut, pour les navires à hélice, ou de 20 % ou moins pour les navires à roues, on accorde une déduction de 75 % en sus du tonnage des *espaces mesurés*, pour les navires à hélice, et 50 % pour les navires à roues.

Si elle est supérieure à 20 % du brut total, pour les navires à hélice, ou à 30 % pour les navires à roues, on accorde également une déduction de 75 % en sus du tonnage des *espaces mesurés*, pour les navires à hélice et 50 % pour les navires à roues.

En déduisant du tonnage brut légal (non compris ce qui est alloué pour l'équipage et les espaces inutilisables), le tonnage en déduction du tant pour % ci-dessus, on a le *tonnage net officiel.*

La déduction *sans percentage* comporte les espaces complets des appareils moteurs, *y compris les soutes à charbon*. C'est le tonnage de l'appareil moteur donné ci-dessus, mais avec celui des soutes à charbon en plus.

Il résulte des dispositions qui précèdent que si le tonnage des espaces réservés au moteur représente 13 % en moins, et 20 % ou plus du *tonnage brut total du navire*, on doit ajouter au tonnage effectif de ces espaces les *trois quarts* de ce même tonnage pour avoir le tonnage de la déduction, dans le cas des *bâtiments à hélice*; et si le tonnage des espaces réservés au moteur représente 20 % ou moins et 30 % ou plus du *tonnage brut total du navire*, on doit ajouter au tonnage effectif de ces espaces la *moitié* de ce même tonnage, pour avoir le tonnage de la déduction, dans le cas des *bâtiments à roues.*

Cette déduction est dite du *tonnage majoré.*

Dans le cas où le tonnage des espaces réservés au moteur est compris entre 13 et 20 % du *tonnage brut total du navire*, pour les navires à hélice, et 20 à 30 % pour les navires à roues, la déduction est de 32 % du *tonnage brut total* dans le premier cas et de 37 % dans le second.

Cette déduction est dite *par percentage.*

Si l'on prend pour déduction le *tonnage réel* des espaces réservés au moteur, *y compris le tonnage des soutes à charbon*, on a la déduction dite des *espaces réels* ou *sans percentage.*

Exemple:

Soit un navire à hélice ayant un tonnage brut total de. . . . . 3.874^t,05
Les emplacements affectés à l'équipage, ainsi que les espaces inutilisables et de navigation, sont de. . . . . 382 ,65
Les espaces réservés au moteur sont de . . . . 521 ,80
Le tonnage des soutes à charbon est de. . . . . 271 ,47
Le tonnage brut légal, officiel, est égal à 3.874,05 — 382,65 = ... 3.491 ,40

Déduction de l'appareil moteur :

1° *Par les espaces réels*, sans percentage : 521,80 + 271,47 = ... 793 ,27
2° Par le *tantième* du tonnage brut total: $\frac{521,80}{3.874,05}$ =. . . . . 13 ,47 %

Ce rapport étant compris entre 13 et 20 %, la quotité de la déduction est de 32 % du tonnage brut total du navire.
Le 32 % de 3.874^t,05 est de 1239^t,70.
La déduction *par percentage* est donc de. . . . . 1.239 ,70

Le *tonnage net* du navire est :
1° Avec la déduction des *espaces réels* : 3.491,40 — 793,27 = ... 2.698 ,13
2° Avec la déduction *par percentage* : 3.491,40 — 1.239,70 = ... 2.251 ,70

Si le tonnage des espaces réservés au moteur avait été de 430 tonneaux au lieu de 521,80, le tantième du tonnage brut total eût été égal à $\frac{430}{3\,874,05}$ = 11,1 %. Ce rapport étant au-dessous de 13 %

la quotité de la déduction aurait été de 75 % en sus du tonnage des espaces mesurés ; c'est-à-dire que ces derniers auraient été *majorés* de leurs trois quarts :

75 % de 430 = 322t,50

La déduction dite du *tonnage majoré* aurait alors été de :

430t + 322t,50 = 752t,50

Le *tonnage net* serait devenu par suite :

3.491,40 — 752,50 = 2.738t,90

Remarque. — La déduction avec ou sans percentage et majoration était demandée par l'armateur ou le consignataire du navire suivant que ce dernier naviguait avec ou sans prime, de manière à avoir plus ou moins de tonnage net, bénéficiant ainsi de la disposition transitoire réglée d'après les prescriptions de l'acte du 10 août 1854 en Angleterre.

Depuis le 31 janvier 1893, la déduction pour les navires à vapeur s'effectue d'une manière différente de celle que nous venons d'exposer. Les calculs restent les mêmes, mais la comparaison du volume des espaces réservés au moteur au lieu de se faire avec le *volume brut total* se fait avec le *volume de la coque.* (Voir le décret du 31 janvier et la circulaire du 10 février 1893 dans la première partie).

Pour bien faire comprendre les dispositions de cette déduction actuellement en vigueur, nous allons en faire l'application sur notre navire-exemple, planches I, II et III.

Dans ce navire, l'espace occupé par l'appareil moteur et ses dépendances comprend :

1° Le compartiment de la machine motrice ;

2° Le compartiment des chaudières ;

3° Le tunnel de l'arbre de l'hélice ;

4° Les entourages de la machine et de la cheminée ;

5° Les espaces occupés par la chaudière auxiliaire, l'atelier, le magasin, etc.

Le volume de tous ces espaces se détermine, comme celui des autres locaux, par le produit des trois dimensions intérieures lorsque les contours sont formés par des surfaces planes, et par la méthode Moorsom lorsque les contours sont formés par des surfaces courbes.

En nous reportant au plan d'ensemble, planche I, nous avons : *compartiment de la machine* : longueur, 6m,70, largeur 7m,20, hauteur moyenne du dessus des varangues (il n'y a pas de vaigrage) à la ligne du tiers du bouge de bau du pont au-dessus (pont de tonnage dans notre cas), 6m,70.

Volume du compartiment = 6m70 × 7m20 × 6m70 = 323m³21
Tonnage du compartiment = 323,21 : 2,83 = 114t20

Comme on le voit sur le plan, les soutes à charbon latérales à la machine ne sont pas comprises dans ce volume.

Sur l'arrière de la machine, à bâbord, il y a une niche pour le vireur ; entre la machine et les chaudières, un tunnel de communication traversant la soute à charbon transversale. Le mesurage de ces espaces s'effectue par le procédé ordinaire.

Le *compartiment des chaudières* présente une particularité. Les parois des soutes à charbon latérales, dans ce compartiment, suivent la partie arrondie des chaudières (planche II). Il y a lieu, dans ce cas, de prendre une partie rectangulaire inférieure (1) qui a une longueur de $10^m,90$ (longueur du compartiment), une largeur de $9^m,60$ et une hauteur de $2^m,40$. Le volume de cet espace est de :

$$10^m90 \times 9^m60 \times 2^m40 = 251^{m^3}14$$

La partie au-dessus (2) est limitée par une surface courbe. La longueur est encore de $10^m,90$ comme la précédente, la hauteur moyenne est de $1^m,78$, et les largeurs, respectivement $9^m,60$, $7^m,50$ et $9^m,10$ aux extrémités et au milieu de la hauteur.

Nous avons alors, par la méthode Moorsom :

Hauteur de la partie (2). . . . . $1^m,78$
Moitié de cette hauteur. . . . . $0^m,89$

N^{os} DES LARGEURS	FACTEURS	LARGEURS	PRODUITS
1	1	$9^m,60$	9,60
2	4	9 , 10	36,40
3	1	7 , 50	7,50

Total.	53,50
Tiers de la moitié de la hauteur.	$0^m,297$
Produit (aire verticale).	$15^{m^2},89$
Longueur	$10^m,90$
Produit (volume en mètres cubes).	$173^{m^3},20$

Au-dessus de la partie (2) il y a une partie (3) à parois inclinées de $2^m,30$ de hauteur, de même longueur que les autres et de $6^m,10$ de largeur moyenne prise au milieu de la hauteur.

Le volume de cet espace est de :

$$10^m90 \times 6^m10 \times 2^m30 = 152^{m^3}93$$

Les espaces au-dessus sont des entourages d'entrepont de forme rectangulaire.

Le compartiment des chaudières au-dessous du pont de tonnage comprend donc :

partie 1	:	$251^{m^3}14$	Total $577^{m^3}27$.	Tonnage = 203^t98
partie 2	:	173 20		
partie 3	:	152 93		

Le *tunnel de l'arbre de l'hélice* doit être mesuré en 4 fragments, en raison de sa disposition (planche I), savoir :

Partie 1 — Entrée . . .	(Rectangulaire)	— Volume = $2^m,40 \times 2^m,50 \times 2^m,90$ =	$17^{m3},40$
Partie 2 — Suivante . . .	d°	— Volume = 3 ,80 × 1 ,90 × 2 ,40 =	17 ,33
Partie 3 — Principale . .	d°	— Volume = 26 ,10 × 1 ,45 × 2 ,40 =	90 ,83
Partie 4 — Chambre arrière.	d°	— Volume = 6 ,20 × 1 ,45 × 2 ,65 =	23 ,82
		Volume total =	$149^{m3},38$

$$\text{Tonnage} = \frac{149,38}{2,83} = 52\ \text{t.}\ 78$$

Le mesurage du tunnel se fait extérieurement; sans tenir compte de la forme arrondie qu'affecte généralement le plafond de cet espace.

Les autres parties réservées au moteur ou à ses dépendances n'offrent rien de particulier quant au mode de mesurage; nous donnerons seulement le résultat des calculs suivant :

Espaces réservés au moteur.

Emplacement de la machine (cale)		114t,20
Emplacement des chaudières	id.	203 ,98
Niche du vireur	id.	5 ,15
Tunnel de communication entre la machine et les chaudières		5 ,02
Tunnel de l'arbre de l'hélice		52 ,78
Magasin de la machine	(Premier entrepont)	4 ,58
Entourage de la machine	id.	23 ,83
Entourage de la cheminée et aérages	id.	37 ,10
Entourage de la machine	(Roof central)	27 ,85
Entourage de la cheminée	id.	9 ,85
Aérages des chaufferies	id.	17 ,36
Emplacement de la chaudière auxiliaire	id.	11 ,95
Atelier de la machine	id.	3 ,58
Capot de la chaudière auxiliaire (sur le roof central)		1 ,77
Claire-voie de la machine	id.	3 ,46
	Total . . .	522t,40

Les espaces réservés au moteur comportent donc un tonnage de 522 tx, 40.

Remarquons que dans ce tonnage la coupée de pont, aux entourages de la machine et de la cheminée, est comprise, comme nous l'avons indiqué page 72 .

Si, maintenant, nous comparons ce tonnage au tonnage de la *coque* du navire, pour satisfaire aux dispositions du décret du 31 janvier 1893, nous avons :

Tonnage de la coque du navire (page 78) : 3652t89

$$\text{Rapport du tonnage des espaces réservés au moteur au tonnage de la coque} = \frac{522,40}{3652,89} = 0,143$$

Le tonnage des espaces du moteur représente donc 14,3 % du tonnage de la coque.

D'après le 3e paragraphe de l'article 1er du décret du 31 janvier 1893, le tonnage de ces espaces étant compris entre 13 et 20 % du tonnage de la coque, la déduction est égale aux 32 centièmes du tonnage brut total du navire. Ce dernier est égal à 3.956 tx., 30 (voir page 97).

Les 32 centièmes de 3.956,30 sont égaux à 3.956,3 × 0,32 = 1.266 tx. 02.

La *déduction totale* due à l'appareil moteur et à ses dépendances est donc de 1.266 tonneaux 02.

Le tonnage brut légal étant de 3.306 tx. 83 (page 105), le *tonnage net* est égal à 3.306,83 — 1.266,02 = **2040** tx. **81**.

Remarque : Si l'on avait appliqué les dispositions du décret du 21 juillet 1887, on aurait eu une déduction basée sur le tonnage brut total au lieu du tonnage de la coque, et les calculs auraient été :

$$\text{Rapport du tonnage des espaces occupés par le moteur au tonnage brut total } \frac{522{,}40}{3956{,}30} = 13{,}2\ \%$$

Le rapport étant encore compris entre 13 et 20 % le résultat n'aurait pas été changé.

Mais si le tonnage des espaces occupés par le moteur avait été de 510 tonneaux au lieu de 522,4, le rapport d'après le décret de janvier 1893 aurait été $\frac{510}{3652{,}9} = 13{,}7\ \%$, et d'après celui de juillet 1887 $\frac{510}{3956{,}3} = 12{,}8\ \%$. Dans le premier cas, la déduction n'aurait pas changé, puisque le rapport est encore compris entre 13 et 20 % ; mais dans le second cas il aurait fallu, puisque le rapport est au-dessous de 13 %, majorer de 75 %, ou des trois quarts, les espaces occupés par le moteur, et déduire 510 tx. + 3/4 de 510, soit 510 + 382.5 = 892 tonneaux 5, au lieu de 1.266 tonneaux 02 .

Pour une légère diminution de volume des espaces réservés au moteur on aurait eu, par le décret de juillet 1887, une déduction bien inférieure à celle accordée par le décret de janvier 1893. Ce dernier a donc avantagé les armateurs en accordant une déduction plus grande, qui a notablement diminué le tonnage net sur lequel sont basés les frais qui incombent aux navires en cours de navigation.

Dans le cas du navire à *water-ballast*, le tonnage de coque, ainsi que le tonnage brut total, qui servent de base, comme nous venons de le voir, à la détermination de la quotité de la déduction et ensuite à celle du tonnage net, *doivent être pris sur le plafond du water-ballast*, qu'il soit ou non distant des varangues.

La partie du water-ballast comprise entre le vaigrage sur plafond et les varangues réglementaires doit être comptée *seulement* dans le tonnage brut total *spécial* pour la liquidation des primes à la navigation et à la construction.

Déduction par les espaces réels.

La déduction que nous avons trouvée pour le moteur de notre navire-exemple (planche I) est dite *par percentage*, puisque nous avons déduit un tant % du tonnage brut total. Elle aurait été *avec majoration* si nous avions déduit les espaces occupés par le moteur et ses accessoires augmentés de leurs trois-quarts.

En outre de ces déductions, il en est une troisième qui va concurremment avec une de celles ci-dessus : c'est la déduction par les *espaces réels*, dont nous avons parlé, page 112. Cette déduction n'est pas très favorable aux armateurs, car elle donne un tonnage net supérieur aux deux premières, mais elle est déterminée par la douane et portée sur les certificats de jauge. Pour ce motif nous allons l'appliquer à notre navire-exemple.

La déduction par les espaces réels comporte tous les espaces occupés par le moteur et ses accessoires, *y compris les soutes à charbon.*

Pour calculer cette déduction, on prend d'abord en bloc la tranche transversale qui comprend les compartiments des machines, chaudières et soutes à charbon (planches I et III) dont on détermine le tonnage, auquel l'on ajoute ensuite les espaces en dehors de cette tranche concernant le moteur.

La tranche transversale, renfermant les compartiments ci-dessus, va depuis le dessus des varangues jusqu'au pont de tonnage; elle fait donc partie du volume principal. Pour en déterminer le volume, nous n'avons qu'à nous servir des mesurages effectués pour le volume principal.

Cette tranche occupe dans le navire une position comprise entre la 7e et la 11e section (pl. III). Sa longueur est de 23[m],70. Le cubage se fait d'après la méthode Moorsom, en prenant une section au milieu de la longueur et une à chacune des extrémités. La section avant tombe entre la 7e et la 8e section du navire. Les largeurs sont moyennes entre celles de ces deux sections : il est facile de les déterminer par le calcul. La section milieu tombe très près de la 9e : les largeurs sont celles de cette dernière. La section arrière tombe entre le 10 et le 11, plus près du 11 que du 10; les largeurs peuvent se déduire, par proportion, des largeurs des 10e et 11e sections.

Ces quantités déterminées et mises en rapport avec celles du tableau de la page 66, du relevé des ordonnées, pour le calcul du volume principal au-dessous du pont de tonnage, on constitue le tableau de la page suivante qui donnera le volume et le tonnage de la tranche transversale comprenant les compartiments des machines, chaudières et soutes à charbon.

A ce tonnage nous ajouterons :

Tunnel de l'arbre de l'hélice.	52 [Tx],78
Magasin de la machine (1er entrepont).	4 ,58
Entourage de la machine (d°).	23 ,83
Entourage de la cheminée et aérages (1er entrepont).	37 ,10
Entourage de la machine (Roof central)	27 ,85
Entourage de la cheminée (d°)	9 ,85
Aérages des chaufferies (d°)	17 ,30
Emplacement de la chaudière auxiliaire (Roof central)	11 ,95
Atelier de la machine (d°)	3 ,58
Capot de la chaudière auxiliaire (sur le roof).	1 ,77
Claire-voie de la machine (d°).	3 ,46
Total. . . .	194 [Tx],05

Tous ces espaces sont en dehors de la tranche transversale et ont été spécifiés page 96.

En récapitulant, nous avons :

Tonnage de la tranche transversale : (Voir page suivante)	674 [Tx],25
Tonnage des autres espaces.	194 ,05
Tonnage total.	868 [Tx],30

La déduction par les *espaces réels* est donc de 868 tx. 30, et le tonnage net du navire est égal à 3306,83—868,30 = 2438 tx. 53.

Le tonnage net *par percentage*, trouvé page 116, est de 2040 tx. 81, inférieur de 397 tx. 72 à celui des espaces réels.

Espaces occupant une tranche transversale du navire. — (*Déduction* SANS PERCENTAGE).

(Article 15 du décret du 24 mai 1873).

MACHINES, CHAUDIÈRES & SOUTES A CHARBON

Longueur au milieu de la hauteur.	23^{m},70
Moitié de la longueur.	11^{m},85

N^{os} DES SECTIONS		1re SECTION		2e SECTION		3e SECTION	
Bouge de bau		0^{m},25		0^{m},25		0^{m},25	
Tiers du bouge de bau		0^{m},08		0^{m},08		0^{m},08	
Hauteur après déduction du $^{1}/_{3}$ du bouge de bau		6^{m},74		6^{m},72		6^{m},70	
Distance entre les divisions de la hauteur ($^{1}/_{6}$ de la hauteur)		1^{m},123		1^{m},12		1^{m},117	
Numéros des largeurs	FACTEURS	LARGEURS	PRODUITS	LARGEURS	PRODUITS	LARGEURS	PRODUITS
1	1	12^{m},30	12,30	12^{m},38	12,38	12^{m},23	12,23
2	4	12 ,35	49,40	12 ,40	49,60	12 ,30	49,20
3	2	12 ,38	24,76	12 ,45	24,90	12 ,32	24,64
4	4	12 ,28	49,12	12 ,42	49,68	12 ,24	48,96
5	2	12 ,09	24,18	12 ,35	24,70	11 ,95	23,90
6	4	11 ,63	46,52	11 ,94	47,76	11 ,42	45,68
7	1	7 ,94	7,92	8 ,10	8,10	7 ,75	7,75
Totaux.			214,22	. . . . . .	217,12	. . . . . .	212,36
Tiers de la distance entre les divisions de la hauteur.			0^{m},374	. . . . .	0^{m},373	. . . .	0^{m},372
Produits (aire de la section, en mètres carrés).			80^{m2},12	. . . . . .	80^{m2},99	. . . . . .	79^{m2},00
à multiplier par			1	. . . . . .	4	. . . . . .	1
Produits.			80 , 12	. . . . . .	323,96	. . . . . .	79,00
				Total. . . .	483,08		
Tiers de la moitié de la longueur					3,95		

Produit (volume en mètres cubes) 1.908^{m3},166, à diviser par 2,83 = 674^{Tx},25 (tonneaux de jauge).

De ce qui précède, on déduit le tonnage des soutes à charbon en faisant la différence entre 868 tx. 30 et 522 tx. 40, soit 345 tx. 9.

Le volume des soutes doit être indiqué sur les certificats de jauge ; il est égal à 345 tx. 9 $\times$ 2,83 = 979 mètres cubes.

Résumé

Nous pouvons résumer par des formules les opérations de la déduction spéciale aux navires à vapeur.

En désignant : par T le tonnage brut total du navire, sans déductions ;
par t le tonnage des espaces occupés par le moteur et ses dépendances ;
par c le tonnage de la coque du navire ;

nous aurons :

Pour les navires à hélice :

1° Si le rapport $\frac{t}{c}$ est plus de 0,13 et moins de 0,20, la déduction est égale à 0,32 T (*Déduction par percentage*).

2° Si le rapport $\frac{t}{c}$ est égal à 0,13 ou moins de 0,13, la déduction est égale à 1,75 t. (*Déduction par majoration*).

3° Si le rapport $\frac{t}{c}$ est égal à 0,20 ou plus de 0,20, la déduction est égale à 1,75 t. (*Déduction par majoration*).

Pour les navires à roues :

1° Si le rapport $\frac{t}{c}$ est plus de 0,20 et moins de 0,30, la déduction est égale à 0,37 T. (*Déduction par percentage*).

2° Si le rapport $\frac{t}{c}$ est égal à 0,20 ou moins de 0,20, la déduction est égale à 1,50 t. (*Déduction par majoration*).

3° Si le rapport $\frac{t}{c}$ est égal à 0,30 ou plus de 0,30, la déduction est égale à 1,50 t. (*Déduction par majoration*).

Dans les deux cas, si la déduction est égale à t plus le tonnage des soutes à charbon, elle est dite *des espaces réels*.

Observation.

Nous avons indiqué dans les espaces des soutes à charbon un vaigrage sur les membrures. Généralement, dans les compartiments des machines et chaudières il n'y a ni vaigrage sur membrures ni vaigrage sur varangues ; dans les soutes à charbon il n'y a pas de vaigrage sur membrures mais il y a un payol sur varangues.

Les largeurs doivent alors être prises, dans cette importante partie de la coque, sur les membrures et les hauteurs sur les varangues, sauf dans les soutes à charbon où les hauteurs sont prises sur le payol.

Dans le tracé des courbes de vérification, on doit porter toutes les largeurs sur vaigrage de façon à pouvoir aligner convenablement les courbes.

Remarque. — Lorsque dans les petits navires ou embarcations à vapeur l'emplacement occupé par la machine et la chaudière n'est pas séparé du restant du bâtiment par des cloisons fixes, on doit, pour déterminer l'espace réservé au moteur, supposer une cloison transversale immédiatement à l'avant de la chaudière et une autre immédiatement à l'arrière de la machine. On obtient ainsi un espace fermé fictif nécessaire pour les calculs de la déduction.

---

19. — Signalement des navires.

Les actes de francisation portent les mesures d'identité pour le signalement des navires.

Ces mesures sont : la longueur, la plus grande largeur et la hauteur intérieure sous le pont de tonnage et sous le pont supérieur.

La longueur se mesure depuis l'avant de l'étrave sous le beaupré jusqu'à l'arrière de l'étambot.

La largeur, extérieure, au fort.

La hauteur, au milieu du navire, à la section centrale, intérieurement, du dessus des varangues ou du vaigrage des fonds, jusque sous le pont de tonnage, et, en plus, sous le pont supérieur pour les navires à entreponts. (Voir la circulaire du 31 mai 1873).

Pour déterminer la longueur de signalement on prend :

La longueur du pont supérieur de tête en tête ;

La distance entre l'avant de l'étrave et la verticale correspondant à l'extrémité avant de la longueur du pont supérieur.

On additionne ces deux dimensions et on en déduit ensuite la distance de l'arrière de l'étambot à l'extrémité arrière du pont supérieur.

La différence donne la longueur de signalement.

Pour notre navire-exemple, planche I, nous avons :

Longueur du pont supérieur de tête en tête		121^{m},40
Distance de l'avant de l'étrave à l'extrémité avant du pont supérieur.	Largeur de l'étrave : 0^{m},30 Épaisseur du vaigrage : 0 ,06	0 ,36
	Total.	121^{m},76

A déduire :

Distance de l'arrière de l'étambot à l'extrémité arrière du pont supérieur : 3^{m},51, soit : 121,76 — 3,51 = 118^{m},25. *Longueur de signalement.*

La plus grande largeur extérieure peut se déterminer, planche II, en prenant la plus grande largeur intérieure 12^{m},45 et en ajoutant deux fois l'épaisseur du vaigrage, bâbord et tribord,

60 mil. × 2 = 120 millimètres, deux fois la largeur de la membrure, 140 mil. × 2 = 280 millimètres et deux fois l'épaisseur du revêtement extérieur en acier, 15 millimètres × 2 = 30 millimètres : ce qui donne :

$12^m45 + 0^m120 + 0^m280 + 0^m030 = 12^m88$ — *Plus grande largeur extérieure*

La hauteur sous le pont de tonnage est égale à celle trouvée pour le volume principal au milieu de la longueur du navire, et au milieu de la largeur, augmentée du tiers du bouge de bau, de manière à arriver au bordé du pont. Soit, pour notre navire-exemple :

$6^m72 + 0^m08 = 6^m80$. — *Hauteur sous le pont de tonnage*

Pour la hauteur sous le pont supérieur on n'a qu'à ajouter à la hauteur trouvée ci-dessus la hauteur d'entrepont augmentée de l'épaisseur du bordé du pont de tonnage. Soit, pour notre navire :

$6^m80 + 2^m35 + 0^m07 = 9^m22$. — *Hauteur sous le pont supérieur*

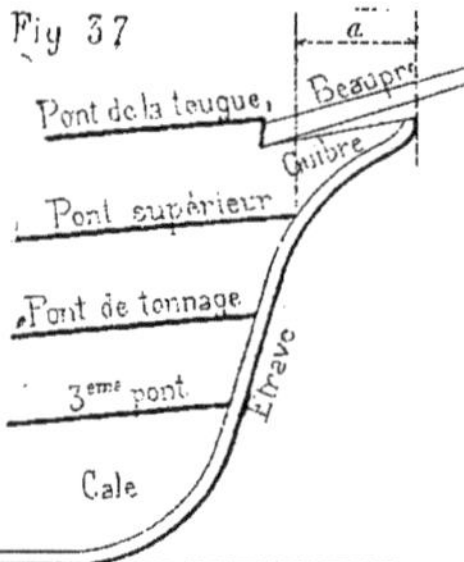

Toutes ces dimensions se retrouvent sur la planche II qui représente la coupe transversale du navire au milieu de la longueur et à l'endroit des plus grandes largeurs.

Si le navire est à guibre (fig. 37) on mesure la distance *a*, de l'extrémité de l'étrave formant guibre à l'extrémité avant du pont supérieur, que l'on ajoute à la longueur de ce dernier.

Si la guibre était rapportée en avant de l'étrave, comme le dit la circulaire du 31 mai 1873, page 19, il n'y aurait pas lieu de la prendre dans les mesurages.

---

20. — Jauge spéciale pour le passage par le canal de Suez.

Nous avons donné, dans la première partie de cet ouvrage, les circulaires et instructions de la Direction générale des Douanes concernant les certificats spéciaux de jaugeage des navires qui traversent le canal de Suez, d'après les règlements de la Commission de Constantinople et la règle de la méthode du Danube, établis à la suite d'une convention spéciale avec la Compagnie de Suez pour le payement des taxes de passage.

Les opérations de mesurage et les calculs du tonnage sont ceux du décret du 24 mai 1873, suivant la méthode Moorsom ; il n'y a de différence que dans l'évaluation du tonnage des constructions supérieures et des locaux de l'équipage, ainsi que dans les déductions pour la détermination du tonnage net.

Le meilleur moyen de bien faire comprendre les instructions données pour l'établissement de ces certificats spéciaux de tonnage, c'est d'en faire l'application sur un navire. Nous allons donc reprendre, dans ce but, le navire-exemple de la planche I, et lui faire son certificat spécial de jauge pour son passage par le canal de Suez.

D'après la *Note* explicative jointe à la circulaire de la Direction générale des Douanes du 30 avril 1885 (page 47), les certificats de jauge se divisent en deux parties distinctes, savoir :

1° Les espaces mesurés pour la détermination du volume brut des navires ;

2° Les espaces donnant droit à la déduction.

1° Les *espaces mesurés pour la détermination du volume brut* de notre navire nous sont connus et nous avons (page 97) :

1° L'espace sous le pont de tonnage.	2.583 Tx,20
2° L'espace entre le pont de tonnage et le pont supérieur	1.069 ,89
3° Les espaces couverts et clos formant des constructions permanentes sur le pont supérieur.	303 ,21
Tonnage brut total.	3.956 Tx,30

A cette nomenclature il manque le tonnage des écoutilles, ou panneaux de chargement, au-dessus du pont supérieur, excédant un demi pour cent du tonnage brut du navire (voir la note, page 48). En nous reportant au plan du navire, planche I, nous avons comme volume d'écoutilles :

Ecoutille avant, $3^{m},60$ de long $\times 2^{m},80$ de large $\times 0^{m},50$ de hauteur au-dessus du bordé de pont $= 5^{m3},040$. Ecoutille milieu avant, $6^{m},10 \times 3^{m},50 \times 0^{m},50 = 10^{m3},68$. Ecoutille milieu arrière, $4^{m},90 \times 3^{m},50 \times 0^{m},50 = 8^{m3},58$. Ecoutille arrière, $3^{m},50 \times 2^{m},70 \times 0^{m},50 = 4^{m3},73$; soit au total $29^{m3},03$ et 10 tx. 25.

Le demi % du tonnage brut 3956,30 est 19 tx. 78. Le tonnage des écoutilles n'excédant pas le demi % du tonnage brut il n'y a pas lieu de les prendre en charge.

Le *tonnage brut total* est donc bien égal à 3.956 tx. 30.

2° Les *espaces donnant droit à la déduction* comprennent 4 catégories (voir la note, page 48).

La première catégorie concerne le logement de l'équipage composé (pages 104 et suivantes) :

Du logement des matelots.	97 Tx,23
Du logement des chauffeurs et soutiers.	29 ,85
De la cabine des seconds-maîtres	8 ,53
Total. . . .	135 Tx,61

La deuxième catégorie concerne le logement des officiers et des maîtres, composé :

Des cabines du 2e capitaine et des lieutenants	12 Tx,39
Des cabines des mécaniciens	22 ,65
De la cabine du maître d'équipage	3 ,85
Total. . .	38 Tx,89

La troisième catégorie concerne les cuisines, chambres de cuisiniers et bouteilles servant exclusivement à l'usage de l'équipage. La cuisine du roof central servant aux passagers et à l'équipage, il n'y a pas lieu de la déduire. Il en est de même de la cuisine du roof avant qui est affectée aux émigrants.

La chambre des cuisiniers a	4 Tx,43
Le banc creux de tribord et les water-closets ou bouteilles bâbord et tribord sous la tengue servant à l'équipage : ils doivent être déduits.	5 ,48
Le water-closet des chauffeurs, dans le 1er entrepont, doit être déduit.	1 ,50
Le water-closet des mécaniciens, dans le 1er entrepont, doit être déduit. . . .	1 ,85
Total. . .	13 Tx,26

La quatrième catégorie concerne les espaces clos et couverts sur le pont supérieur employés pour la manœuvre du navire et comprend :

1° La chambre des cartes; 2° la chambre de vigie; 3° la chambre des signaux; 4° la cabine de l'homme de barre.

Tous ces locaux sont compris, pour notre navire, dans le roof de la timonerie et de la chambre de veille. Le capitaine n'étant pas logé dans la chambre des cartes, ou de veille, il y a lieu de déduire intégralement cet espace.

On aura donc :

Timonerie et chambre de veille.	16Tx,25
5° La cabine du médecin doit être déduite, car le médecin est à bord.	5 ,00
6° La salle à manger ou carré des officiers et mécaniciens doit être déduite, mais pour 4 tonnes seulement au maximum. Dans notre navire, le tonnage du carré est de 12Tx,65 ; il faut compter.	4 ,00
7° La salle à manger des sous-officiers. Il n'y en a pas à bord du navire-exemple.	
8° Une seule salle de bains à l'usage exclusif des officiers et des mécaniciens et pour un maximum de 2 tonnes. Sur notre navire, il y a une salle de bains spéciale pour les chauffeurs, de 2 tonnes; elle doit être déduite entièrement . . .	2 ,00
Total. . .	27Tx,25

En récapitulant, nous avons:

Espaces donnant droit à déduction.

1° Logement de l'équipage.	135Tx,61
2° Logement des officiers et maîtres.	38 ,89
3° Cuisines, chambre de cuisiniers et bouteilles exclusivement à l'usage de l'équipage.	13 ,26
4° Espaces couverts et clos sur le pont supérieur employés pour la manœuvre du navire.	27 ,25
Total de la déduction. . .	215Tx,01

Le 5 %, ou le vingtième du tonnage brut total est de :

$$3.956,30 \times 0,05 = 197^{Tx},82$$

Les espaces donnant droit à déduction dépassant ce vingtième, il n'y a lieu d'accorder que ce vingtième.

Le *tonnage brut officiel* du navire à vapeur, qui correspond au tonnage net des navires à voiles, est égal à :

$$3.956^{Tx},30 - 197^{Tx},82 = 3.758^{Tx},48$$

Les déductions pour l'appareil moteur sont les suivantes :

1° Le navire ayant des soutes à charbon *fixes*, on doit suivre la *Règle applicable aux navires à vapeur dont les soutes à charbon sont établies d'une manière permanente* (art. 14 du décret du 24 mai 1873 et art. 17 des propositions de la Commission de Constantinople). (Voir pages 10 et 54.)

La déduction comprend donc :

L'espace occupé par la chambre des machines, les chaudières, le tunnel de l'arbre de l'hélice et les emplacements nécessaires pour le fonctionnement de la machine ou pour donner accès à l'air et à la lumière. Cet espace (page 115) est de. . . .	522TX,40
L'espace occupé par les soutes à charbon (page 119) est de	345 ,90
Total de la déduction d'après les dispositions des articles ci-dessus.	868TX,30

Tonnage net d'après les dispositions de l'article 14 du décret du 24 mai 1873 et de l'article 17 des propositions de la Commission de Constantinople :

3.758TX,48 — 868TX,30 = 2.890TX,18

2° On peut accorder également les déductions d'après la règle du Danube pour les navires à soutes *mobiles* (art. 16 des propositions de la Commission de Constantinople) demandées par l'article 18 des règles de Constantinople.

Dans ce cas, on a :

Espace occupé par le moteur et ses dépendances	522TX,40
Allocation pour le charbon : 75 % du volume des espaces ci-dessus. 75 % de 522,4 =	391 ,80
Total de la déduction d'après la Règle du Danube	914TX,20

Tonnage net d'après la règle du Danube :

3.758TX,48 — 914TX,20 = 2.844TX,28

C'est ce dernier tonnage qui est pris de préférence à celui de 2890 tx. 18 des règles de Constantinople, puisqu'il lui est inférieur, car les règlements de Suez disent que pour les navires à vapeur dont les soutes à charbon sont établies d'une manière conforme aux dispositions de l'article 14 du décret du 24 mai 1873, le commerce est libre de demander l'application de l'une ou de l'autre des règles indiquées ci-dessus.

Dans tous les cas, la déduction ne peut pas dépasser 50 % du tonnage brut total.

Pour notre navire-exemple, le 50 % de 3956 tx. 30 est 1978 tx. 15 et la déduction est de 868 tx. 30 dans un cas et 914 t. 20 dans l'autre : inférieures toutes les deux au 50 % du tonnage brut total. Il n'y a donc pas lieu de tenir compte de la restriction ci-dessus.

En terminant, nous pouvons comparer les tonnages des certificats de l'acte de francisation et du passage par le canal de Suez, et établir le tableau suivant du navire-exemple :

TONNAGE d'après l'acte de francisation		TONNAGE d'après le certificat spécial pour le passage du Canal de Suez		
TONNAGE OFFICIEL des navires à voiles et TONNAGE BRUT des navires à vapeur.	TONNAGE NET des navires à vapeur	TONNAGE BRUT TOTAL	TONNAGE NET	
			des navires à voiles	des navires à vapeur
3.306tx,83	2.040tx,81	3.956tx,30	3.758tx,48	2.844tx,28

28. — Jaugeage des bâtiments français se rendant dans les ports italiens.

LETTRE DU DIRECTEUR GÉNÉRAL DES DOUANES DU 18 OCTOBRE 1889.

Conformément à une déclaration échangée entre le Gouvernement français et le cabinet de Rome, la lettre commune du 18 mai 1883 a réglé que le service des douanes accepterait réciproquement, dans les deux pays, pour la perception des droits, la jauge inscrite sur les papiers de bord des navires français et italiens.

Le mode de détermination du tonnage net était alors à peu près identique en France et en Italie. Il n'en est plus de même aujourd'hui. En effet, le décret du 7 mars 1889 a modifié celui du 24 mai 1873 (art. 3, 4 et 11) au point de vue, d'une part, de la fixation du mesurage de la profondeur des navires lorsqu'ils sont pourvus de water-ballast; d'autre part, des différentes déductions à opérer sur leur tonnage brut total. Ces modifications ont eu pour conséquence de diminuer le tonnage net.

Le Gouvernement italien s'est préoccupé de cet état de choses. Dans le but d'éviter à nos navires arrivant dans les ports de la Péninsule les formalités d'un mesurage destiné à les mettre sur un pied d'égalité avec les navires italiens pour la liquidation des taxes maritimes, il a exprimé le désir que ces bâtiments de mer soient pourvus d'un certificat spécial indiquant le tonnage net d'après le système de jaugeage resté en vigueur en Italie. Toutefois, le Cabinet de Rome n'attache d'importance qu'aux déductions qui sont autorisées par la partie de l'article 3 du décret du 7 mars 1889, modifiant le septième paragraphe de l'article 11 du décret du 24 mai 1873. Pour entrer dans ses vues, il suffira donc de déterminer, comme avant l'application des nouvelles dispositions notifiées par la circulaire du 29 mars 1889, le tonnage des espaces qui donnent lieu aujourd'hui à ces déductions et de les mentionner sur un certificat administratif.

En d'autres termes, il y aura lieu de relever spécialement, en ce qui concerne les abris, les espaces dits de navigation et les autres espaces admis par le service comme inutilisables pour le transport des voyageurs et des marchandises, l'importance du tonnage était compris dans le tonnage net des navires avant l'intervention du décret précité du 7 mars 1889.

Le service délivrera le certificat dont il s'agit lorsque les armateurs intéressés en feront la demande. Il l'établira sur une formule VI de la série N n° 37. Les chefs locaux compétents le viseront et le directeur légalisera leur signature, en ayant soin d'apposer le cachet de la direction (1).

J'ajoute que la jauge inscrite sur les papiers de bord des navires italiens continuera, comme par le passé, à être admise dans nos ports pour la perception des taxes de navigation.

Si nous appliquons les dispositions ci-dessus à notre navire-exemple, planche I, nous aurons les tonnages suivants que le navire devrait avoir s'il se rendait dans un port italien :

Tonnage brut légal (page 105)	3.806TX,83
Espaces inutilisables, espaces dits de navigation, cuisines et bouteilles. . . .	466 ,37
Tonnage brut légal	3.773TX,20
Espaces réservés au moteur (page 115)	522 ,40
Tonnage net.	3.250TX,80

Nous aurions pu opérer d'une autre façon et poser :

Tonnage brut total (page 97)	3.956TX,30
Logement de l'équipage	183 ,10
Tonnage brut légal.	3.773TX,20

22. — Jauge dite « de Course » pour les navires de plaisance.

Les navires de plaisance, dont on détermine une jauge particulière pour la course, sont généralement désignés sous le nom de *yachts*.

Est considéré comme *yacht* tout bâtiment à voile ou à vapeur, ponté ou demi-ponté, consacré exclusivement et d'une manière permanente à la navigation de plaisance et propre à la navigation de mer.

Sont admis dans les diverses séries les yachts à quille fixe ou à dérive, de toute construction, de tout pays, avec liberté de voilure et d'équipage.

Les yachts sont tous classés d'après leur jauge de course. Cette dernière diffère notablement de celle qui figure sur l'acte de francisation, et n'est employée que pour les régates.

Il y a en France deux grandes Sociétés de navigation de plaisance : « Le Yacht-Club de France » et l' « Union des Yachts Français ». Ces deux Sociétés se servent de deux formules différentes pour la détermination de la jauge de course des yachts à voile : la première ne fait pas intervenir dans ses calculs la surface de voilure, la seconde l'emploie.

La jauge de course des yachts à vapeur s'obtient à l'aide d'une formule fixée par le Yacht-Club de France.

1. Pour les navires français se rendant dans les ports étrangers, autres que ceux de l'Italie, la jauge reste celle de l'acte de francisation.

Depuis le 2 juin 1886, l'Administration des douanes prête son concours pour le mesurage des dimensions qui servent à la détermination du tonnage de course des navires à voiles.

Nous donnons ci-après les lettres du Directeur général des douanes, qui, conformément aux instructions ministérielles, donne à son personnel les indications nécessaires pour les opérations de mesurage et de calculs. Dans ces indications se trouvent les formules du *Yacht-Club* extraites du règlement de cette Société, auxquelles nous joignons celles de l'*Union des Yachts Français*, ainsi qu'un extrait de son règlement.

A l'appui de ces explications nous donnerons l'application sur des yachts pris comme exemples, et les opérations que nous effectuerons sur ces navires serviront de guide pour toutes celles que l'on pourra avoir à faire sur un yacht quelconque.

Les navires de plaisance ou de course, choisis comme exemples, sont :

1° Un yacht à voiles, plus spécialement destiné à la navigation de plaisance qu'à la course. (Un plan complet de ce bâtiment est donné planche VI) :

2° Un yacht à voiles, plus spécialement destiné à la course qu'à la navigation de plaisance. Ce yacht, dont le plan de voilure est donné, planche VII, a nom *Massilia* et appartient à M. Ytier, assureur maritime à Marseille, et président de la Société des yachtmen Marseillais :

3° Un yacht à dérive : modèle donné par le Règlement du Yacht-Club ;

4° Un yacht à vapeur dont les calculs de jauge sont donnés également par le règlement du Yacht-Club.

Lettre du Directeur général des douanes, en date du 2 juin 1886, sur le jaugeage des yachts à voiles français et étrangers.

JAUGE DITE « DE COURSE »

Les navires de plaisance soumis à la francisation sont pourvus, comme les autres navires, d'un brevet ordinaire, sur lequel leur jauge est établie d'après les dispositions du décret du 24 mai 1873. Règle n° 1). Mais, indépendamment de cette jauge réglementaire, les yachts ont une jauge particulière dite « de course », formant l'objet d'un certificat spécial, qu'ils doivent présenter lorsqu'ils prennent part aux régates du littoral.

Pour donner plus de valeur à ce certificat et lui assigner, en quelque sorte, un caractère officiel, M. le contre-amiral Lagé, président du Conseil maritime du Yacht-Club de France, a prié le Ministre d'autoriser le service des douanes à prêter son concours au Yacht-Club pour déterminer la jauge dite « de Course », toutes les fois que les propriétaires de yachts en feraient la demande à MM. les Directeurs.

Sur la proposition de l'Administration, le Ministre a rendu, le 10 de ce mois, une décision conforme au désir exprimé par M. le contre-amiral Lagé.

Afin de faciliter la tâche du service, je transmets aux directeurs des douanes maritimes plusieurs exemplaires du règlement de jaugeage que le Yacht-Club de France vient de mettre à la disposition de l'Administration.

Ainsi qu'il est facile de s'en rendre compte par l'examen de ce document, la jauge dite « de course » diffère peu dans son ensemble de celle qui est quelquefois employée par le service des douanes sous le nom de « règle n° 2. » Mais elle s'en écarte sensiblement sur quelques points. J'indique ci-après comment les mesures doivent être prises.

Tonnage de course.

Pour avoir le tonnage de course, on élève au carré le quart du périmètre, et l'on multiplie ce carré par la longueur diminuée du demi-bau. Ce produit est ensuite divisé par la constante 5,50 [1] d'où la formule :

$$T = \frac{\left(\frac{P}{4}\right)^2 \times \left(L - \frac{B}{2}\right)}{5,50}$$

Les dimensions comprises dans cette formule, ainsi que les nombres qui entrent dans les calculs, doivent être poussées à deux décimales, avec forcément d'une unité chaque fois que la décimale suivante, la troisième, est égale ou supérieure à 5.

Périmètre. — Le périmètre P est la somme du bau et de la longueur de la chaîne passée sous le navire.

La chaîne part de chaque bord à la hauteur du dessus du plat-bord, et elle doit être mesurée à l'endroit où elle est la plus longue.

Bau. — Le bau B se prend en dehors du bordé, à l'endroit où il est le plus grand. Les préceintes ou toutes constructions faisant partie de la coque doivent y être comprises ; mais les listons, ou porte-haubans, ne comptent pas dans cette mesure.

Longueur. — La longueur L doit être mesurée à la flottaison réelle. Cette opération s'effectuera en mesurant d'abord la longueur totale du navire sur le pont ; puis, à l'aide d'une règle ou d'une planche posée sur l'eau et d'un fil à plomb, à l'avant et à l'arrière, les distances existant entre les verticales passant par les extrémités du navire et les points extrêmes de la flottaison. Ces deux distances, déduites de la longueur totale du navire, donneront la longueur à la flottaison.

A l'exception de la mèche et du safran du gouvernail, toute saillie au-dessous de la flottaison doit être comptée dans la longueur de la flottaison ; mais ce cas ne peut se présenter que pour les bateaux pourvus d'une étrave en forme d'éperon.

On devra porter sur le certificat de jauge les distances mesurées entre les verticales passant par les extrémités du navire et la flottaison.

La longueur de flottaison pourra être augmentée de certaines quantités dans les cas désignés au paragraphe ci-après.

Extrémités du navire. — Par extrémités du navire, il faut entendre, à l'avant, l'extrémité de l'étrave ou de la guibre (les ornements étant même compris), et, à l'arrière, l'extrémité du plat-bord.

La distance comprise, à l'avant, entre les verticales passant par l'extrémité du navire et la flottaison (longueur de la guibre), ne sera pas comptée si elle n'excède pas 1/6 de la longueur à la flottaison ; l'excédent seul serait ajouté à cette longueur. De même, à l'arrière, la distance comprise

1. Lorsque les mesures sont exprimées en pouces anglais et fractions décimales, le diviseur est 335.630.

entre les verticales passant par l'extrémité du navire et la flottaison (longueur de la voûte) ne sera pas comptée, si elle n'excède pas 1/5 de la longueur à la flottaison ; l'excédent seul serait ajouté.

Cette tolérance de 1/5, accordée pour la voûte, sera portée à 1/4 de la longueur à la flottaison, si le yacht jauge au maximum 5 tonneaux, la jauge étant calculée avec cette tolérance de 1/4. Mais il reste entendu que, dans le cas où, ainsi calculé, le tonnage dépasserait 5 tonneaux, on n'appliquerait que le 1/5.

Le certificat de jauge porte :

Points de repère à la flottaison : { Avant............ .
Arrière...........

On devra indiquer à cette place les longueurs mesurées précédemment : « longueur de la guibre » et « longueur de la voûte, » ou bien « étrave verticale, » tableau vertical, » ou bien encore « tableau incliné, distance de la verticale arrière à l'extrémité de la flottaison. »

Ces renseignements sont d'une grande importance, car ils doivent permettre aux Comités des régates de vérifier facilement si, par quelque modification de lest ou autre, le propriétaire d'un yacht n'aurait pas augmenté la longueur de son bateau à la flottaison.

Les mesurages pourront se faire en l'absence de l'équipage à bord. La grande voile devra être enverguée et serrée dans son gui.

Dans le cas où le yacht aurait une dérive, la jauge sera majorée de 1/10.

Particularité de construction. — Si, par suite d'une circonstance quelconque, le jaugeur éprouvait une difficulté d'application, il devrait en référer à l'Administration, qui se concerterait alors avec le Yacht-Club de France.

Telles sont les dispositions principales que le Service aura à appliquer pour les jaugeages qui lui seront demandés. Il pourra jauger, de cette manière, aussi bien les yachts de moins de 10 tonneaux que les yachts soumis à la francisation. Il lui suffira, dans tous les cas, de remplir la seconde page du certificat spécial qui lui sera présenté par les intéressés, et dont le modèle est joint aux exemplaires du règlement. Le Service prêtera également son concours pour le jaugeage des yachts étrangers, toutes les fois que la demande lui en sera faite. Ces dispositions ne concernent que les navires à voiles. Des explications complémentaires seraient ultérieurement données, si le Yacht-Club de France désirait faire procéder à un jaugeage spécial pour les yachts à vapeur. Dans le cas où les opérations nécessiteraient le déplacement des employés, mais dans ce cas seulement, le Yacht-Club aurait à les indemniser au vu d'états qui lui seraient transmis par la voie hiérarchique.

Note du Directeur général des Douanes, en date du 2 septembre 1891.

Par lettre du 28 juillet dernier, M. le contre-amiral Lagé, président de « l'Union des Yachts français, » a demandé au Ministre des finances que les agents des douanes fussent autorisés à prêter leur concours à cette nouvelle Société, dans les conditions déterminées par le « Yacht-Club de

France, » en vertu de la décision ministérielle du 10 mai 1886 (lettre de la Direction des douanes du 2 juin 1886).

Cette demande a été accueillie par décision en date du 14 août dernier.

Lettre du Directeur général des Douanes, en date du 28 décembre 1892.

La lettre commune du 2 juin 1886 a donné au Service les instructions suffisantes pour établir les calculs de la jauge de course applicable aux yachts français et étrangers.

Un Congrès, tenu le 26 octobre dernier, auquel toutes les Sociétés nautiques de France ont été conviées, a décidé, dans l'intérêt du yachting, qu'il y aurait lieu de modifier la formule de jauge de course adoptée par le Congrès de 1886.

Désormais, le plan de voilure doit entrer dans les calculs de la jauge de course. Toutefois, ces plans seront fournis par les propriétaires des yachts. Le concours prêté par la Douane ne sera donc pas modifié, et continuera à être donné conformément aux instructions précitées.

Lettre du Directeur général des Douanes, en date du 13 janvier 1893.

Par ma lettre du 28 décembre 1892, j'ai invité le service des Douanes à prêter son concours au mesurage des bateaux de plaisance pour établir la jauge de course, en ajoutant qu'il n'y aurait qu'à se conformer aux instructions déjà données sur la matière. Le plan de voilure devait être fourni par le propiétaire du yacht.

Conformément au désir exprimé par M. le contre-amiral baron Lagé, président de l'Union des Yachts français, le Service devra prêter également son concours pour le mesurage de ce plan de voilure, dont tous les éléments lui seront fournis par le propriétaire du yacht, qui en assumera la responsabilité.

« Union des Yachts français. »

EXTRAIT DU RÈGLEMENT DES COURSES A LA VOILE

Art. 4. *Jauge de course.*

La jauge s'obtient de la manière suivante pour les yachts à quille fixe : on multiplie la longueur diminuée du quart du périmètre par le périmètre et par la racine carrée de la surface de voilure. Ce produit, divisé par 130, exprime la jauge de course.

Ce qui donne la formule :

$$T = \frac{\left(L - \frac{P}{4}\right) \times P \times \sqrt{S}}{130}$$

dans laquelle :

T représente la jauge;

P la longueur du périmètre en mètres et fractions;

L la longueur du yacht en mètres et fractions;

S La surface de voilure en mètres carrés et fractions.

Périmètre P.

Le périmètre P est la somme des longueurs de la chaine passée sous le bateau et du bau. Ces deux dimensions sont prises de la façon suivante :

Chaine. — On fait passer sous le yacht une chaine partant de chaque bord à la hauteur du dessus du pont (ou du plat-bord); on mesure la longueur de cette chaine à l'endroit où elle est la plus longue.

Largeur. — Le *bau* ou largeur se prend en dehors du bordé à l'endroit où il est le plus grand. Les listons ou porte-haubans ne se comptent pas, mais les préceintes ou toutes saillies, faisant partie de la coque, se comptent.

Longueur L. — La longueur L pour la jauge se mesure à la flottaison.

Les voûtes et les guibres quelle que soit leur dimension respective, ne sont pas comptées, pourvu que la somme de leurs longueurs ne dépasse pas la moitié de celle de la flottaison. Tout excédent doit être ajouté à la longueur de la flottaison.

Les longueurs des guibres et voûtes sont prises entre les verticales tangentes aux extrémités avant et arrière et l'étrave et l'étambot du yacht à hauteur de la flottaison.

Toute saillie au-dessous de la flottaison compte dans la longueur à la flottaison, la mèche et le safran du gouvernail exceptés.

Au moment où les jaugeurs mesurent la longueur à la flottaison d'un yacht, l'équipage ne doit pas être à bord. La grand'voile doit être enverguée et serrée sur son gui.

La flottaison avant et arrière doit être marquée sur la coque d'une façon apparente.

Fig. 38

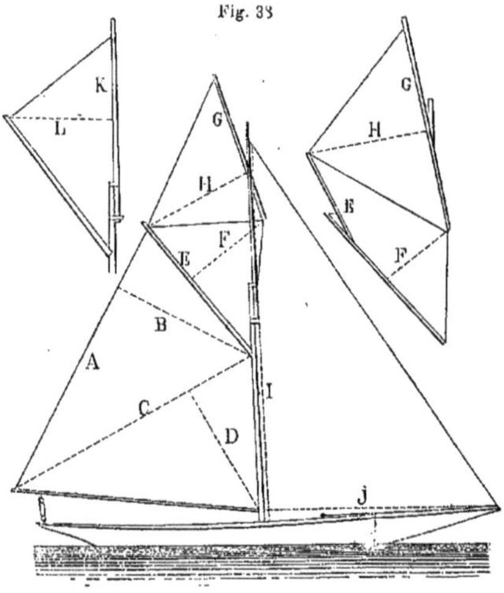

Surface de voilure S. — La surface de voilure se mesure comme suit :

On en établit le plan (fig. 38) et on en prend la mesure des lignes suivantes :

Grand'voile. — A, se mesure du dessus de la bôme, de l'axe du réa du clan situé à l'extrémité ou de l'extrémité de la glissière, jusqu'au pic, à l'axe du réa du clan de l'écoute du flèche, pourvu que la cosse de la grand'voile ne dépasse pas ce clan. Dans le cas où le yacht n'a pas de voile de flèche, ou bien si la cosse de la voile dépasse le clan de l'écoute de flèche, la mesure se prend jusqu'au trou d'empointure.

B, perpendiculaire à A, se mesure de cette ligne jusqu'au mât, sous la mâchoire de pic.

C, se mesure du dessus de la bôme à partir de l'axe du réa du clan situé à l'extrémité ou de l'extrémité de la glissière jusqu'au mât sous la mâchoire de pic.

D, perpendiculaire à C, se mesure de cette ligne jusqu'au mât, au-dessus de la bôme, ou bien à la cosse d'amure de la grand'voile, si celle-ci descend plus bas que la bôme.

Flèche carré. — E, se mesure depuis le mât au-dessus du pic jusqu'à l'axe du réa du clan de l'écoute de flèche ou au trou d'empointure dans le balestron.

F, perpendiculaire à E, se mesure de cette ligne au trou d'empointure dans la vergue.

G, se mesure de trou à trou d'empointure sur la vergue.

H, perpendiculaire à G, se mesure de cette ligne à l'axe du réa du clan de l'écoute de flèche ou bien au trou d'empointure dans le balestron.

Flèche pointu. — K se mesure du dessus de la mâchoire du pic à l'axe du réa du clan de la drisse de flèche dans le mât de flèche.

L, perpendiculaire à K, se mesure de cette ligne à l'axe du réa du clan de l'écoute de flèche sur le pic ou au trou d'empointure sur le balestron.

Voiles d'avant. — I, se mesure verticalement depuis le pont jusqu'au point d'intersection avec le mât (ou le mât de flèche suivant les cas) de la ligne prolongée de la ralingue du vent de la voile la plus haute (foc, flying-jib, spinnaker, etc.).

Dans le cas d'une goëlette sans petit mât de flèche, mais qui porte un spinnaker de grand mât, la hauteur pour le triangle d'avant doit être mesurée depuis le pont jusqu'au capelage du grand mât de flèche.

J, se mesure de l'avant du mât jusqu'au point d'intersection avec la coque ou le beaupré ou tout espars faisant suite au beaupré, suivant le cas, de la ligne prolongée de la ralingue du vent de la voile le plus avant (foc, flying-jib ou spinnaker, etc., le tangon de spinnaker étant mis en place et orienté dans l'axe du yacht).

La longueur d'une vergue de spinnaker ne doit pas dépasser un vingtième de la longueur de la bôme. Les balestrons ou vergues sont interdits à la bordure d'un spinnaker.

Dans le cas d'un yacht portant une voile carrée, ou un hunier carré, ou une fortune (ensemble ou séparément), la surface réelle de cette voile doit être calculée, et si cette surface excède celle du triangle d'avant, le surplus doit être ajouté à la surface totale pour déterminer la jauge.

Misaine-goëlette. — A, se mesure de l'avant du grand mât (à la hauteur de la ferrure de la bôme du grand mât) jusqu'au pic à l'axe du réa du clan de l'écoute de flèche.

B, perpendiculaire à A, se mesure de cette ligne jusqu'au mât sous la mâchoire du pic.

C, se mesure de l'avant du grand mât (à la hauteur de la ferrure de bôme) jusqu'au mât sous la mâchoire du pic.

D, perpendiculaire à C, se mesure de cette ligne jusqu'au mât (au-dessus de la ferrure de bôme de misaine) ou bien jusqu'à la cosse d'amure de cette voile.

Surface de la grand'voile. — Pour calculer la surface de la grand'voile : multiplier A par B et C par D, ajouter les deux produits et diviser par 2.

Surface du flèche carré. — Multiplier E par F et G par H, ajouter les deux produits et diviser par 2.

Surface du flèche pointu. — Multiplier K par L et diviser le produit par 2.

Surface des voiles d'avant. — Multiplier I par J et diviser par 2.

Surface de voilure d'une goëlette ou d'un yawl. — Même opération que précédemment ; dans le cas d'un yawl ayant un tape-cul au tiers, les trous d'empointure aux extrémités de la vergue sont pris comme points de départ pour les mesures du haut de la voile.

Surface des voiles latines et des voiles d'avant. — Dans le cas d'une voile latine, d'une voile de bisquine ou d'une voile tiercée, la surface totale doit en être mesurée ; si le yacht porte aussi des voiles d'avant, la surface en est prise de l'avant du mât, comme il a été indiqué plus haut.

Fig. 39

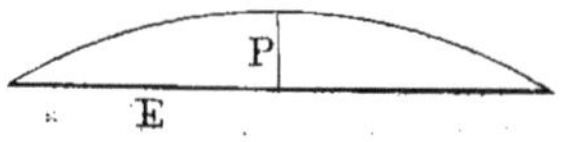

Pour calculer la surface formée par le rond de l'envergure d'une voile latine (ou par le rond du tablier ou de la chute, etc s'il est tenu par des lattes), il faut multiplier la base E (fig. 39) par les deux tiers de la perpendiculaire P.

Établissement du plan de voilure. — En cas de désaccord sur les mesures prises, ou bien si les mesures nécessaires ne peuvent être obtenues du maître voilier, les voiles peuvent être mesurées de la manière suivante :

On prend la longueur de la bôme depuis le mât jusqu'à l'axe du réa du clan situé à l'autre extrémité, ainsi que la longueur du pic depuis le mât jusqu'à l'axe du réa du clan de l'écoute de flèche ou au trou d'empointure, selon les cas. On hisse et on étarque la voile, de sorte que le poids de la bôme tende la chute. On mesure ensuite avec une ligne de chute, le guindant et la diagonale C. Pour les voiles d'avant, on mesure la hauteur I et la distance J, comme il est expliqué précédemment. Pour le flèche, on le hisse et on trace une ligne suivant le contact avec le pic ; ensuite le flèche est amené et les autres dimensions prises. Avec ces mesures, on trace le plan de voilure et les surfaces sont calculées comme il est indiqué plus haut.

Art. 5. — *Dérive.* — Pour les yachts à dérive, la jauge calculée comme ci-dessus est majorée d'un vingtième.

Dans le cas où le poids de la dérive, exprimé en kilogrammes, est supérieur au produit du chiffre du tonnage par 50, la dérive est considérée comme lestée.

Dans ce cas, la surcharge à ajouter au tonnage est d'autant de fois un vingtième que le produit précédent est compris de fois dans le poids de la dérive, les fractions comptant pour une unité.

Pour les yachts construits avant le 1er novembre 1892, le multiplicateur 50 est remplacé par 75.

Art. 6. — *Fractions de tonneaux.* — Jusqu'à un tonneau on comptera par centième de tonneau. Toute fraction de centième de tonneau comptera pour un centième.

Jusqu'à 10 tonneaux on comptera par dixième de tonneau. Toute fraction de dixième de tonneau comptera pour un dixième.

Au-dessus de 10 tonneaux, on comptera par tonneau. Toute fraction comptera pour un tonneau.

Calculs de la surface de voilure et de la jauge, à faire par le propriétaire.

			Mètres carrés.
Grand'voile	Longueur de la ligne A. — — B. — — C. — — D.	$\frac{A \times B + C \times D}{2} =$	. . .
Flèche à vergue	Longueur de la ligne E. — — F. — — G. — — H.	$\frac{E \times F + G \times H}{2} =$	. . .
Flèche pointu	Longueur de la ligne K. — — L.	$\frac{K \times L}{2} =$	. . .
Misaine ou voile de tapecul	Longueur de la ligne A. — — B. — — C. — — D.	$\frac{A \times B + C \times D}{2} =$	. . .
Flèche à vergue	Longueur de la ligne E. — — F. — — G. — — H.	$\frac{E \times F + G \times H}{2} =$	. . .
Flèche pointu	Longueur de la ligne K. — — L.	$\frac{K \times L}{2} =$	. . .
Voiles d'avant	Longueur de la ligne I. — — J.	$\frac{I \times J}{2} =$	. . .
Suppléments à ajouter	Longueur de la ligne E. — — P.	$E \times \frac{2}{3} P =$	. . .
Voiles diverses			. . .
	Total-Surface de voilure.		. . .

	Mètres carrés
Surface de voilure S.	. . .
Racine carrée de la surface de voilure $\sqrt{S}$	. . .
Longueur L	. . .
Périmètre P	. . .
Quart du périmètre $\frac{P}{4}$	. . .
$L - \frac{P}{4}$	. . .
$\left(L - \frac{P}{4}\right) \times P$	. . .
$\left(L - \frac{P}{4}\right) \times P \times \sqrt{S}$	. . .
$\frac{\left(L - \frac{P}{4}\right) \times P \times \sqrt{S}}{130}$	. . .
Surcharge pour dériveurs	. . .
Jauge	. . .

Demande de certificat de jauge de course.

Formalités à remplir pour l'obtention d'un certificat de jauge.

1° Le propriétaire doit adresser une demande de jaugeage sur papier timbré à la Douane, et remettre au jaugeur la présente formule (1).

2° L'Agent de la Douane remplit dans cette formule les indications qu'il est chargé de fournir.

3° Le propriétaire doit faire établir un plan de voilure à l'échelle, le vérifier et le signer.

4° Il doit remplir le reste de la formule et la signer.

5° La demande de certificat, ainsi établie, est envoyée avec le plan de voilure au Secrétariat de l'*Union* qui délivrera le certificat de jauge.

Instructions pour le propriétaire.

Le propriétaire devra être présent ou se faire représenter au moment où l'Agent des Douanes procèdera aux mesures de la jauge.

Il aura dû, au préalable, faire marquer d'une façon apparente, sur la coque, la flottaison, avant et arrière.

Si le gréément comporte une flèche à balestron, il aura dû faire marquer sur la voile et sur le balestron le point d'écoute.

Il devra, au début du jaugeage, mettre l'Agent de la Douane en mesure de constater facilement les points extrêmes devant servir au mesurage de la hauteur et de la base du triangle de voilure avant, conformément aux instructions placées en regard de ces mesures sur la présente demande de certificat. (En ce qui concerne la base du triangle de voilure avant, il est bien entendu que si la voile qui servira à en déterminer l'extrémité est amurée sur un rocambot, le rocambot doit être envoyé au point le plus avant possible).

Dans le cas où le gréement du Yacht présenterait des particularités qui rendraient impossible ou insuffisante l'application de la méthode de mesurage indiquée, le Propriétaire devra en référer à l'*Union* et demander des instructions spéciales.

Plan de voilure. — Le plan de voilure doit être établi à l'échelle (*au minimum un centimètre par mètre*).

Les lignes A, B, C, etc. (fig. 38) doivent être tracées et cotées. On doit coter également les longueurs des bômes, pics, vergues, etc. (Ces mesures doivent concorder avec celles fournies par la Douane).

Flottaison. — Le propriétaire doit faire marquer la flottaison d'une façon apparente à l'avant et à l'arrière sur la coque.

Calcul de la surface de voilure et de la jauge.— Le Propriétaire doit faire tous les calculs nécessaires pour obtenir la jauge. — Tous les calculs se font avec deux décimales, la seconde étant forcée si la troisième est égale ou supérieure à 5. Toutefois la racine carrée de la surface de voilure s'ob-

(1) Dans le cas où le yacht aurait été mesuré à la jauge de 1886, le propriétaire doit présenter en même temps à l'agent des Douanes son ancien certificat.

tient au moyen d'une table qui accompagne le Règlement. On cherche dans la colonne intitulée *surface* le nombre immédiatement supérieur à celui trouvé pour la surface de voilure. Le nombre correspondant de la colonne intitulée *racine* est la racine carrée cherchée. Dans cette table la surface de voilure est comptée jusqu'à 50 mètres carrés par 25 décimètres carrés; de 50 à 100 par 50 décimètres carrés ; au-dessus de 100 par mètres carrés.

Modifications apportées ultérieurement aux mesures. — Tout changement, dont la conséquence serait de rendre inexacte une ou plusieurs des mesures qui ont servi à établir la jauge (coque ou voilure), doit être immédiatement notifié, par les soins du propriétaire, au Secrétariat de l'*Union*.

L'ancien certificat devra être renvoyé, ainsi que les pièces nécessaires pour l'établissement du nouveau.

Responsabilité du propriétaire. — Toutes les mesures indiquées sur cette demande de certificat, ainsi que le plan de voilure qui y est annexé, engagent la responsabilité du propriétaire.

Mesures à prendre par la Douane.

1° SUR LA COQUE.

Mesures de la coque :

(I) Longueur de la guibre. . . . .
Longueur de la voûte. . . . .
Total des saillies. . . . .
(II) Longueur de bout en bout. . . . .
A retrancher : somme des longueurs de la guibre et de la voûte, (Total des saillies). . . . .
(III) *Longueur pour la jauge*. . . . . L . . . . .
(IV) Hauteur du couronnement au-dessus de l'eau. . . . .
(V) Hauteur au-dessus de l'eau du point extrême de l'étrave . . . .
(VI) Largeur . . . .
(VII) Longueur de la chaîne. . . . .
Somme de la largeur et de la chaîne ou
(VIII) *Périmètre* P . . . .

MANIÈRE DE PRENDRE LES MESURES DE LA COQUE.

Pour prendre les mesures des guibres, des voûtes, de la longueur, des hauteurs au-dessus de l'eau de l'étrave et du couronnement, le jaugeur doit préalablement s'assurer près du propriétaire ou de son représentant que le yacht a bien tout son inventaire à bord.

La grand'voile doit être enverguée et serrée sur son gui, et l'équipage doit être débarqué au moment où sont prises les mesures de la guibre et de la voûte.

Les voiles, espars, agrès, etc., que l'on embarque habituellement en course, doivent se trouver à bord pendant le mesurage.

Le jaugeur peut laisser mettre à hauteur de la maîtresse section les voiles, le gréement de spinnaker, les cordages, etc., du yacht pendant qu'il prend les mesures.

(I). — Pour obtenir les longueurs des guibres et des voûtes, on mesure les distances comprises entre les verticales tangentes aux extrémités avant et arrière, et l'étrave et l'étambot du yacht à hauteur de la flottaison.

Ces verticales s'obtiennent facilement au moyen d'un plomb de sonde, coulé à une profondeur de 1 ou 2 mètres, afin d'assurer l'immobilité de la ligne au moment du jaugeage.

Les distances comprises entre les verticales et les faces extérieures de l'étrave et de l'étambot se mesurent en faisant flotter une baguette qui part de l'étrave et de l'étambot et qui rencontre la ligne de plomb de sonde.

Il faut que l'eau soit calme et qu'il n'y ait pas de courant.

(II). — La longueur totale est prise horizontalement entre deux verticales tangentes extérieurement à la coque ou à toute saillie qui dépasserait.

Fig. 40

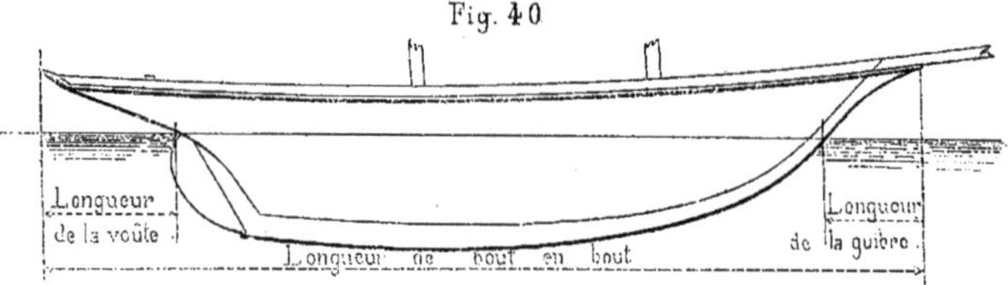

(III). — Pour obtenir la longueur pour la jauge L, on retranche de la longueur totale la somme des longueurs de la guibre et de la voûte ; mais en aucun cas la somme à retrancher ainsi ne peut excéder la moitié de la flottaison, ou, ce qui revient au même, le tiers de la longueur totale ; si donc la somme de la guibre et de la voûte dépasse ce maximum, il ne doit être soustrait de la longueur totale que le tiers de cette longueur. (Fig. 40).

(IV) (V). — Le jaugeur doit mesurer la hauteur au-dessus de l'eau du couronnement arrière et de l'étrave, parce que ces hauteurs permettront de vérifier, par la suite, si la ligne de flottaison a changé depuis le dernier mesurage.

(V). — Point qui a servi de point de départ pour la mesure de la longueur totale.

(VI). — La largeur se mesure horizontalement à l'endroit où elle est la plus grande, entre deux verticales tangentes à la coque ou à toute saillie ou préceinte faisant partie de la coque. (Fig. 41).

Fig. 41

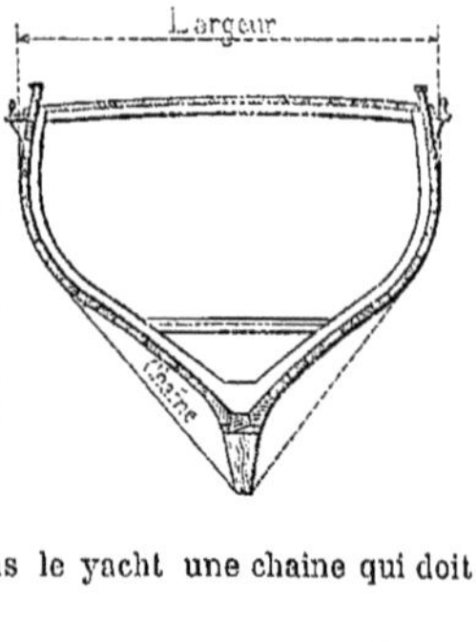

Largeur

Chaîne

Les listons ou porte-haubans ne se comptent pas.

(VII). — La longueur de la chaîne s'obtient en faisant passer sous le yacht une chaîne qui doit être maintenue dans un plan vertical.

On en prend la longueur en partant de chaque bord à hauteur du dessus du pont (ou du plat bord) et on cherche par tâtonnement l'endroit où elle est le plus longue.

2° SUR LES ESPARS.

Mesures des espars.

(I) Hauteur du triangle de voilure avant. . . . .
(II) Base du triangle de voilure avant . . . .
(III) Longueur de la bôme (ou gui) . . . .
(IV) Longueur du pic (ou corne). . . . .
(ou longueur de la vergue si le pic est remplacé par une vergue).
(V) Vergue d'un flèche . . . .
(VI) Longueur de la bôme (ou balestron) de flèche. . . . .
(VII) Bôme de tape-cul ou de misaine. . . . .
(VIII) Pic ou vergue de tape-cul ou de misaine. . . . .

MANIÈRE DE PRENDRE LES MESURES DES ESPARS.

(I). — La hauteur I (fig. 38) du triangle de voilure avant se mesure verticalement, depuis le pont jusqu'au point d'intersection avec le mât (ou le mât de flèche, suivant le cas), de la ligne prolongée de la ralingue du vent de la voile d'avant, *la plus haute* (foc, flying-jib, spinnaker, etc.).

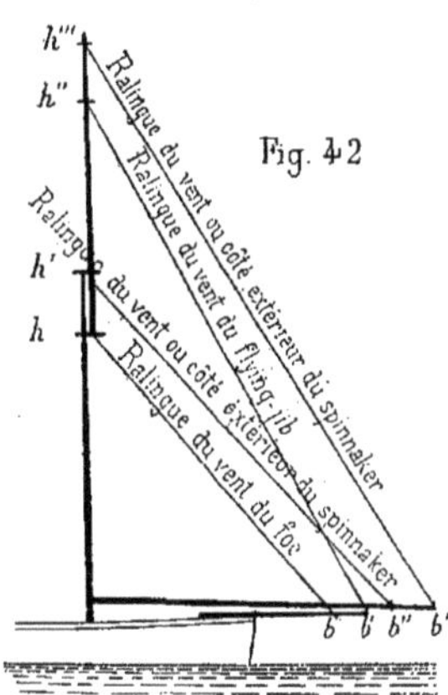

Par conséquent, en se reportant à la figure 42, on voit qu'il faut prendre pour extrémité de la hauteur celui des points h, h', h'' ou h''' qui, suivant les dispositions de gréement du yacht (¹), est trouvé *le plus haut*.

Pour prendre cette mesure, on peut hisser au moyen d'une drisse de pavillon, par exemple, un ruban mesureur ou une ligne portant à son extrémité une marque bien apparente ; quand on s'est bien assuré que la marque est hissée jusqu'au point voulu (h, h', h'' ou h'''), il ne reste qu'à prendre la longueur de la ligne de la marque jusqu'au pont.

(II). — La base J du triangle de voilure avant (fig. 38) se mesure de l'avant du mât jusqu'au point d'intersection avec la coque ou le beaupré, ou tout espars faisant suite au beaupré (suivant le cas) de la ligne prolongée de la ralingue du vent de la voile *le plus avant* (foc, flying-jib, spinnaker, etc.) :

Par conséquent, en se reportant à la figure 42, on voit qu'il faut prendre pour extrémité de la *base*, celui des points b, b', b'' ou b''' qui, suivant les dispositions de gréement du yacht (¹) est trouvé *le plus avant*.

1. Ces dispositions doivent être indiquées au jaugeur au début de l'opération, de façon à éviter de sa part tout tâtonnement, par le propriétaire ou son représentant, sous la responsabilité du propriétaire.

On voit aussi que pour apprécier si la *voile le plus avant* est un foc ou le spinnaker, il faut que le tangon de spinnaker, mis en place, soit orienté selon l'axe du yacht (ainsi que l'indique la figure). On constate ensuite si son extrémité dépasse le bout dehors et fournit avec le spinnaker un point d'intersection *plus avant.*

(III). — Longueur prise depuis le mât *jusqu'au point le plus éloigné* où puisse être embraqué le point d'écoute de la grand'voile. Ce point sera, suivant le cas :

L'extrémité de la glissière, s'il en existe une, ou l'axe du réa servant à embraquer un rocambot, ou un trou d'empointure.

(IV). — Se mesure sous l'espars, depuis le mât jusqu'au clan d'écoute de flèche ; si au lieu d'une corne il y a une *vergue,* la mesure en est prise de trou à trou d'empointure.

(V). — La longueur se mesure de trou à trou d'empointure.

(VI). — Cette mesure est prise de l'écoute au dernier trou d'empointure. Le propriétaire doit à l'avance avoir fait marquer d'une manière apparente le point d'écoute sur la vergue et sur la voile.

(VII et VIII). — Les bômes ou pics de tape-cul ou de misaine se mesurent de la même façon que les espars de la grand'voile.

Les vergues se mesurent de trou à trou.

23.— Application de la jauge à des navires de plaisance.

A l'appui des explications que nous venons d'exposer, au sujet de la détermination de la jauge dite « de course », pour les navires de plaisance, nous donnerons des exemples d'application de cette jauge à quelques types de yachts à voiles et à vapeur, pouvant servir de modèles pour toute opération semblable à faire sur un yacht ou un navire de plaisance quelconque.

Nous prendrons, d'abord, un yacht à voiles, plutôt de plaisance que de course (planche VI) et nous lui appliquerons : 1° La jauge légale de douane, comme tout navire naviguant en mer ; 2° La jauge de course d'après le règlement du « Yacht-Club de France ; 3° La jauge de course d'après le règlement de « L'Union des Yachts français. »

1° JAUGE LÉGALE DE DOUANE

Les opérations de mesurage, pour la détermination de la jauge légale du yacht à voiles figuré planche VI, ne diffèrent point de celles que nous connaissons pour les autres navires à voiles ou à vapeur de la marine de commerce.

Ce yacht de plaisance n'a qu'un pont, qui est le pont de tonnage, dont la longueur se prend de A en B, intérieur étrave et intérieur membrure de voûte, au moyen d'un cordeau ou ruban de jauge, au lieu de suivre le courant du pont en raison du peu de longueur du navire. On déduit ensuite de cette distance A B l'épaisseur moyenne de vaigrage à l'avant et à l'arrière, et l'on a ainsi la longueur de calcul du pont de tonnage, 11m,70. Cette dimension place le navire dans la 1re classe, pour le calcul des aires des sections transversales nécessaire à la détermination du volume intérieur.

Le vaigrage sur membrures descend jusqu'à la carlingue centrale (voir la coupe transversale, planche VI). La largeur du fond est limitée à celle de la carlingue. Les hauteurs se mesurent au-dessus du vaigrage à côté de la carlingue.

(Dans les navires de plaisance il arrive quelquefois que les fonds sont cimentés sur une assez grande hauteur ; le ciment tient lieu de lest dans ce cas et peut gêner les opérations de mesurage des hauteurs qui doivent se prendre quand même au-dessus des varangues, ou au-dessus du vaigrage, lorsque celui-ci existe par ailleurs. Si l'on ne peut enlever la partie du ciment qui gêne le mesurage, on doit établir la hauteur d'après les plans de construction du navire).

L'espace occupé par le salon, la chambre et le cabinet de toilette fait saillie au-dessus du pont d'une quantité qui est à ajouter au volume principal comme construction supérieure. Le capot de descente arrière et les claires-voies sont des constructions à prendre en charge ; le panneau de descente avant, de l'équipage, est négligé à cause de son peu d'importance. Le cockpit, à l'arrière, espace en contre-bas du pont supérieur, servant à la manœuvre du navire, est compris dans le volume principal et ne doit pas être considéré comme une coupée de pont parce qu'il ne règne que sur une partie de la largeur du navire.

Le tableau de la page suivante résume les opérations de mesurage et donne les calculs du volume principal et du tonnage du yacht.

Constructions supérieures.

1° Partie du local du salon, de la chambre et du cabinet de toilette, au-dessus du pont, à partir de la ligne fictive passant par le 1/3 du bouge de bau.

Longueur moyenne intérieure :			7m,20
Largeur intérieure	à l'avant	1m,35	
	au milieu	1 ,42	
	à l'arrière	1 ,40	
Largeur moyenne			1m,39
Hauteur intérieure, constante			0 ,47

Volume en mètres cubes : $7{,}20 \times 1{,}39 \times 0{,}47 = 4^{m^3},704$
Tonneaux de jauge : $4{,}704 : 2{,}83 = 1^{T},66$.

2° Capot de descente :	$0{,}54 \times 0{,}60 \times 0{,}22 = 0^{m^3},071$	$0^{m^3},237$	0T,08
3° Claires-voies :	$1{,}20 \times 0{,}60 \times 0{,}33 = 0\ ,166$		

Tonnage total du yacht =	Tonnage principal (voir ci-après)	9Tx,94	11Tx,68
	Constructions supérieures — Roof	1 ,66	
	Constructions supérieures — Capot et claires-voies	0 ,08	

Déductions. — Le *tonnage net* de ce yacht de plaisance s'obtient en déduisant, comme pour tout navire, le logement de l'équipage et les espaces inutilisables dits « de navigation ». Ces espaces sont : (voir page 142.)

Tableau pour le calcul du tonnage du yacht de plaisance (Planche VI)

Longueur : moins de 15 mètres — Hauteur : moins de 5 mètres (classe I)

Longueur : $11^{m}70$, à diviser par 4. — Distance entre les divisions de la longueur : $2^{m}925$

NUMÉROS DES SECTIONS	1re SECTION	2e SECTION	3e SECTION	4e SECTION	5e SECTION
Bouge de bau.	»	$0^{m}21$	$0^{m}27$	$0^{m}25$	»
Tiers du bauge de bau . . .	»	$0^{m}07$	$0^{m}09$	$0^{m}08$	»
Hauteur, après déduction du 1/3 du bouge de bau	»	$1^{m}54$	$1^{m}64$	$1^{m}32$	»
Distance entre les divisions de la hauteur (1/4 de la hauteur).	»	$0^{m}385$	$0^{m}410$	$0^{m}330$	»

NUMÉROS des largeurs	FACTEURS	Largeurs	Produits	Largeurs	Produits	Largeurs	Produits	Largeurs	Produits	Largeurs	Produits
1	1	»	»	$2^{m}44$	2,44	$2^{m}88$	2,88	$2^{m}62$	2,62	»	»
2	4	»	»	2,36	9,44	2,90	11,60	2,60	10,40	»	»
3	2	»	»	2,10	4,20	2,76	5,52	2,16	4,32	»	»
4	4	»	»	1,56	6,24	1,80	7,20	1,20	4,80	»	»
5	1	»	»	0,18	0,18	0,18	0,18	0,18	0,18	»	»

	1re SECTION	2e SECTION	3e SECTION	4e SECTION	5e SECTION
Total.	»	22,50	27,38	22,32	»
Tiers de la distance entre les divisions de la hauteur . .	»	$0^{m}128$	$0^{m}137$	$0^{m}110$	»
Produits (aires horizontales) .	»	$2^{m2}880$	$3^{m2}751$	$2^{m2}455$	»
Facteurs	1	4	2	4	1
Produits	»	11,520	7,502	9,820	»

Total. 28,842
Tiers de la distance entre les divisions de la longueur. . . $0^{m}975$

Produit (volume en mètres cubes). . . $28^{m3}121$, à diviser par 2,83
Tonneaux de jauge . . . . $9^{t},94$ (tonnage principal)

1° *Logement de l'équipage à l'avant.* On doit déduire seulement le volume limité par les couchettes : l'espace restant de ce poste ayant une autre affectation.

(Il est bon de remarquer que dans ces navires de plaisance la partie avant est laissée totalement à l'équipage et que, par ce fait, l'espace occupé par ce dernier est beaucoup plus grand que celui qui lui est strictement nécessaire pour se loger. Il serait contraire à l'esprit de la loi si l'on déduisait tout l'espace où se trouvent les couchettes d'équipage).

Pour ce yacht-exemple, l'espace occupé par l'équipage peut être mesuré suivant le contour *a b c d* (coupe horizontale, planche VI), soit : . . . . 4^{m3},020

2° Armoire à l'extrême avant	0 ,150
3° Cuisine, limitée par le rectangle *e f g h*.	0 ,930
4° Caisse à eau et caisson.	0 ,510
5° Water-closet ou bouteille	0 ,650
6° Offices et armoire du salon.	1 ,005
Le salon ne doit pas être déduit parce qu'il sert de salle à manger.	
7° La soute à l'arrière pour les vins et provisions.	1 ,640
Total. . . .	8^{m3},905

Soit 3 tonneaux,15.

En ajoutant à ce tonnage celui du capot et des claires-voies qui est également à déduire, nous aurons comme déductions : 3,15 + 0,08 = 3 tx. 23.

Le *tonnage net* du yacht est donc de 11 tx. 68 — 3 tx. 23 = 8 tx. 45.

Observation. — Les yachts ou navires de plaisance de 10 tonneaux de jauge nette et au-dessous sont exempts des formalités de la francisation et n'ont pas de parchemin. Au-dessus de 10 tonneaux ils doivent être pourvus du brevet de francisation.

Pour les bateaux de pêche c'est de 2 tonneaux et au-dessous qu'existe l'exemption des formalités de la francisation.

2° JAUGE DE COURSE

(Règlement du Yacht-Club de France).

D'après ce Règlement, dont les dispositions ont été données, page 127, la jauge du yacht-exemple (planche VI) s'obtient de la manière suivante :

On mesure la longueur sur le pont, de bout en bout, de l'avant de l'étrave à l'arrière du couronnement : cette longueur est de 12^m,98. On en déduit ensuite les quantités correspondant à l'élancement de l'étrave ou guibre et à la voûte de l'arrière, de manière à avoir la *longueur* L à la *flottaison.* Ces dimensions doivent être prises avec la grand'voile enverguée et serrée sur son gui ; l'équipage peut ne pas être à bord.

Pour mesurer la guibre et la voûte on fait descendre un fil à plomb (voir coupe longitudinale, planche VI) à l'extérieur de l'étrave et à l'extérieur de la lisse du couronnement arrière, et l'on mesure, à l'aide d'une planche posée sur l'eau, la distance du point d'intersection de la flottaison avec l'étrave et l'étambot à la ligne du plomb. Ces distances sont pour notre yacht : 0^m,31 à l'avant et 1^{m}65, à l'arrière ; ce qui donne pour *longueur* L *à la flottaison* : 12^m,98 — (1^m,65 + 0^m,31) = 11^m,02.

La guibre n'excédant pas le 1/6 de la longueur L, et la voûte le 1/5 de cette même longueur, il y a eu lieu de les déduire toutes les deux intégralement.

Le *bau*, ou largeur B, se prend en dehors des préceintes ou plat-bords à l'endroit où il est le plus grand ; soit, pour notre exemple, $3^m,66$ (voir coupe transversale, planche VI).

La chaîne passée sous le yacht a une longueur de $6^m,18$, jusqu'au-dessus du plat-bord, en M et N, à l'endroit où elle est la plus longue.

Le *périmètre* P est donc égal à $6^m18 + 3^m,66 = 9^m,84$.

Le *tonnage de course* T sera donc, d'après la formule :

$$T = \frac{\left(\frac{P}{4}\right)^2 \times \left(L - \frac{1}{2} B\right)}{5,5} = \frac{\left(\frac{9,84}{4}\right)^2 \times (11^m,02 - 1^m,83)}{5,5} = 10^{Tx},11.$$

L'article 6 du Règlement dit que « jusqu'à 10 tonneaux on comptera par dixième de tonneau. Toute fraction de dixième de tonneau comptera pour un dixième. »

« Au-dessus de 10 tonneaux on comptera par tonneaux. Toute fraction comptera pour un tonneau ».

Conformément à ces dispositions, notre yacht-exemple jaugera 11 *tonneaux*.

3° JAUGE DE COURSE

(*Règlement de L'Union des yachts français*).

Les dispositions de ce Règlement ont été données pages 130 et suivantes.

La longueur L et le périmètre P se déterminent d'une manière analogue à celle exigée par le « Yacht-Club de France ».

La surface de voilure S se calcule de la manière suivante pour notre yacht-exemple (planche VI).

Grand'voile.	Longueur de la ligne A = $12^m,40$ — — B = 6 ,20 — — C = 11 ,55 — — D = 5 ,55	Surface $= \frac{A \times B + C \times D}{2} = \frac{12,40 \times 6,20 + 11,55 \times 5,55}{2}$ $= 70^{m2},49.$
Flèche pointu.	Longueur de la ligne K = 11 ,05 — — L = 4 ,80	Surface $= \frac{K \times L}{2} = \frac{11,05 \times 4,80}{2} = 26^{m2},52.$

Voiles d'avant. — Avant de mesurer le triangle de voilure avant il faut s'assurer, dans le cas où le navire est pourvu d'un spinnaker, si le tangon de ce dernier, mis en place et orienté selon l'axe du yacht, présente une voile plus avant que le foc, et si l'extrémité du tangon dépasse le bout-dehors et fournit avec le spinnaker un point d'intersection plus avant. Dans notre yacht-exemple, le tangon du spinnaker, placé suivant l'axe longitudinal du navire, ne dépasse pas le bout-dehors de foc et sa voile est en arrière du foc ; ce dernier est donc la voile le plus avant et le triangle de voilure se prend jusqu'à la ralingue du vent ou côté extérieur du foc.

Nous avons ainsi :

Voiles d'avant . { Longueur de la ligne $I = 9^{m},85$; — — $J = 9,05$ | Surface $= \frac{I \times J}{2} = \frac{9,85 \times 9,05}{2} = 44^{m^2},57$.

La surface totale S de voilure est donc égale à :

$$70^{m^2},49 + 26^{m^2},52 + 44^{m^2},57 = 141^{m^2},58.$$

Le résumé des dimensions à fournir par la douane, pour permettre à la Société des Yachts français de déterminer la jauge du yacht, est le suivant :

Mesures de la coque

Longueur de la guibre	$0^{m},31$
Longueur de la voûte	1 ,65
Total des saillies	$1^{m},96$
Longueur de bout en bout	$12^{m},98$
A retrancher le total des saillies	1 ,96
Longueur pour la jauge L	$11^{m},02$
Hauteur du couronnement au-dessus de l'eau	$1^{m},10$
Hauteur au-dessus de l'eau du point extrême de l'étrave	1 ,72
Largeur	$3^{m},66$
Longueur de la chaîne	6 ,18
Somme ou périmètre P	$9^{m},84$

Mesures des espars

Hauteur du triangle de voilure avant	$9^{m},85$
Base — —	9 ,05
Longueur de la bôme ou gui	9 ,40
Longueur du pic ou corne	6 ,80
Vergue de flèche	7 ,40

Calculs de la jauge

Surface de voilure S	$141^{m^2},58$
Racine carrée de cette surface de voilure $\sqrt{S}$	11 ,90
Longueur L	11 ,02
Périmètre P	9 ,84
Quart du périmètre $\frac{P}{4}$	2 ,46
$L - \frac{P}{4}$	8 ,56
$\left(L - \frac{P}{4}\right) \times P =$	84 ,23
$\left(L - \frac{P}{4}\right) \times P \times \sqrt{S}$	1.002 ,34
$\frac{\left(L - \frac{P}{4}\right) \times P \times \sqrt{S}}{130} = T$	$7^{tx},71$

D'après l'article 6, page 133, le tonnage sera : 7 tx. 8.

JAUGE DU YACHT DE COURSE *MASSILIA*.

Nous donnerons pour ce yacht, plus spécialement destiné à la course, la jauge d'après le Règlement de « l'Union des yachts français », à cause de son importante surface de voilure (planche VII).

Le mesurage des longueurs de coque, effectué d'après les règles exposées plus haut, donne :

Longueur de bout en bout	$10^{m},32$
Longueur de la guibre	$1\ ,45$
Longueur de la voûte.	$1\ ,86$
Somme des longueurs de la voûte et de la guibre	$3\ ,31$
Longueur de la flottaison, $L = 10^{m},32 - 3^{m},31 =$.	$7\ ,01$
Largeur au bau	$2\ ,00$
Longueur de la chaîne	$4\ ,02$
Périmètre, $P = 4^{m},02 + 2^{m},00 =$.	$6\ ,02$

Calculs de la surface de voilure

Grand'voile . .	Longueur de la ligne $A = 10^{m},08$. . — — $B = 4\ ,12$. . — — $C = 9\ ,04$. . — — $D = 4\ ,42$. .	Surface $= \dfrac{10,08 \times 4,12 + 9,04 \times 4,42}{2} =$.	$40^{m2},74$
Flèche à vergue.	Longueur de la ligne $E = 7^{m},02$. . — — $F = 1\ ,08$. . — — $G = 5\ ,55$. . — — $H = 2\ ,85$. .	Surface $= \dfrac{7,02 \times 1,08 + 5,55 \times 2,85}{2} =$.	$11^{m2},70$
Voiles d'avant .	Longueur de la ligne $I = 10^{m},42$. . — — $J = 6\ ,66$. .	Surface $= \dfrac{10,42 \times 6,66}{2} =$.	$34^{m2},70$
		Surface totale S = ...	$87^{m2},14$

Remarques. — Dans les calculs ci-dessus, la longueur de la ligne E du flèche à vergue ou flèche carré est prise, suivant le Règlement, depuis le mât au-dessus du pic jusqu'au trou d'empointure dans le balestron.

A cause de la position de ce dernier, cette longueur E ne permet pas de déterminer exactement la surface *abcd*. Si nous décomposons par le procédé ordinaire cette surface nous avons : triangle $abc = ab \times \frac{1}{2}\ F = 3^{m},10 \times 0^{m},54 = 1^{m2},67$, et triangle $acd = cd \times \frac{1}{2}\ ae = 5^{m},15 \times 0^{m},52 = 2^{m},68$: soit au total $4^{m2},35$; tandis que par la surface $E \times \frac{F}{2}$ nous n'obtenons que $3^{m2},79$.

Pour la surface du triangle de voilure avant, le tangon du spinnaker, placé suivant l'axe longitudinal du navire, dépasse le bout-dehors de foc. La ralingue du vent ou côté extérieur du spinnaker est plus avant que celle du flying-jib (foc volant). C'est donc la voile du spinnaker qui est le plus avant et qui doit servir de base à la surface du triangle de voilure avant.

Calcul de la jauge :

$$T = \frac{\left(L - \frac{P}{4}\right) \times P \times \sqrt{S}}{130} = \frac{\left(7,01 - \frac{6,02}{4}\right) \times 6,02 \times \sqrt{87,14}}{130} = 2^{tx},38$$

soit 2 tx. 4.

YACHT A DÉRIVE.

Dans le cas d'un yacht *à dérive*, (fig. 43 et 44), on aurait, en prenant comme exemple celui donné par le Règlement du Yacht-Club de France :

Fig. 43

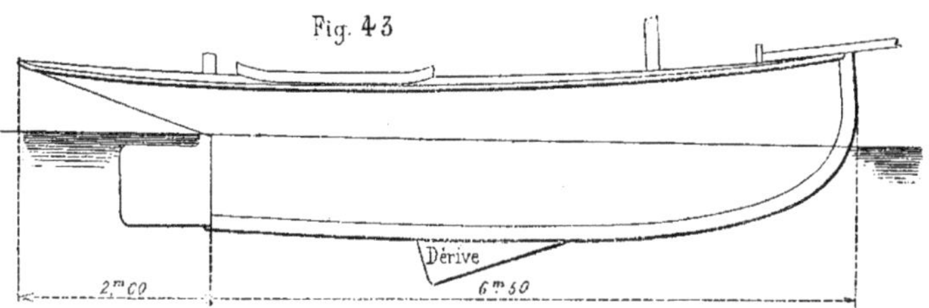

Longueur du bau de dehors en dehors du bordé, à l'endroit où elle est la plus grande.	3m,00
Longueur à la flottaison, ...	6 ,50
Longueur de la voûte, prise sur le pont, de l'extrémité du navire à l'aplomb de l'extrémité arrière de la flottaison.	2 ,00
Longueur du $^1/_4$ de la flottaison pour yacht au-dessous de 5 tonneaux.	1 ,63
Différence à ajouter à la longueur.	0 ,37
Longueur à la flottaison corrigée, 6m,50 + 0m,37 = ...	6 ,87
Dont il faut retrancher le demi-bau	1 ,50
La différence donnera la longueur pour la jauge	5 ,37

Fig. 44

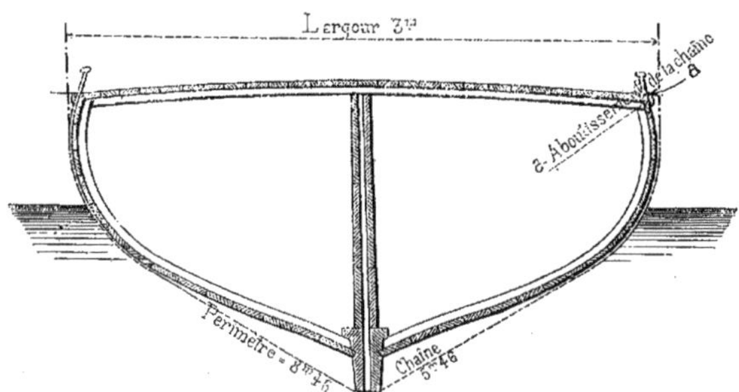

Longueur de la chaîne partant de chaque bord à la hauteur du dessus du pont ou du plat-bord et passant sous la quille, à l'endroit où cette chaîne est la plus longue possible	5 ,46

Longueur du bau ci-dessus.	$3^{m},00$
Périmètre	8 ,46
Quart du périmètre	2 ,12
Carré du quart du périmètre.	$4^{m2},49$
Produit de ce carré par la longueur pour la jauge obtenue ci-dessus :	$24^{m3},11$
Ce produit divisé par la constante 5,5 donne	$4^{Tx},38$
Le yacht étant à dérive, il y a lieu de le surcharger de 1/10[e]	0 t.,44
Ce qui donne pour jauge de course.	$4^{Tx},9$.

Si l'on avait pris pour tolérance de la voûte 1/5 de la longueur accordée aux yachts au-dessus de 5 tonneaux, il aurait jaugé 5 tx. 09.

Il ne jauge que 4 tx. 9 parcequ'il profite de la tolérance de 1/4 de la longueur accordée pour la voûte des yachts jaugeant au maximum 5 tonneaux.

JAUGE DE COURSE DES YACHTS A VAPEUR.

Les yachts à vapeur sont répartis en deux classes par le Règlement du « Yacht-Club de France. »

La première comprend les yachts ayant dix tonneaux de douane et au-dessus.

La seconde comprend les yachts au-dessous de dix tonneaux de douane.

Pour la première classe, le tonnage T est relevé sur les papiers de douane ou officiels du yacht.

Pour la seconde classe, le tonnage est obtenu de la manière suivante :

On multiplie le *quart du périmètre* élevé au carré, par la *longueur totale* diminuée de la *longueur* occupée par les machines, chaudières et chambres de chauffe. Le produit divisé par 3 exprime le tonnage de course.

D'où la formule :

$$T = \frac{\left(\frac{P}{4}\right)^2 \times (L - l)}{3}$$

dans laquelle :

T, exprime le tonnage en mètres cubes et fractions ;

P, la longueur du périmètre, en mètres et fractions ;

L, la longueur totale du yacht, en mètres et fractions ;

l, la longueur occupée dans le yacht par les machines, chaudières et accessoires, exprimée en mètres et fractions.

Le *périmètre* P est la somme des longueurs de la chaine passée sous le bateau et du bau. Ces deux dimensions sont prises comme pour les bateaux à voiles.

La *longueur* L se prend sur le pont de l'avant de l'étrave à l'avant de la mèche du gouvernail.

La *longueur* l est celle de l'espace occupé par les machines, chaudières et accessoires. Si la chaufferie n'est pas séparée du reste du navire par des cloisons bien définies, elle sera considérée comme ayant une longueur égale au 1/10 de la longueur totale du yacht, sans pouvoir jamais être inférieure à $0^{m},90$.

Comme application des indications ci-dessus, si nous prenons l'exemple donné par le Règlement du Yacht-Club de France nous avons :

Pour un yacht au-dessous de 10 tonneaux de douane :

Si P, périmètre, est égal à.	$6^{m},54$
L, la longueur sur le pont, est	15 ,60
l, la longueur de l'espace occupé par les machines, chaudières et accessoires. . .	4 ,13

Le tonnage sera :

$$T = \frac{\left(\frac{6,54}{4}\right)^2 \times (15,60 - 4,13)}{3} = \frac{2,69 \times 11,47}{3} = 10^{Tx},28.$$

Le yacht jauge plus de 10 tonneaux avec la formule adoptée, mais comme il jauge moins de 10 tonneaux de douane, il reste néanmoins dans la seconde classe.

JAUGE DE COURSE DE « L'UNION DES SOCIÉTÉS NAUTIQUES DE LA MÉDITERRANÉE ».

Avant la constitution de la Société « l'Union des Yachts français », l'Union des Sociétés nautiques de la Méditerranée avait une règle spéciale pour la détermination de la jauge de course.

Le tonnage de jauge s'obtenait par la formule :

$$T = \frac{L \times B \times C}{4}$$

dans laquelle :

L, est la longueur de l'avant de l'étrave à l'arrière de l'étambot, au fort ;

B, la largeur extérieure au fort ;

C, le creux au maître-couple au *quart* de la largeur.

TROISIÈME PARTIE

Lois, Décrets, Instructions et Circulaires ministérielles concernant la Marine marchande.

1. — Loi du 29 Janvier 1881 sur la marine marchande.
2. — Arrêté du Ministre de la Marine du 31 Août 1881 sur la surprime de navigation.
3. — Loi du 30 Janvier 1893 sur la marine marchande.
4. — Décret du 25 Juillet 1893 pour l'application de la loi du 30 Janvier.
5. — Lettre du Directeur général des Douanes du 11 Août 1893.
6. — Circulaire du 6 Septembre 1893 de la Direction générale des Douanes pour l'application de la loi du 30 Janvier 1893.
7. — Annexe du Ministre de la Marine à la circulaire du 6 Septembre.
8. — Barême des coefficients des primes à la navigation.
9. — Arrêté du Ministre de la Marine du 27 septembre 1893 sur la surprime de navigation.
10. — Lettre du Directeur général des Douanes du 4 Novembre 1893.
11. — Lettre du Directeur général des Douanes du 15 Décembre 1893.
12. — Décret du 25 Août 1861 sur la composition du tonneau d'affrètement ou de mer.
13. — Décret du 24 septembre 1864 sur la composition du tonneau d'affrètement.
14. — Loi du 13 Juin 1866 concernant les usages commerciaux.

LOIS SUR LA MARINE MARCHANDE

1. — Loi du 29 Janvier 1881 sur la Marine marchande.

ARTICLE PREMIER. — La franchise du pilotage est accordée à tous les navires à voiles ne jaugeant pas plus de quatre-vingts tonneaux, et aux navires à vapeur dont le tonnage ne dépasse pas cent tonneaux, lorsqu'ils font habituellement la navigation de port en port, et qu'ils pratiquent l'embouchure des rivières.

Toutefois, sur la demande des Chambres de commerce et après une instruction faite dans les formes ordinaires, des règlements d'administration publique détermineront les améliorations qu'il y aurait lieu d'apporter aux règlements actuels dans l'intérêt de la navigation.

ART. 2. — Pour les navires au long cours, la visite prescrite par l'article 225 du Code de commerce, pour un changement nouveau pris en France, ne sera obligatoire que s'il s'est écoulé plus de six mois depuis la dernière visite, à moins toutefois qu'ils n'aient subi des avaries.

ART. 3. — Les actes ou procès-verbaux constatant les mutations de propriété des navires, soit totales, soit partielles, ne seront passibles à l'enregistrement que du droit fixe de trois francs. L'article 5 n° 2 de la loi du 28 février 1872 est abrogé en ce qu'il a de contraire à la présente disposition.

ART. 4. — En compensation des charges que le tarif des douanes impose aux constructeurs de bâtiments de mer, il leur est attribué les allocations suivantes :

Pour les navires en fer ou en acier, 60 francs par tonneau de jauge brute ;

Pour les navires en bois de 200 tonneaux ou plus, 20 francs ;

Pour les navires en bois de moins de 200 tonneaux, 10 francs ;

Pour les navires mixtes, 40 francs.

Pour les machines motrices placées à bord des navires à vapeur et pour les appareils auxiliaires, tels que pompes à vapeur, servo-moteurs, treuils, ventilateurs, mus mécaniquement, ainsi que pour les chaudières qui les alimentent, et leur tuyautage, 12 francs par 100 kilogrammes.

Sont considérés comme navires mixtes les navires bordés en bois, dont la membrure et le barrotage sont entièrement en fer ou en acier.

ART. 5. — Toute transformation d'un navire ayant pour résultat d'en accroître la jauge donne droit à une prime calculée conformément au tarif ci-dessus, d'après le nombre de tonneaux d'augmentation de la jauge.

La prime est accordée pour les machines motrices et les appareils auxiliaires mis en place après l'achèvement du navire.

Lors des changements de chaudières, il est alloué au propriétaire du navire une compensation de 8 francs pour 100 kilogrammes de chaudières neuves pesées sans les tubes (1) et de construction française.

Art. 6. — Les allocations déterminées par les articles 4 et 5 sont payées, après la délivrance de l'acte de francisation, par les soins du receveur des douanes au lieu de construction le plus rapproché.

Art. 7. — Est supprimé le régime de l'admission en franchise institué en exécution de l'article premier de la loi du 19 mai 1866 et de l'article 2 de la loi du 17 mars 1879.

Art. 8. — A l'égard des navires en chantier, au moment de l'entrée en vigueur de la présente loi, les constructeurs ne recevront les allocations stipulées par l'article 4 que sous déduction du montant des droits de douane déterminés par le tarif conventionnel relativement aux matières étrangères dont ils auraient obtenu l'admission en franchise pour la construction de ces navires.

Art. 9. — A titre de compensation des charges imposées à la marine marchande, pour le recrutement et le service de la marine militaire, il est accordé, pour une période de dix années, à partir de la promulgation de la présente loi, une prime de navigation aux navires français à voiles et à vapeur.

Cette prime s'applique exclusivement à la navigation au long cours. Elle est fixée par tonneau de jauge nette et 1.000 milles parcourus, à 1 fr. 50 pour les navires de construction française sortant de chantier, et décroît par année de :

0 fr. 075 pour les navires en bois ;
0 fr. 075 pour les navires composites ;
0 fr. 05 pour les navires en fer ou en acier.

La prime est réduite à moitié de celle déterminée ci-dessus pour les navires de construction étrangère.

Les navires francisés avant la promulgation de la présente loi sont assimilés pour la prime aux navires de construction française.

La prime est augmentée de 15 % pour les navires à vapeur construits sur des plans préalablement approuvés par le département de la marine (2).

Le nombre des milles parcourus est calculé d'après la distance comprise entre les points de départ et d'arrivée mesurée sur la ligne directe maritime.

En cas de guerre, les navires de commerce peuvent être réquisitionnés par l'État.

Sont exceptes de la prime les navires affectés à la grande et à la petite pêche, aux lignes subventionnées et à la navigation de plaisance.

Art. 10. — Tout capitaine de navire recevant l'une des primes fixées par l'article 9 de la présente loi, sera tenu de transporter gratuitement les objets de correspondance qui lui seront confiés par l'Administration des postes, ou qu'il aura à remettre à cette Administration, en vertu des prescriptions de l'arrêté des consuls du 19 germinal an X.

Si un agent des postes est délégué pour accompagner les dépêches, il sera également transporté gratuitement.

Art. 11. — Un règlement d'administration publique, contenant notamment un état des distances de port à port, déterminera le mode d'application de la présente loi.

Fait à Paris, le 29 janvier 1881.

---

1. Sans les tubes *de rechange*, d'après une lettre de l'Administration du 14 août 1882.
2. Voir ci-après l'arrêté du 31 août 1881 du Ministre de la Marine à ce sujet.

Le 17 août 1881 parut un décret portant règlement d'administration publique pour l'exécution de la loi ci-dessus, du 29 janvier 1881, sur la marine marchande. (Primes à la construction et à la navigation).

Ce décret a été abrogé et remplacé par le décret du 23 juillet 1893 portant règlement d'administration publique pour l'exécution de la loi du 30 janvier 1893 sur la marine marchande. (Primes à la construction et à la navigation.)

(Ce décret est inséré plus loin.)

Le 26 août 1881 parurent des instructions du Ministre de la Marine aux agents de la marine pour la notification du décret du 17 août 1881.

Ces instructions furent annexées ensuite à la circulaire de la Direction générale des Douanes du 16 septembre 1881.

Les instructions du 26 août 1881 ont été abrogées et remplacées par l'instruction du Ministre de la Marine annexée à la circulaire de la Direction générale des Douanes du 6 septembre 1893. (Cette dernière instruction est insérée plus loin).

Le 16 septembre 1881 parut une circulaire de la Direction générale des Douanes, adressée au Service, pour l'application de la loi du 29 janvier 1881 sur la Marine marchande.

Cette circulaire a été abrogée et remplacée par la circulaire de la Direction générale des Douanes du 6 septembre 1893 pour l'application de la loi du 30 janvier 1893 sur la marine marchande. (Cette dernière circulaire est insérée plus loin).

---

2. — Arrêté du Ministre de la Marine en date du 31 août 1881, fixant les conditions générales auxquelles doivent satisfaire les navires de commerce pour recevoir la surprime de 15 0|0, prévue par la loi sur la Marine marchande du 29 janvier 1881.

Les conditions auxquelles doivent satisfaire les navires de commerce pour être admis à recevoir l'augmentation de 15 % de la prime à la navigation due, aux termes de la loi du 29 janvier 1881 sur la marine marchande, aux navires dont les plans ont été préalablement approuvés par le Ministre de la Marine, sont les suivantes :

Article premier.— La surprime de 15 % n'est accordée qu'aux bâtiments construits en France, cotés dans la catégorie la plus élevée par le *Lloyd* ou le *Veritas*, et seulement pour le temps pendant lequel la cote en question est maintenue.

Art. 2. — Les proportions du navire, ses dispositions et les hauteurs des centres de gravité de la coque et de ses appareils moteurs et évaporatoires (hauteurs que l'armateur doit faire connaitre et justifier) seront telles que le navire, ayant à bord tout ou partie de la quantité de charbon définie à l'article 6 et l'ensemble des autres éléments nécessaires pour constituer son état d'armement, se trouve dans des conditions convenables de navigabilité.

Art. 3. — Les navires doivent être pourvus d'un système de cloisons étanches tel que l'invasion de l'eau dans l'un quelconque des compartiments en lesquels le navire est subdivisé n'amène pas sa submersion; les cloisons doivent être prolongées jusqu'à leur jonction avec un pont situé au-dessus de la flottaison. Lorsque ce pont est établi à une hauteur telle que le remplissage d'un compartiment l'amène à être voisin de la flottaison, il doit être étanche et tous les panneaux dont il est percé doivent être munis de surbaux étanches assez élevés pour que l'eau, remplissant un compartiment, ne puisse pas se déverser dans les autres. Des dispositions doivent être prises pour assurer convenablement l'épuisement de l'eau dans les différents compartiments. Lorsque les cloisons étanches sont percées d'ouvertures, les appareils servant à la manœuvre des portes ou vannes doivent être tels que la fermeture puisse être opérée rapidement, et lors même que le compartiment qu'il s'agit d'isoler serait envahi par l'eau.

Art. 4. — Les représentants du département de la marine doivent toujours être convoqués quand on procède à l'essai des cloisons étanches; pour cet essai, on remplit d'eau un ou plusieurs ou tous les compartiments du navire, au choix du représentant de la marine.

Art. 5. — Les navires doivent être capables de réaliser, aux essais en pleine charge de l'armement militaire défini dans les articles suivants, une vitesse de 13 nœuds et demi. Le Ministre de la Marine doit toujours être informé de ces essais et peut s'y faire représenter. Les appareils moteurs et évaporatoires doivent présenter, par leurs proportions et leur bonne exécution, toutes les garanties désirables au point de vue de la durée de leur bon fonctionnement.

Art. 6. — L'exposant de charge des navires et leurs dispositions intérieures doivent être tels qu'ils puissent recevoir un approvisionnement de charbon suffisant pour parcourir une distance de 6.000 milles à la vitesse de 10 nœuds.

Art. 7. — Lorsque les parties supérieures des appareils moteurs ou évaporatoires se trouvent au-dessus de la flottaison, ou lorsque, restant au-dessous de la flottaison, elles en sont rapprochées, les dispositions des soutes et des cales doivent permettre de constituer, avec du charbon de réserve, un rempart de 3 mètres d'épaisseur minimum et de hauteur convenable protégeant les parties exposées des appareils moteurs et évaporatoires. Le propulseur doit être sous-marin.

Art. 8. — L'artillerie se composera de canons de 14 centimètres et de 10 centimètres, dont le nombre sera déterminé par le Ministre, d'après la grandeur du navire, lors de l'examen des plans et devis.

Une soute spéciale, avec double cloison métallique, conforme au système adopté à bord des bâtiments de la flotte, doit être construite pour recevoir les poudres et les projectiles. Les casiers nécessaires pour les caisses réglementaires de munitions doivent y être établis, dès l'armement du navire, pour un approvisionnement minimum de 50 coups par pièce d'artillerie prévue pour l'armement. Une prise d'eau doit être établie pour noyer les poudres en cas d'incendie, et l'éclairage intérieur de la soute doit être assuré dans les conditions réglementaires.

Les sabords ou ouvertures destinées au passage de la volée des pièces d'artillerie, s'il s'agit d'un armement de côté, doivent être percées d'avance; les pitons ou crocs de brague, les douilles des chevilles ouvrières, les boucles de retraite sont placés à demeure. Les plate-formes pour l'artillerie, circulaires métalliques de pointage et autres installations fixes destinées à un armement en pointe, s'il s'agit de ce dernier système, sont également établis à demeure.

Des ouvertures ou trous d'homme sont convenablement disposés dans les ponts pour assurer le service du passage des poudres et projectiles des soutes jusqu'aux pièces en batterie.

Des parcs sont aménagés auprès des postes à canon pour les projectiles.

Le poste destiné à l'équipage du bâtiment doit être disposé de façon à pouvoir être immédiatement approprié à l'embarquement supplémentaire d'un détachement de trente hommes. Les crocs des hamacs sont fixés à demeure dans les baux en fer d'entrepont.

L'approvisionnement d'eau doit être calculé au minimum pour un personnel de cent hommes pendant un mois.

Art. 9. — Les plans que les armateurs doivent adresser au Ministre, conformément à l'article 23 du décret du 17 août 1881, sont à l'échelle de 15/1000.

Paris, le 31 août 1881.

Le Ministre de la Marine,
Signé : G. CLOUÉ.

Nota. — A la suite de la loi sur la marine marchande du 30 janvier 1893, l'arrêté ci-dessus a été remplacé par celui du 27 septembre 1893 et inséré ci-après.

---

3. — Loi du 30 janvier 1893 sur la marine marchande.

TITRE PREMIER

Définitions.

Article premier. — La navigation marchande se divise en navigation au long cours, au cabotage international et au cabotage français.

Sont réputés voyages au long cours, ceux qui se font au-delà des limites ci-après déterminées :

Au Sud, le 30e degré de latitude nord ;

Au Nord, le 72e degré de latitude nord ;

A l'Ouest, le 15e degré de longitude du méridien de Paris ;

A l'Est, le 44e — — —

Sont réputés voyages au cabotage international, ceux qui se font en deçà des limites assignées aux voyages au long cours, s'ils ont lieu entre les ports français, y compris ceux de l'Algérie, et les ports étrangers, ainsi qu'entre les ports étrangers.

Sont réputés voyages au cabotage français, ceux qui se font de ports français à ports français, y compris ceux de l'Algérie.

TITRE DEUXIÈME

Construction maritime.

Art. 2. — En compensation des charges que le tarif des douanes impose aux constructeurs de bâtiments de mer, il leur est attribué les allocations suivantes :

Par tonneau de jauge brute totale, calculée conformément aux articles 1 à 12 du décret du 24 mai 1873 et à l'article premier du décret du 7 mars 1889 :

Pour les navires à vapeur ou à voiles, en fer ou en acier, 65 francs ;

Pour les navires en bois de 150 tonneaux ou plus, 40 francs ;

Pour les navires en bois de moins de 150 tonneaux, 30 francs.

Sont considérés comme navires en bois les navires bordés exclusivement en bois.

Toute transformation d'un navire, ayant pour résultat d'en accroître la jauge, donne droit à une prime calculée conformément au tarif ci-dessus d'après le nombre des tonneaux d'augmentation de la jauge.

Art. 3. — En compensation des mêmes charges, il est attribué aux constructeurs de machines les allocations suivantes :

Pour les machines motrices et les appareils auxiliaires tels que pompes à vapeur, servo-moteurs dynamos, treuils, ventilateurs mus mécaniquement, placés à l'état neuf à bord des navires tant à voiles qu'à vapeur, ainsi que pour les chaudières à vapeur neuves qui les alimentent et leur tuyautage, 15 francs par 100 kilogrammes (1).

La prime est accordée pour les machines motrices et les appareils auxiliaires mis en place à l'état neuf, ainsi que pour les parties neuves des machines qui subiraient des transformations ou des réparations pendant l'existence du navire.

Lors du changement des chaudières, la compensation est fixée à 15 francs par 100 kilogrammes de chaudières neuves de construction française.

Art. 4. — Les primes déterminées par les articles 2 et 3 ne sont définitivement acquises que lorsqu'il est justifié de la francisation du navire.

En ce qui concerne les navires construits en France pour les marines marchandes de l'étranger, les primes ne sont acquises que lorsque le navire a pris ses expéditions.

Un règlement d'administration publique déterminera les vérifications auxquelles il devra être procédé par une Commission technique, pour s'assurer que le navire pour lequel la prime est réclamée est susceptible de faire un service régulier à la mer par ses propres moyens.

TITRE TROISIÈME

Navigation maritime.

Art. 5. — A titre de compensation des charges imposées à la marine marchande pour le recrutement et le service de la marine militaire, il est accordé, à partir de la promulgation de la présente loi, une prime de navigation à tous les navires de construction française de plus de 80 tonneaux

(1) Les tuyaux amenant la vapeur de la chaudière à la machine sont primés (*Lettre administrative* du 14 septembre 1893). — Les étuves de désinfection sont exclues de la prime (*Lettre administrative* du 11 août 1898).

bruts de jauge pour les navires à voiles et de plus de 100 tonneaux bruts de jauge pour les navires à vapeur.

Cette prime s'appliquera pendant dix années, à partir de leur francisation, aux navires construits en France pendant la durée de la présente loi.

Elle est attribuée exclusivement à la navigation au long cours et à celle au cabotage international.

Sont exceptés de la prime : les navires affectés au cabotage français, à la grande et à la petite pêche, aux lignes subventionnées par l'Etat et à la navigation de plaisance.

Toutefois, tant que les nations qui bénéficient d'un traitement de faveur seront admises à faire naviguer leurs navires entre la France et les ports d'Algérie ou *vice-versa*, les navires français qui effectueront cette navigation auront droit aux avantages stipulés dans la présente loi en faveur du cabotage international.

Sont également exclus de la prime : les navires se livrant au cabotage français qui touchent à des ports étrangers, sans y débarquer ou embarquer des marchandises représentant en tonneaux d'affrètement le tiers au moins de leur tonnage net, ainsi que les navires exécutant un parcours entre un port français et un port étranger distant de moins de 120 milles.

Art. 6. — La prime aux navires construits à l'étranger est et demeure supprimée.

La prime déterminée par l'article 5 est fixée par tonneau de jauge brute totale, calculée conformément aux articles 1 à 12 du décret du 24 mai 1873 et à l'article 1er du décret du 7 mars 1889, et par 1.000 milles parcourus, pour tous les navires de construction française :

A 1 franc 10 pour les navires à vapeur, avec décroissance annuelle à partir de leur construction de :

0 fr. 06 pour les navires en bois ;

0 fr. 04 pour les navires en fer ou en acier ;

Et à 1 franc 70 pour les navires à voiles, avec décroissance annuelle à partir de leur construction de :

0 fr. 08 pour les navires en bois ;

0 fr. 06 pour les navires en fer ou en acier.

Les navires francisés avant la promulgation de la loi du 29 janvier 1881 sont assimilés, pour la prime, aux navires de construction française.

Les navires de construction étrangère francisés après la promulgation de la loi du 29 janv. 1881 et avant le 1er janvier 1893, ne recevront que la moitié de la prime.

Les navires faisant la navigation au cabotage international ne reçoivent que les deux tiers de la prime. Les navires faisant cette navigation et francisés avant le 1er janvier 1893 sont assimilés pour cette prime aux navires de construction française.

Le nombre des milles parcourus est évalué d'après la distance comprise de port à port entre les points de départ et d'arrivée, mesurée sur la ligne maritime la plus directe, suivant les méthodes de calcul et avec le degré d'approximation qui seront déterminés par un règlement d'administration publique.

Art. 7. — La prime est augmentée de 25 % pour les navires à vapeur construits sur des plans préalablement approuvés par le Département de la Marine.

En cas de guerre, les navires de commerce peuvent être réquisitionnés par l'Etat.

Tout capitaine de navire recevant l'une des primes fixées par l'article 6 de la présente loi, est tenu de transporter gratuitement les dépêches, et en général tous les objets de correspondance qui lui seront confiés par le Ministre du Commerce pour le service des postes ; il fera prendre et remettre les dépêches dans les bureaux de poste du lieu de son départ ou des ports d'escale de sa route, ainsi qu'au lieu de sa destination. Ces transports seront gratuits.

Le capitaine sera tenu également de se charger des colis postaux, dans les conditions prévues par les lois et règlements sur la matière. Il encourra, à l'occasion de ces transports, la même responsabilité, envers l'Administration des postes, que cette Administration elle-même vis-à-vis du public.

Si un agent des postes est désigné pour accompagner les dépêches, il sera également transporté gratuitement sur tout le parcours, ainsi qu'entre les lieux d'embarquement et de débarquement, et les bureaux où s'effectue l'échange des dépêches.

Un local convenablement approprié sera mis à sa disposition pour le travail des correspondances en route.

TITRE QUATRIÈME

Dispositions diverses.

Art. 8. — La franchise du pilotage est accordée à tous les navires français à voiles ne jaugeant pas plus de 80 tonneaux et aux navires français à vapeur dont le tonnage ne dépasse pas 100 tonneaux, lorsqu'ils font habituellement la navigation de port en port et qu'ils pratiquent l'embouchure des rivières.

Toutefois, sur la demande des chambres de commerce ou des intéressés, et après une instruction faite dans les formes ordinaires, des règlements d'administration publique détermineront les améliorations qu'il y aura lieu d'apporter aux règlements actuels dans l'intérêt de la navigation.

Art. 9. — Pour les navires au long cours, la visite prescrite par l'article 225 du Code de commerce, pour un chargement nouveau pris en France, ne sera obligatoire que s'il s'est écoulé plus d'un an depuis la dernière visite, à moins toutefois qu'ils n'aient subi des avaries.

Art. 10. — Les actes ou procès-verbaux constatant les mutations de propriété des navires, soit totales, soit partielles, ne seront passibles à l'enregistrement que du droit fixe de 3 francs. L'article 5, n° 2, de la loi du 28 février 1872 est abrogé en ce qu'il a de contraire à la présente disposition (1). Les dispositions du présent article sont applicables aux ventes de bateaux de toute nature servant à la navigation intérieure.

Art. 11. — Le paragraphe 3 de l'article 4 de la loi du 19 mai 1866 sur la marine marchande est modifié ainsi qu'il suit :

« Art. 4. § 3. — Des décrets rendus en la forme des règlements d'Administration publique, sur le rapport du Ministre du Commerce, de l'Industrie et des Colonies, après enquête et après avis des Ministres des Travaux publics et des Finances, peuvent établir dans un port maritime des péages locaux temporaires pour assurer le service des emprunts contractés par un département,

(1) L'article 5, n° 2, de la loi du 28 février 1872 disait :

« Art. 5. — Sont soumis au droit proportionnel, d'après les tarifs en vigueur :

« 2. — Les mutations de propriété de navires soit totales, soit partielles. Le droit est perçu soit sur l'acte ou le procès-verbal de vente, soit sur la déclaration faite pour obtenir la francisation ou l'immatricule au nom du nouveau possesseur. »

une commune, une chambre de commerce ou tout autre établissement public, en vue de subvenir à l'établissement, à l'amélioration ou au renouvellement des ouvrages ou de l'outillage public d'exploitation de ce port et de ses accès, ou au maintien des profondeurs de ses rades, passes, chenaux et bassins. »

« Ces péages sont payables par les navires tant français qu'étrangers, en raison de leur tonnage de jauge, des quantités de marchandises et du nombre de voyageurs embarqués et débarqués ; ils ne peuvent dépasser un franc (1 franc) par tonneau de jauge nette légale ; un franc (1 franc) par voyageur et cinquante centimes (0 fr. 50) par tonneau d'affrètement ou par tonne métrique de marchandises. »

« Les tarifs peuvent comprendre des péages par tonneau de jauge gradués suivant l'espèce du navire, son tirant d'eau, la durée de son stationnement dans le port, le genre de navigation, l'éloignement du pays d'expédition ou de destination, la nature de la cargaison du navire, les opérations faites par lui dans le port au cours d'une escale. Ils peuvent établir des prix réduits d'abonnement ou des exemptions totales ou partielles en faveur de certaines catégories déterminées de navires tant français qu'étrangers. »

« Ils peuvent spécifier des péages par unité de trafic, différents à l'embarquement et au débarquement, suivant les diverses natures de marchandises ou les diverses catégories de voyageurs. »

« Les tarifs de péage institués conformément au présent article ou des péages similaires en vigueur peuvent être modifiés avec ou sans conditions, dans les limites des maxima fixés par les pécrets ou les lois qui les ont institués, sur la proposition des établissements publics au profit desquels ils sont perçus. »

« Les tarifs modifiés ne peuvent entrer en vigueur qu'après avoir été portés à la connaissance du public pendant un mois par voie d'affiches et lorsqu'ils ont été homologués par le Ministre du Commerce, après avis des Ministres des Travaux publics et des Finances. »

« Les péages locaux sont recouvrés par l'Administration des douanes. »

« Ils sont assimilés aux droits de douane pour la forme des déclarations, le mode de perception et notamment le recouvrement par voie de contrainte, le mode de répression des contraventions, les règles de compétence et de procédure en cas de contestation sur l'application des tarifs. Toute contravention donnera lieu au paiement d'une amende égale au double du péage compromis. »

« Les frais de perception et de procédure sont prélevés sur le produit des péages. » (1)

ART. 12. — Il est prélevé sur le montant des primes instituées par les articles 2, 3, 6 et 7 de la présente loi, une retenue de 4 % qui sera versée à la caisse des Invalides de la Marine.

Le produit de cette retenue sera affectée :

1° A l'allocation de secours aux marins français victimes des naufrages et autres accidents, ou à leurs familles ;

(1) L'article 4 de la loi du 19 mai 1866 sur la marine marchande disait :

« ART. 4. — Les droits de tonnage établis par les navires étrangers entrant dans les ports de l'Empire seront supprimés à partir du 1er janvier 1867.

Les droits de tonnage actuellement perçus tant sur les navires français que sur les navires étrangers, et affectés, comme garantie, au paiement des emprunts contractés pour travaux d'amélioration dans les ports de mer français, sont maintenus.

Des décrets impériaux, rendus sous forme de règlements d'administration publique, pourront, en vue de subvenir à des dépenses de même nature, établir un droit de tonnage qui ne pourra excéder deux francs cinquante centimes par tonneau, décime compris, et qui portera à la fois sur les navires français et étrangers. »

2° A des subventions aux chambres de commerce ou à des établissements d'utilité publique, pour la création et l'entretien, dans les ports français, d'hôtels de marins destinés à faciliter à la population maritime le logement, l'existence et le placement, ou de toutes autres institutions pouvant leur être utiles.

Art. 13. — La durée de la présente loi est fixée à dix années à partir de sa promulgation.

Un règlement d'administration publique déterminera les conditions de son application.

Fait à Paris, le 30 janvier 1893.

Signé : CARNOT.

---

4. — Décret du 25 juillet 1893 portant règlement d'administration publique pour l'application de la loi du 30 janvier 1893 sur la marine marchande. (Primes à la construction et à la navigation).

TITRE PREMIER

Jauge des bâtiments.

Article premier. — La jauge brute totale, d'après laquelle sont déterminées les primes à la construction et à la navigation, est calculée conformément aux articles 1 à 12 du décret du 24 mai 1873 et 1 du décret du 7 mars 1889.

Pour les navires munis d'un water-ballast s'étendant dans les fonds, le creux, pour les sections correspondant au water-ballast, est mesuré de la manière suivante :

1° Si les varangues existent à leur hauteur ordinaire dans l'intérieur du water-ballast, la hauteur ou le creux pour le tonnage, dans chaque section considérée, est le creux mesuré, conformément à l'article 4 du décret du 24 mai 1873, au-dessus du plafond du water-ballast, augmenté de la hauteur de ce plafond au-dessus de la varangue ;

2° Si les varangues sont surélevées jusqu'au plafond du water-ballast, de sorte que ce plafond repose sur leur partie supérieure, on mesure :

Le creux au-dessus du plafond du water-ballast dans la section considérée . . . . q ;

La hauteur de ce plafond au-dessus de la quille dans la section considérée . . . . d ;

La largeur du navire en dehors des membrures au maître-bau . . . . B ;

Le creux total au-dessus de la quille de la partie supérieure des barrots du pont de construction le plus élevé, dans l'axe du navire et au milieu de sa longueur . . . . C.

La hauteur ou le creux, pour le tonnage, dans chaque section considérée, est alors donnée par la formule :

$$h = q + d - 0{,}03\,(B + C).$$

Il ne sera pas tenu compte, dans le calcul de la jauge, des déductions prévues aux deux derniers alinéas de l'article 11 du décret du 24 mai 1873.

Art. 2. — La jauge brute totale, calculée conformément à l'article premier ci-dessus, est, en vue de la liquidation des primes et dès la première demande formée par le constructeur ou l'armateur, mentionnée dans l'acte de francisation du navire sous le titre : « Tonnage spécial pour la liquidation des primes prévues par la loi du 30 janvier 1893 ».

TITRE II

Primes à la Construction.

Art. 3. — Le tonnage brut total des navires neufs, pour lesquels la prime à la construction est demandée, est certifié par le Receveur des douanes du port de construction.

Le certificat constate que le navire est de construction française et indique la catégorie à laquelle il appartient. Pour les navires neufs destinés à la marine marchande française, le certificat est dressé au moment de la francisation.

Pour les navires neufs destinés aux marines marchandes de l'étranger, le certificat est dressé, après qu'il a été procédé aux mêmes opérations de jaugeage que pour les navires français, au moment de la délivrance du permis de sortie.

Pour les navires français transformés, les accroissements de jauge brute totale sont certifiés dans la même forme par le Receveur des douanes du port de réparation.

Art. 4. — Le poids des machines motrices et des appareils auxiliaires, des chaudières à vapeur et de leur tuyautage, celui des parties neuves destinées aux machines qui subiraient des transformations ou des réparations pendant l'existence du navire, est certifié au lieu de construction par les officiers du Génie maritime chargés, pour la marine militaire, de la surveillance des usines, et par les agents placés sous leurs ordres, délégués à cet effet, ou, à leur défaut, par les ingénieurs des mines désignés par le Ministre des Travaux publics, sur la demande du Ministre des finances, et par les contrôleurs placés sous leurs ordres.

Les constructeurs doivent mettre à la disposition des ingénieurs et des agents le personnel et le matériel nécessaires pour les pesées.

Le Receveur des douanes du port de construction ou de réparation s'assure, lors de l'arrivée des machines ou partie de machines à pied d'œuvre, de leur identité avec les objets pesés à l'usine. Il certifie, après leur mise en place, l'emploi qu'elles ont reçu.

Art. 5. — Il est institué, dans chaque arrondissement maritime, et à Paris pour les navires construits dans les chantiers de l'intérieur, une ou plusieurs commissions techniques composées chacune d'un officier de marine, d'un officier du génie maritime et d'un représentant de l'Administration des douanes, chargées de procéder aux vérifications prévues par le dernier paragraphe de l'article 4 de la loi du 30 janvier 1893.

Cette Commission emploie tous les moyens d'investigation qui lui paraissent nécessaires ; si elle en reconnait l'utilité, elle visite les navires et fait au besoin procéder à des essais.

Elle dresse procès-verbal du résultat de ces vérifications.

Art. 6.— Pour les bâtiments de mer qui doivent être livrés à l'étranger, la Commission prévue à l'article précédent s'assure que le navire n'est pas construit en vue du service de la marine de guerre.

Art. 7. — Le certificat prévu par l'article 3 ci-dessus, accompagné du procès-verbal dressé en exécution de l'article 5 et de l'article 6, en ce qui concerne les navires construits pour l'étranger, et visé par le Directeur général des douanes, après contrôle des résultats de jaugeage, sert de base à la liquidation de la prime due au constructeur de navire.

Le certificat prévu à l'article 4, accompagné d'un extrait du même procès-verbal et visé également par le Directeur général des douanes, sert de base à la liquidation de la prime due au constructeur des machines ou des parties neuves employées aux réparations ou transformations des machines.

Il n'est pas tenu compte, dans la liquidation, des poids ou fractions de poids inférieurs à 100 kilogrammes.

TITRE III

Évaluation des distances de port à port.

Art. 8. — Les primes de navigation sont calculées d'après les distances indiquées par le tableau annexé au décret du 6 avril 1882, et les additions à ce tableau publiées depuis cette époque.

Pour les traversées non encore inscrites, il sera établi des tableaux complémentaires exécutoires en vertu de décrets rendus sur le rapport du Ministre de la marine après avis de la section de finances, de la guerre, de la marine et des colonies du Conseil d'État.

Art. 9. — En ce qui concerne la navigation de cabotage, les travaux complémentaires prévus à l'article précédent comporteront trois divisions, savoir :

La première, comprenant les ports de la Baltique;

La seconde, comprenant les ports des côtes de l'Océan Atlantique, de la mer du Nord et de l'Océan Boréal, à l'intérieur des limites de la navigation au long cours;

La troisième, comprenant les ports de la Méditerranée, de la mer Noire et de la mer d'Azof.

Dans chacune de ces divisions, le tableau indiquera les distances des différents ports entre eux et à un point de repère choisi, pour la première division, à l'entrée du Skager-Rack; pour la troisième division, à l'entrée du détroit de Gibraltar.

Pour la deuxième division, les distances comprendront celles de chaque port aux deux points de repère ci-dessus.

La distance entre deux ports situés dans des divisions adjacentes s'obtiendra par la totalisation des distances de chaque port au point de repère intermédiaire, et, dans le cas de passage, sans relâche, de la première à la troisième division ou inversement, par l'addition à la distance de 1.720 milles existant entre les deux points de repère (Skager-Rack et Gibraltar) des distances de chacun des ports au point de repère de sa division.

Art. 10. — Les tableaux des distances, en ce qui concerne le long cours comme le cabotage, comprendront les ports situés sur le littoral maritime et ceux de la partie maritime des fleuves, rivières ou canaux attenant à la mer. Pour la France, la liste de ces ports est déterminée en exécution des règlements d'Administration publique fixant les limites de la navigation à vapeur.

Art. 11. — Lorsque la distance mesurée entre deux ports est comprise en entier dans le cours d'un fleuve, d'une rivière ou d'un canal, la prime pour cette distance n'est due qu'au navire qui vient d'accomplir un voyage de mer avant de pénétrer dans ce fleuve, cette rivière ou ce canal, et une fois seulement dans chaque sens entre deux voyages de mer.

Ne sont considérés comme voyages de mer, pour l'application du paragraphe précédent, que les trajets en dehors du fleuve, de la rivière ou du canal, accomplis à la mer, et d'un parcours minimum de 10 milles.

Lorsqu'un navire se déplace à l'intérieur d'une baie maritime, les trajets ainsi effectués ne donnent droit à la prime que s'ils se font entre deux points distants au minimum de 10 milles.

TITRE IV

Primes à la navigation.

ART. 12. — Les navires construits en France qui ont reçu après la promulgation de la loi du 29 janvier 1881, ou qui reçoivent des machines et chaudières de fabrication étrangère, sont considérés, au point de vue du droit à la prime de navigation, comme des navires entièrement construits à l'étranger.

S'ils ont reçu ces machines ou ces chaudières avant le 1er janvier 1893, ils ont droit aux primes allouées par l'article 6 de la loi du 30 janvier 1893 aux navires de construction étrangère.

ART. 13. — La date de la construction du navire, en vue de l'application de l'article 6 de la loi du 30 janvier 1893, est, pour les navires entièrement construits en France, celle du premier brevet de francisation.

Pour les navires construits à l'étranger, cette date est déterminée au moyen des actes antérieurs de nationalité, et, à défaut d'indications portées sur ces actes, par un certificat du Consul de France du lieu de construction constatant la date de la mise à l'eau.

Si ces actes ou certificats n'indiquent que l'année de la mise à l'eau, la date du 1er janvier de la dite année est admise comme point de départ de l'âge du navire.

La date de la construction ainsi déterminée est mentionnée dans l'acte de francisation.

ART. 14. — Quelles que soient les transformations ou augmentations de jauge d'un navire, son âge reste déterminé par la date primitive de sa construction.

ART. 15. — Tout armateur qui veut bénéficier de la prime de navigation est tenu, lors de l'armement du navire, de remettre en trois expéditions, dont une sur papier timbré, au Commissaire de l'inscription maritime du port d'armement ou au Consul, une déclaration énonçant :

1° Son nom et son domicile ;
2° Le nom et l'espèce du navire ;
3° Le lieu et la nature de la construction (bois ou fer) ;
4° L'origine des machines et des chaudières ;
5° Le lieu et la date de la francisation ;
6° S'il s'agit d'un navire construit à l'étranger, la date de sa mise à l'eau ;
7° La jauge brute totale et la jauge nette ;
8° Le port d'attache de la douane et celui de l'immatriculation ;
9° Les nom, prénoms et quartier d'inscription du capitaine ;
10° La composition de l'équipage.

La conformité de la déclaration avec l'acte de francisation et avec le titre d'origine des machines et des chaudières est certifiée par le Receveur des douanes.

Art. 16. — Cette déclaration est transcrite par le Commissaire de l'Inscription maritime ou par le Consul sur un registre à souches fourni par l'armateur et conforme au modèle arrêté par le Ministre de la Marine.

Ce registre, dit *Registre des traversées*, reste à bord du navire et sert à l'inscription des divers voyages qu'il effectue.

La déclaration est visée par le Commissaire de l'Inscription maritime ou par le Consul ; l'exemplaire timbré est remis à l'armateur, le second exemplaire est envoyé au Ministre de la Marine, le troisième est conservé dans les bureaux de l'Inscription maritime.

Art. 17. — Au moment de son expédition, le capitaine fait consigner sur le registre des traversées, par le Commissaire de l'Inscription maritime ou par le Consul, la date du départ, la destination du navire et les points d'escale intermédiaires.

Dans les 24 heures de son arrivée dans un port ou sur un point de relâche quelconque, le capitaine présente son registre de traversées, soit au Commissaire de l'Inscription maritime, en France ou dans les colonies ou possessions françaises, soit au Consul de France, à l'étranger.

Ce fonctionnaire, après avoir reconnu l'identité du navire par l'examen des papiers de bord, inscrit sur le registre la date de l'arrivée et dresse deux extraits constatant le voyage qui vient d'être terminé.

L'extrait mentionne la route suivie, dans le cas où celle-ci aurait emprunté la voie d'un canal artificiel.

L'un des extraits est remis au capitaine ; le Commissaire de l'Inscription maritime ou le Consul garde le second extrait dans ses archives.

Au moment de la réexpédition, le Commissaire ou le Consul consigne sur le registre des traversées la date du départ, la nouvelle destination ou la nouvelle escale du navire et la composition de l'équipage.

En cas de réparations effectuées en pays étranger, le Consul de France consigne aussi sur le registre la nature et le montant de ces réparations.

Art. 18. — Si le navire arrive dans un port où il ne se trouve ni Commissaire de l'Inscription maritime, ni Consul de France, le capitaine se fait délivrer un certificat par le commandant du navire de guerre français présent dans le port, ou, à défaut, par l'autorité locale.

Ce certificat, ou, à défaut, un rapport du capitaine affirmé sous serment par l'équipage, est remis à l'autorité maritime ou consulaire du premier port de relâche, qui en délivre au capitaine une copie certifiée, et en fait mention sur le registre des traversées.

Art. 19. — La constatation du droit à la prime se fait sur la production par l'armateur des extraits du registre des traversées remis au capitaine.

Au désarmement, le capitaine remet le registre des traversées au Commissaire de l'Inscription maritime ou au Consul.

Art. 20. — Lorsque le voyage pour un navire au long cours se prolonge au-delà de trois mois, l'armateur peut recevoir des acomptes jusqu'à concurrence des quatre cinquièmes des primes acquises ; le cinquième restant dû est payé, en même temps que la prime du voyage de retour en France, sur la production des certificats et justifications prévus à l'article 38. La faculté d'acquérir es acomptes cesse cinq ans après le départ du navire de France.

Art. 21. — Pour les navires faisant le cabotage, les primes peuvent être liquidées lors de chaque retour en France.

Toutefois, cette liquidation ne peut être réclamée plus d'une fois pour chaque période de trois mois d'armement, sauf dans le cas de désarmement au cours d'une période pendant laquelle un payement de prime a été effectué.

Art. 22. — Les surprimes ne donnent pas lieu au payement d'acomptes.

Art. 23. — Le complément des primes acquises au cours de l'armement ne peut être liquidé qu'après le retour du bâtiment en France. Si toutefois le navire est condamné pour innavigabilité hors de France, ou désarmé hors de France par suite de vente ou de toute autre circonstance entraînant la cessation de la francisation métropolitaine, la liquidation des primes restant dues a lieu sur la production, en France, des pièces réglementaires. Il en est de même d'un navire armé au cabotage réarmant pour le long cours dans un port étranger.

Art. 24. — Le navire qui périt corps et biens au cours d'une traversée, sans qu'on sache où il a disparu, est censé avoir accompli la moitié de la distance qui sépare le port de départ du port de destination déclaré, et a droit à une prime déterminée en conséquence.

S'il est possible de constater le point où le navire a péri, la prime est due d'après la distance parcourue jusqu'à ce point.

Si un navire est obligé, par suite d'avaries graves, de renoncer à continuer une traversée en cours, la prime est acquise pour la distance comprise entre le point de départ de cette traversée et le point où elle a été interrompue.

Ce point est déterminé par un extrait du livre du bord, certifié conforme par le Commissaire de l'Inscription maritime, ou le Consul du premier port où relâche le navire.

Dans les cas prévus par les deux paragraphes précédents, la prime est calculée sur le taux d'après lequel elle aurait été payée pour la traversée interrompue.

Art. 25. — Toute distance parcourue en dedans des limites fixées, pour le long cours, par l'article premier de la loi du 30 janvier 1893, ne donne droit à la prime au long cours qu'à compter du dernier port de cabotage où le navire a fait une opération commerciale et d'où il a fait route pour la destination de long cours qu'il a déclarée.

De même, au retour, la prime au long cours n'est due que jusqu'au premier port situé dans les limites du cabotage où le navire fait une opération de commerce.

N'est pas considéré comme une opération de commerce le fait de relâcher dans un port pour y prendre des ordres.

Art. 26. — Le tonneau d'affrètement, pour l'application du dernier paragraphe de l'article 5 de la loi du 30 janvier 1893, est déterminé conformément aux dispositions de la loi du 13 juin 1866 [1].

Art. 27. — Lorsque, en raison de la date de la construction d'un navire, la même traversée donne lieu, par application de l'article 9 de la loi, à l'allocation de primes à la navigation de quotités différentes, la distance parcourue entre le port de départ et le port d'arrivée est répartie entre les deux primes proportionnellement au nombre de jours pendant lesquels chaque prime a été acquise.

1. Voir à la fin de l'ouvrage la loi du 13 juin 1866, ainsi que les décrets des 25 août 1861 et 24 septembre 1864 pour la détermination du tonneau d'affrètement.

La durée de la traversée est comptée du jour du départ inclusivement au jour de l'arrivée exclusivement. Le temps employé au chargement et au déchargement n'est pas compris dans le calcul.

La même règle est applicable à la traversée au cours de laquelle le navire cesse d'avoir droit à la prime.

TITRE V.

Surprimes aux navires construits en France d'après des plans approuvés par le Ministre de la Marine.

Art. 28. — Le Ministre de la Marine fixe, par un arrêté inséré au *Journal officiel*, les conditions générales auxquelles doivent satisfaire tous les navires admis à recevoir la surprime de 25 % prévue à l'article 7 de la loi.

Le Ministre a le droit, à toute époque, de s'assurer par des visites de ses agents de la bonne exécution des navires admis à jouir de la surprime. Il doit toujours être informé des essais et peut s'y faire représenter.

Art. 29. — Tout armateur demandant à jouir de la surprime doit adresser au Ministre de la Marine, en double expédition, les plans, à l'échelle fixée par le Ministre, des formes et des emménagements, le devis des échantillons, le devis des poids et les calculs de stabilité et de position du centre de gravité, ainsi que les plans des appareils moteurs et évaporatoires du navire qu'il se propose de faire construire.

Il en est de même pour les navires mis en chantier par les constructeurs sans destination déterminée, mais en vue de jouir de la surprime.

Un exemplaire des plans est renvoyé à l'armateur ou au constructeur, avec la réponse et les observations du Ministre de la Marine.

Art. 30. — Au moment du premier armement du navire, l'armateur adresse au Ministre de la Marine, en double expédition, les plans des formes et des emménagements du navire, conformes à l'exécution, une copie du devis des poids d'après l'exécution, ainsi qu'une copie du marché d'après lequel le navire a été construit.

Le Ministre de la Marine fait procéder à la visite du navire et délivre, s'il y a lieu, un certificat constatant que la condition prévue par le paragraphe premier de l'article 7 de la loi du 30 janvier 1893 a été remplie.

Lorsqu'un navire est admis à jouir de la surprime, la décision du Ministre est motivée et insérée au *Bulletin officiel* de la marine.

TITRE VI.

Obligations imposées aux armateurs en ce qui concerne le service postal.

Art. 31. — Tout capitaine d'un navire bénéficiant de la prime à la navigation est tenu de faire prendre les dépêches postales, et, s'il en est requis, les valises diplomatiques et d'en effectuer la remise dans les bureaux de poste, gares de chemin de fer, consulats, ou à bord des paquebots correspondants désignés par l'Administration et suivant les dispositions arrêtées par elle.

Il peut également être tenu de transporter une boite aux lettres mobile et de la présenter aux agents des postes chargés d'en opérer la levée, dans tous les ports où il aborde.

ART. 32. — L'Administration des postes et des télégraphes peut, toutes les fois qu'elle le juge utile, requérir l'embarquement, pour accompagner les dépêches, d'un agent des postes sur un navire bénéficiant de la prime, soit au départ de France, soit sur tout autre point du parcours. Cet agent est chargé de la réception, de la conservation, du tri et de la livraison des dépêches, valises et correspondances.

Un homme de l'équipage est mis à sa disposition pour la manutention des sacs de dépêches et le service de peine et reçoit, à raison de ce concours, une indemnité dont le chiffre est fixé par l'Administration,

ART. 33.— L'agent des postes est traité comme les passagers de 1re classe, ou, à défaut d'installations pour passagers de 1re classe, comme les officiers du bord. Les frais de nourriture sont remboursés conformément aux prix du tarif du navire pour les fonctionnaires.

Il est mis à sa disposition un local fermant à clef, placé en lieu sûr, suffisamment vaste, éclairé et approprié pour permettre le tri des correspondances et l'entrepôt des dépêches.

L'agent des postes peut disposer d'une embarcation, convenablement armée, pour l'embarquement et le débarquement des dépêches, toutes les fois que les besoins du service public l'exigent.

ART. 34. — L'armateur est tenu de pourvoir au transport de l'agent des postes, ainsi que des dépêches et valises qu'il accompagne, entre le bord et les bureaux où s'effectue la livraison de ces dépêches et valises.

Les frais de ce transport, ainsi que les frais qui peuvent résulter de l'application de mesures quarantenaires aux dépêches et valises, sont à la charge de l'armateur.

Le débarquement des dépêches s'effectue aussitôt après l'admission en libre pratique, sans attendre la mise à quai et avant tout débarquement de passagers et de marchandises.

ART. 35. — Tout capitaine ou armateur d'un navire bénéficiant de la prime est tenu de coopérer, sur la réquisition de l'Administration des postes, au service des colis postaux.

Il est soumis de plein droit aux obligations et bénéficie des avantages résultant des lois, conventions internationales, règlements et tarifs établis ou à établir en matière de colis postaux.

L'armateur a droit aux allocations prévues par l'article 3 de la convention internationale du 4 juillet 1891, sauf les modifications qui interviendront. Il est tenu de recevoir les colis postaux en dépôt dans ses agences des ports de France, en Algérie, dans les colonies ou à l'étranger, ou à bord, s'il n'a pas d'agent à terre.

Les colis sont livrés par les soins du capitaine, soit à la douane du port de débarquement, soit aux Compagnies de chemin de fer ou de navigation correspondantes, soit enfin à l'office postal destinataire, selon les instructions de l'Administration des postes.

Dans les ports de France ou d'Algérie, l'accomplissement gratuit des formalités de douane, à l'égard des colis importés, incombe à l'armateur ou au capitaine.

Il fait, le cas échéant, l'avance des droits de douane et autres qu'il répète sur les services correspondants ou sur le destinataire, et, à défaut, sur l'Administration des postes.

Les armateurs ont à se munir, à leurs frais, des imprimés réglementaires et du matériel en usage pour le service des colis postaux.

ART. 36. — L'accomplissement des obligations imposées, en ce qui concerne le service postal, aux capitaines des navires recevant une prime de navigation, par application de la loi du 30 janvier 1893, combinée avec l'arrêté des Consuls du 19 germinal an X, est une condition du droit à la prime. A cet effet, l'Administration des postes et télégraphes délivre un certificat constatant que le capitaine a rempli toutes les obligations qui lui sont imposées par les lois susvisées. Ce certificat est joint au dossier de liquidation du solde de la prime.

TITRE VII.

Liquidation et payement des primes.

Art. 37. — Les primes de construction sont liquidées sur la production des pièces ci-après :

1° Pour les coques neuves, certificat du receveur des douanes du port de construction à l'effet de constater que le navire est de construction française, et qu'il a été justifié, par les déclarations des divers constructeurs des machines et chaudières corroborées par les attestations des officiers du Génie maritime ou des agents placés sous leurs ordres, délégués à cet effet, ou, à leur défaut, des ingénieurs des mines ou des contrôleurs placés sous leurs ordres, qu'elles sont également de construction française : ledit certificat indiquant en outre le tonnage brut total, la catégorie à laquelle le navire appartient ;

2° Pour les machines, parties de machines, chaudières et appareils auxiliaires, certificat distinct fourni par chacun des divers constructeurs de machines ou chaudières indiquant la nature et le poids des machines et dûment légalisé par le Maire de leur résidence. Ce certificat doit être reconnu exact par les officiers du Génie maritime chargés de la surveillance des usines ou les agents sous leurs ordres, délégués à cet effet, ou, à leur défaut, les ingénieurs des mines ou les contrôleurs placés sous leurs ordres.

Le Receveur des douanes atteste la mise en place conformément à l'article 4 du règlement ;

3° Pour le cas d'accroissement de jauge brute, certificat du Receveur des douanes dans la forme indiquée sous le numéro 1 ci-dessus :

4° Dans tous les cas :

(*a*). Extrait timbré de l'acte de francisation délivré par l'administration des douanes et indiquant la date et le numéro sous lesquels le navire a été francisé, sa jauge brute totale, ainsi que le port où il est attaché, et, pour les navires destinés à l'étranger, la copie certifiée du permis de sortie.

(*b*) Projet de liquidation préparé par le Receveur des douanes, vérifié et visé par le Directeur général des douanes.

Art. 38. — Les primes de navigation sont liquidées sur la production des pièces ci-après :

§ 1er. — *Payements par acomptes.*

1° Exemplaire timbré de la déclaration souscrite par l'armateur en exécution de l'article 15 ci-dessus, ou certificat de référence, si cet exemplaire a déjà été produit ;

2° Extraits timbrés du registre des traversées, ou certificats établis conformément à l'article 18.

§ 2. — *Payement final ou pour solde.*

1° Certificat de référence aux numéros des ordonnances des payements d'acomptes.

2° Extraits timbrés du registre des traversées non encore liquidées ;

3° Certificat du Commissaire de l'inscription maritime du port de retour indiquant la composition de l'équipage pendant les différentes traversées, et constatant le résultat de l'examen comparatif du rapport de mer, du journal de bord et du registre des traversées :

4° Lorsqu'il s'agit de navires à vapeur construits sur des plans approuvés par le Département de la marine, certificat du Ministre de la marine;

5° Certificat du Receveur des douanes constatant que le navire n'a pas cessé de figurer à l'effectif de la marine marchande française;

6° Certificat de l'administration des postes et des télégraphes, établi conformément à l'article 36 ci-dessus.

§ 3. — *Payement intégral*

1° Exemplaire timbré de la déclaration souscrite par l'armateur en exécution de l'article 15 ci-dessus ;

2° Extraits timbrés du registre des traversées ;

3° Certificat du Commissaire de l'inscription maritime du port de retour indiquant la composition de l'équipage pendant les différentes traversées et constatant le résultat de l'examen comparatif du rapport de mer, du journal de bord et du registre des traversées ;

4° Lorsqu'il s'agit de navires à vapeur construits sur des plans approuvés par le Département de la marine, certificat du Ministre de la marine ;

5° Certificat du Receveur des douanes constatant que le navire n'a pas cessé de figurer à l'effectif de la marine marchande française ;

6° Certificat de l'Administration des postes et télégraphes, établi conformément à l'article 36 ci-dessus.

Il est joint, suivant les cas, aux pièces énumérées ci-dessus, des certificats de l'Administration des douanes constatant que le navire a débarqué ou embarqué dans les ports étrangers des marchandises représentant en tonneaux d'affrètement le tiers au moins de son tonnage net, ou une pièce établie par l'Administration des douanes, constatant que le navire n'a pas fait d'opération d'embarquement ou de débarquement de marchandises dans un port étranger au cours d'une navigation au cabotage français.

Toutes les pièces énumérées au présent article sont remises par l'armateur au Commissaire de l'inscription maritime qui les transmet au Ministre de la marine.

Après vérification des pièces, le Ministre fait établir un projet de liquidation.

Art. 39. — Les projets de liquidation établis, pour la prime à la construction, par le Ministre des finances, pour la prime à la navigation par le Ministre de la marine, sont adressés avec les dossiers au Ministre du commerce, de l'industrie et des colonies chargé d'ordonnancer les dépenses.

Art. 40. — L'imputation à chaque exercice des ordonnances de payement est déterminée, savoir :

Pour les primes à la construction des coques, d'après l'année de francisation ;

Pour les primes à la construction des machines et des chaudières du premier armement, d'après l'année de francisation ;

Pour les primes à la construction des portions de machines et des chaudières nouvelles, etc., d'après l'année de la mise en place ;

Pour les primes à la navigation, d'après l'année pendant laquelle le navire est rentré en France, ou, s'il s'agit de liquidation par acompte, d'après l'année où se termine chacune des traversées partielles.

TITRE VIII

Établissement et perception des péages locaux.

ART. 41. — Les enquêtes auxquelles sont soumis les projets d'établissement, de modification ou de prorogation des péages locaux prévus par le paragraphe 3 de l'article 4 de la loi du 19 mai 1866, modifié par l'article 11 de la loi du 30 janvier 1893, sont faites suivant les formes déterminées par l'ordonnance du 18 février 1834.

ART. 42. — Les frais de perception des péages locaux sont fixés par le Ministre des finances après avis du Ministre du commerce, de l'industrie et des colonies.

TITRE IX

Organisation et fonctionnement du fonds de secours et de subventions.

ART. 43. — Le produit réalisé des prélèvements de 4 % sur les primes à la marine marchande est ordonnancé mensuellement par le Ministre du commerce, de l'industrie et des colonies, sur la caisse centrale du Trésor, au profit du Trésorier général de l'établissement des Invalides de la marine, qui en fait recette au titre de l'exercice en cours au moment de l'encaissement.

ART. 44. — Le montant des prélèvements ainsi réalisés est affecté : pour les deux tiers au moins à l'allocation de secours aux marins français du commerce, victimes de naufrages et autres accidents ou à leurs familles; pour le reste, à des subventions aux Chambres de commerce ou à des établissements d'utilité publique, en vue de la création et de l'entretien, dans les ports de la métropole et des colonies, d'hôtels de marins destinés à faciliter à la population maritime, le logement, l'existence et le placement, ou de toutes autres institutions pouvant leur être utiles.

La part proportionnelle à affecter aux subventions est fixée, au commencement de chaque année, par un décret rendu en Conseil des Ministres.

ART. 45. — Les prélèvements effectués chaque mois et répartis conformément à l'article précédent sont inscrits comme ressources disponibles à deux comptes distincts dans la comptabilité de la caisse des Invalides de la marine.

Les portions de ces prélèvements restées sans emploi en fin d'exercice sont reportées par décret à l'exercice suivant ainsi que la ressource correspondante.

ART. 46. — Les demandes de secours sont instruites par le Ministre de la marine.

Le payement des secours alloués est effectué au moyen de mandats délivrés par le Ministre de la marine ou son délégué sur la caisse des Invalides de la marine.

ART. 47. — Les demandes de subventions présentées par les Chambres de commerce sont instruites par le Ministre du commerce; celles présentées par des établissements d'utilité publique sont instruites par les Ministres dont relèvent ces établissements.

Il est institué pour l'examen de ces demandes une Commission dans laquelle le ministère de la marine, celui du commerce et chacun des départements ministériels dont relèvent les établissements qui ont présenté des demandes, sont représentés par deux membres. Cette Commission, qui siège au ministère de la marine, élit son président.

Les dossiers des demandes sont transmis directement à la Commission d'examen, qui fait connaître son avis au Ministre qui l'a saisie et au Ministre de la marine. Les subventions sont accordées par le Ministre de la marine, après avis conforme du Ministre dont relève l'établissement subventionné.

Art. 48. — Le compte de l'établissement des Invalides de la marine pour chaque exercice fait connaître l'emploi des prélèvements de 4 % sur les primes à la marine marchande.

TITRE X

Dispositions transitoires.

Art. 49. — Les navires mis en construction avant le 1er février 1893 et francisés à partir de cette date auront droit aux primes fixées par l'article 2 de la loi du 30 janvier 1893, sans que les constructeurs soient astreints à l'accomplisssement des formalités prévues par le présent décret. Toutefois, ils seront tenus de produire les justifications exigées par le décret du 17 août 1881 (1).

Les machines motrices, les appareils auxiliaires, les chaudières et leur tuyautage mis à bord du 1er février 1893 jusqu'au jour de l'entrée en vigueur du présent décret, bénéficieront, sous les mêmes conditions, des primes instituées par l'article 3 de la loi du 30 janvier 1893.

Art. 50. — Sont considérés comme ayant été francisés antérieurement à la loi du 29 janvier 1881 les navires pour lesquels le payement des droits d'importation ou les déclarations y relatives ont été faits, savoir : en France avant que la loi fût devenue exécutoire au bureau d'importation, et, à l'étranger, avant que la loi fût devenue exécutoire dans le port français le plus voisin.

Seront considérés comme francisés avant le 1er janvier 1893 :

1. *Décret du 17 août 1881.* — Payement des primes.

Art. 28. — Les primes de construction sont liquidées sur la production des pièces ci-après :

1° Extrait timbré de l'acte de francisation, délivré par l'administration des douanes et indiquant la date et le numéro sous lesquels le navire a été francisé, ainsi que le port auquel il est attaché ;

2° Certificat du Receveur des douanes du port de construction à l'effet de constater que le navire est de construction française, et qu'il a été justifié par la déclaration des constructeurs des machines et chaudières qu'elles sont également de fabrication française ; ledit certificat indiquant en outre le tonnage brut, la catégorie à laquelle le navire appartient, et, s'il s'agit d'un navire à vapeur, le poids des machines motrices, des appareils auxiliaires, des chaudières et de leurs tuyautages, sans rechanges.

Ce certificat constatera en outre que le navire, ne se trouvant pas dans le cas prévu par l'article 8 de la loi du 29 janvier 1881, a droit à la prime entière ; dans le cas contraire, il contiendra un décompte établi par le Receveur des douanes et indiquant les droits de douane à retenir, sur le montant de la prime, pour les matières admises en franchise qui auraient été employées dans la construction du navire ;

3° Dans les cas d'accroissement de jauge brute ou de renouvellement des appareils moteurs et chaudières, certificat de l'Administration des douanes, dans la forme indiquée sous le numéro 2 ci-dessus ;

4° Projet de liquidation préparé par le Receveur des douanes, vérifié et visé par le Directeur général des douanes.

1° Les navires de construction étrangère qui se trouvaient avant le premier janvier 1893 dans un port de la métropole et pour lesquels avait été déposée, avant cette date, une déclaration de l'armateur s'engageant à payer les droits d'importation en vue de la francisation. Outre sa date propre, le titre de nationalité devra porter celle de la déclaration originale;

2° Les navires achetés à l'étranger par des Français, s'ils se présentent dans les ports de la métropole porteurs de congés provisoires délivrés par les consuls de France à des dates antérieures au 1er janvier 1893.

Art. 51. — Les dispositions de l'article 27 sont applicables aux navires qui se trouvaient en mer à la date du 30 janvier 1893.

La distance parcourue entre le dernier port de départ et le premier port d'arrivée sera répartie proportionnellement au nombre de jours pendant lesquels l'ancienne et la nouvelle législation auront été en vigueur, en vue du paiement des primes à la navigation qu'elles spécifient.

Art. 52. — Au retour en France des navires qui, armés sous le régime de la législation antérieure au 30 janvier 1893, ne pourront présenter les justifications énoncées par l'article 38, il y sera suppléé par une déclaration sur papier timbré que le capitaine ou l'armateur devra faire au Commissaire de l'inscription maritime dans les vingt-quatre heures de l'arrivée, déclaration qui donnera l'itinéraire suivi, depuis le départ de France ou depuis la dernière traversée, justifiée dans les formes réglementaires, ainsi que la composition de l'équipage depuis ce départ ou cette traversée jusqu'au retour.

Cette déclaration présentera toutes les indications obligatoires d'après l'article 16 pour la déclaration d'armement, sauf dans le cas où cette dernière serait produite. Elle sera, comme celle-ci, certifiée conforme à l'acte de francisation par le Receveur des douanes.

A l'appui, le capitaine devra produire le livre de bord et une expédition de son rapport de mer.

Il ne sera pas payé d'acomptes aux navires mentionnés dans le présent article.

Art. 53. — Les navires effectuant la navigation entre la France et l'Algérie cesseront d'avoir droit à la prime un mois après la date de la mise en vigueur intégrale de la loi du 2 avril 1889. (1).

TITRE XI

Dispositions générales.

Art. 54. — Est abrogé le décret du 17 août 1881.

Art. 55. — Les Ministres de la marine, du commerce, de l'industrie et des colonies, des travaux publics et des finances, sont chargés de l'exécution du présent décret.

Fait à Marly-le-Roi, le 25 juillet 1893.

Signé : CARNOT.

---

1 Cette loi réserve exclusivement au pavillon français le cabotage entre la France et l'Algérie.

5. — Lettre du Directeur général des douanes du 11 août 1893.

Les pièces de rechange ne peuvent être primées qu'après leur mise en place. Si un accident se produit à la mer et qu'il soit fait application des pièces embarquées à titre de réserves, le journal du bord fait mention de l'emploi donné à ces pièces, et le Service, qui a eu soin de prendre note des pièces de machines embarquées, peut constater le nombre de pièces manquant et délivrer un certificat en conséquence, sur la foi du livre de bord.

Les réparations de chaudières sont exclues de la prime; cette dernière ne peut être allouée que lors du renouvellement complet de ces appareils.

Ni la loi du 30 janvier 1893, ni le décret du 25 juillet suivant n'accordent la prime à la construction à des appareils autres que ceux qui sont mus mécaniquement.

Les étuves de désinfection sont plutôt des objets d'armement et ne peuvent être assimilées ni aux machines motrices ni aux appareils auxiliaires.

---

6. — Circulaire du 6 septembre 1893 de la Direction générale des Douanes pour l'application de la loi du 30 janvier 1893 sur la marine marchande.

DÉFINITIONS

La loi du 30 janvier 1893 a apporté à la loi du 29 janvier 1881, qu'elle a pour objet de remplacer, des modifications importantes.

Par l'article premier, elle divise la navigation marchande en navigation au long-cours, navigation au cabotage international et navigation au cabotage français. Elle définit d'une manière précise ce qu'il faut entendre par chacune de ces trois dénominations. La navigation au cabotage international étant admise à participer au bénéfice des primes à la navigation, il était nécessaire de bien déterminer les limites de ce cabotage. L'article 8 du règlement prévoit l'établissement de tableaux complémentaires des distances évaluées de port à port, et l'article 9 indique les trois divisions que comporteront ces tableaux. La première comprendra les ports de la Baltique ; la seconde, les ports des côtes de l'Océan Atlantique, de la Mer du Nord et de l'Océan boréal, à l'intérieur des limites de la navigation au long-cours ; la troisième, les ports de la Méditerranée, de la mer Noire et de la mer d'Azof.

Tableaux des distances.

C'est au département de la marine qu'il appartient de dresser les tableaux des distances et de fixer la méthode de mesurage.

Les articles 10 et 11 du règlement contiennent à cet égard des dispositions qui intéressent spécialement ce département.

PRIMES A LA CONSTRUCTION

Navires neufs. — Quotité des primes.

L'article 2 de la loi attribue aux constructeurs des bâtiments de mer, en compensation des charges que leur impose le tarif des douanes, les allocations suivantes :

Pour les navires à vapeur ou à voiles, en fer ou en acier, 65 francs; pour les navires en bois de 150 tonneaux ou plus, 40 francs; pour les navires en bois de moins de 150 tonneaux, 30 francs, par tonneau de jauge totale, calculée conformément aux articles 1 à 12 du décret du 24 mai 1873 et à l'article 1er du 7 mars 1889, mais sans aucune déduction, ainsi qu'il est expliqué plus loin.

Navires en bois

Le Service remarquera tout d'abord que la catégorie des navires mixtes est supprimée. Dans l'ancienne loi, on considérait comme navires mixtes les navires bordés en bois dont la membrure et le barrotage étaient entièrement en fer ou en acier. En vertu de la nouvelle loi, les navires bordés exclusivement en bois sont considérés comme navires en bois. Deux catégories ont été maintenues pour les navires en bois; mais la limite du tonnage fixée pour leur classement a été abaissée de 200 à 150 tonneaux.

La prime accordée aux navires en fer ou en acier, qui était de 60 francs par tonneau, a été élevée à 65 francs; celle de la première catégorie des navires en bois a été portée de 20 à 40 francs, et celle de la deuxième catégorie de 10 à 30 francs. Ces augmentations ont été la conséquence de la loi du 11 janvier 1892 qui a majoré les droits de douane sur les matériaux entrant dans la construction des navires. La prime à la construction étant en fait une procédure suivie pour procurer la franchise de leurs matériaux aux constructeurs maritimes, il convenait de leur tenir compte des droits supplémentaires qu'ils ont aujourd'hui à acquitter sur les matières, et principalement sur les bois qu'ils emploient. Tel est le motif qui a conduit la législation à majorer sensiblement la prime pour les navires en bois.

Jauge brute totale.

Sous l'empire de la loi de 1881, la prime à la construction était allouée par tonneau de jauge brute, et la prime à la navigation par tonneau de jauge nette. Les articles 2 et 6 de la nouvelle loi disposent que les primes à la construction et les primes à la navigation seront liquidées d'après une jauge unique, c'est-à-dire d'après la jauge brute du navire, calculée conformément aux articles 1 à 12 du décret du 24 mai 1873, et à l'article 1er du décret du 7 mars 1889. Par suite, l'article 1er du règlement a réuni, dans un titre distinct, les prescriptions relatives à la manière de procéder pour calculer la jauge brute totale des navires. Ces prescriptions s'appliquent aussi bien aux primes à la navigation qu'aux primes à la construction.

Calcul de la jauge brute totale.

La loi, en énonçant que la prime serait acquise sur la jauge brute *totale*, avait manifestement pour objet d'exclure de cette catégorie toute espèce de déductions. En présence du texte des deux derniers paragraphes de l'article 11 du décret de 1873, on a demandé si l'on ne devait pas retrancher certains espaces du tonnage des superstructures.

Lors de la préparation de la nouvelle loi, le taux de la prime à la navigation avait été calculé de manière à tenir compte des superstructeurs sans déductions, et le Parlement a déterminé le taux des primes par tonneau de jauge brute *totale*, avec l'intention bien arrêtée d'établir l'équivalence entre ce taux et celui de l'ancienne prime par tonneau de jauge nette. Afin de maintenir l'équivalence, et de se conformer ainsi à la volonté du législateur, l'article 1er du règlement comprend dans le calcul de la jauge brute *totale* la totalité des superstructeurs, quelle que soit leur affectation, pourvu, bien entendu, qu'il s'agisse de constructions à la fois permanentes et fermées.

Navires pourvus de water-ballast.

L'article 2 de la loi n'a visé que l'article 1er du décret du 7 mars 1889. Par conséquent, en écartant l'article 2 du même décret, on a voulu comprendre dans la jauge brute *totale* l'espace occupé par le water-ballast des navires qui en sont pourvus. D'un autre côté, le décret de 1873 ne définissant pas suffisamment les méthodes à suivre pour le calcul de la jauge des navires en fer, construits depuis cette époque, et munis d'un water-ballast, dans tout ou partie de leur cale, l'article 1er du règlement a dû ajouter, aux prescriptions du décret de 1873, les méthodes de calcul pour les dispositions du water-ballast, de telle sorte que le volume de ce water-ballast, évalué d'aussi près que possible, fût ajouté au tonnage, suivant le vœu de la loi.

Manière de calculer le creux des navires à double fond.

La nouvelle manière de prendre le creux, pour les navires à double fond, devrait entrainer un nouveau mesurage des sections, puisqu'il y aura modification de la position des ordonnées, et notamment de la largeur du fond.

Cette largeur, ne pouvant être que fictive, il serait impossible au Service de la déterminer. Dès lors, pour ne pas faire perdre aux compagnies d'armement un temps considérable, et aussi pour faciliter au Service le mesurage des sections, il suffira d'ajouter à chaque section la surface d'un trapèze dont les deux bases seront : 1° la largeur du fond, d'après le décret du 7 mars 1889, F ; 2° la nouvelle largeur fictive.

La surface de ce trapèze s'obtient par la formule suivante :

$$\text{Trapèze} = \frac{F}{2V}\,(V^2 - f^2).$$

Dans cette formule, tous les éléments sont connus du Service :

F, largeur du fond, d'après le décret de 1889 ;

V, Hauteur des varangues ;

f, 0,03 (B + C).

EXEMPLE

Calcul du creux.

2 membrures	0,30
Ban	15,55
B = . . .	15,85
$^1/_3$ du bouge	0,09
Creux d'après le décret de 1889.	5,53
Varangues	1,50
C = . . .	7,02

$$B + C = 15{,}85 + 7{,}02 = 22{,}87$$
$$0{,}03\,(B + C) = 22{,}87 \times 0{,}03 = 0{,}686$$

Le creux pour le tonnage sera donc :

7,02 — 0,686, soit : 6,334.

Calcul du trapèze.

F, la largeur du fond, d'après le décret de 1889, est.	11,76
V, varangues	1,40
f.	0,686

$$V^2 = 1{,}960$$
$$f^2 = 0{,}471$$
$$V^2 - f^2 = \ldots\ 1{,}489$$
$$1{,}489 \times F \quad \text{ou} \quad 11{,}76 \times 1{,}489 = 17{,}51064$$
$$\frac{17{,}51064}{2\,V} = \frac{17{,}51064}{2{,}80} = 6{,}253$$

Surface au maître bau.	82,101
Trapèze.	6,253
Nouvelle surface.	88,354

La même opération se renouvellera à chaque section, mais en maintenant à f la même valeur.

Accroissements de jauge.

Le dernier paragraphe de l'article 2 de la loi est relatif à toute transformation d'un navire ayant pour résultat d'en accroître la jauge. Cette transformation donne droit à une prime calculée conformément au tarif applicable aux navires neufs, d'après le nombre des tonneaux d'augmentation de la jauge.

Navires destinés aux marines marchandes de l'étranger.

L'article 4 de la loi contient une nouvelle disposition, en vertu de laquelle les navires construits en France, pour les marines marchandes de l'étranger, ont droit aux primes stipulées dans l'article 2.

Inscription de la jauge brute totale.

La jauge brute totale, calculée spécialement en vue du paiement des primes, conformément à l'article 1er du règlement de 1893, pouvant différer de la jauge brute inscrite aux papiers du bord, et établie suivant le système adopté pour l'acquittement des taxes de navigation, l'article 2 du règlement rend obligatoire la mention dans l'acte de francisation du navire de la jauge brute totale, sous le titre : « *Tonnage spécial pour la liquidation des primes prévues par la loi du* 30 *janvier* 1893.

La jauge brute, servant de base à la liquidation des droits de navigation, comporte, en effet, des déductions spéciales qui sont sujettes à être modifiées ultérieurement, en vue de maintenir, à cet égard, notre marine sur le même pied que les marines étrangères. La jauge brute totale restera, au contraire, invariable pendant toute la durée de la loi, sauf dans le cas de transformations modifiant le volume du navire.

Le Service n'aura pas, d'ailleurs, à prendre l'initiative de l'inscription de la jauge brute totale sur l'acte de francisation du navire. Avant d'y porter la mention réglementaire, il devra attendre que le constructeur ou l'armateur en fasse la demande (art. 2 du règlement).

Primes sur les machines, appareils auxiliaires, chaudières, etc...

La loi de 1881 attribuait aux constructeurs de navires la partie des primes afférente aux machines. En vertu des articles 2 et 3 de la loi nouvelle, les primes à la construction des machines doivent être payées directement à leurs constructeurs. En conséquence, l'article 2 du règlement de 1881 a été divisé en deux articles, repris sous les nos 3 et 4 du règlement de 1893. Ces articles sont respectivement consacrés aux primes des navires et aux primes des machines, chaudières et appareils auxiliaires.

La prime, afférente aux machines, chaudières et appareils auxiliaires, a été portée de 12 à 15 francs par 100 kilogrammes.

Renouvellement intégral des chaudières.

La compensation accordée, lors du renouvellement intégral des chaudières, a été élevée de 8 à 15 francs par 100 kilogrammes de chaudières neuves, de construction française.

Titulaire de la prime.

Sous l'ancienne législation, la prime, concernant le changement de chaudières, était attribuée au propriétaire du navire. Désormais, elle doit être attribuée au constructeur des chaudières.

L'article 3 de la loi a eu soin de spécifier que les machines motrices et les appareils auxiliaires, devaient, pour avoir droit à la prime, être placés, à *l'état neuf*, à bord des navires.

Réparations aux navires.

L'ancienne loi n'accordait aucune allocation pour les réparations que le corps du navire pouvait recevoir, si ce n'est lorsque ces réparations avaient pour résultat d'en accroître le tonnage. Cette règle est maintenue.

Les machines motrices et les appareils auxiliaires, embarqués après la première installation pendant l'existence du navire, avaient droit à la prime. Le troisième paragraphe de l'article 3 de la nouvelle loi la leur attribue également, mais en stipulant que ces machines et ces appareils doivent être mis en place à l'état neuf.

Réparations aux machines motrices.

Les réparations faites aux machines motrices, aux chaudières et aux appareils auxiliaires, étaient antérieurement exclues du bénéfice de la prime. La loi de 1893 admet que les parties neuves des machines, qui subiront des transformations ou des réparations, pendant l'existence du navire, donnent ouverture à l'allocation de la prime de 15 francs par 100 kilogrammes. La loi étant muette, en ce qui concerne les appareils auxiliaires et les chaudières, il n'y aura lieu de primer ni les pièces détachées, ni les matériaux employés pour leurs réparations ou leurs remplacements partiels.

Pièces de rechange.

Les pièces de rechange, que les navires sont obligés d'avoir à bord, en quantité déterminée par les règlements maritimes, n'avaient pas droit à la prime, d'après l'ancienne législation, il continuera à en être ainsi; mais la nouvelle loi accorde la prime pour les réparations faites aux machines motrices. La pièce de rechange d'une machine doit donc être primée comme partie neuve d'une réparation; mais il ne suffira pas pour cela qu'elle soit simplement placée à bord du navire : il faudra qu'elle soit effectivement incorporée dans la machine.

Lors des changements de chaudière, la prime, fixée par la loi de 1881, était allouée pour 100 kilogrammes de chaudières neuves *pesées sans les tubes*. Cette restriction n'a pas été reproduite dans le dernier paragraphe de l'article 3 de la nouvelle loi.

Bâtiments de mer. — Définition. — Commission technique.

Cette loi, pas plus que l'ancienne loi, n'impose de limite pour l'allocation des primes à la construction. Mais ces primes ne sont applicables qu'aux bâtiments de mer de la marine marchande construits dans nos chantiers.

Il n'a pas été possible d'inscrire dans la loi une définition précise des bâtiments de mer. Il a été reconnu que, même en donnant à cette définition les longs développements qu'elle réclamerait, on ne la ferait qu'incomplète. On a donc été amené à faire déterminer, par le règlement d'administration publique, les vérifications auxquelles devra procéder la Commission technique instituée par la loi, afin de s'assurer que le navire, pour lequel la prime est demandée, est susceptible de faire un service régulier à la mer par ses propres moyens.

Composition et fonctionnement de la Commission technique.

L'article 5 du règlement indique la composition de ces Commissions, qui seront instituées dans chaque arrondissement maritime, et à Paris pour les navires construits dans les chantiers de l'intérieur.

Les officiers, qui sont appelés à en faire partie, seront désignés, à Paris, par le Ministre de la marine, et, dans les ports, par les Vice-Amiraux, Commandant en chef, Préfets maritimes. Elles seront réunies sur des demandes adressées par l'Administration des douanes au Ministre de la

Marine ou aux Préfets maritimes. Chacune de ces Commissions sera présidée par l'officier le plus élevé en grade, ou, en cas d'équivalence, par l'officier le plus ancien, qui adressera une ampliation du procès-verbal des opérations de la Commission à l'autorité qui aura provoqué sa convocation. Un représentant du service des douanes devra toujours figurer dans cette Commission, qui pourra employer tous les moyens d'investigation reconnus nécessaires par elle. Si elle en constate l'utilité elle pourra visiter les navires et faire procéder, au besoin, à des essais, soit en sa présence, soit en dehors de sa présence, par des personnes compétentes. Elle dressera procès-verbal du résultat de ces vérifications.

En général, le représentant de l'Administration des douanes sera le Receveur du port de construction. Toutefois, si les Directeurs le jugent à propos, ils pourront, en cas de difficulté, choisir, comme délégué de la Douane, celui des agents sous leurs ordres qui leur paraîtra le plus apte à remplir cette mission.

Afin d'éviter des déplacements qui ne seraient pas indispensables, ce qui serait onéreux au Trésor et nuisible à la bonne exécution du service, il a été convenu, après entente avec le Département intéressé, que la Commission technique ne sera convoquée que dans les cas où le Receveur du port de construction jugera, contrairement aux affirmations de l'intéressé, que le navire pour lequel la prime est réclamée n'est pas susceptible de faire un service régulier à la mer par ses propres moyens. Dans ce cas, la Direction générale, saisie de l'affaire, appréciera, s'il y a lieu, de mettre en mouvement la Commission spéciale.

Liquidation des primes

Ainsi que le mentionne l'article 39 du règlement, c'est au Ministère des finances qu'est confié le soin d'établir, à titre provisoire, la liquidation des primes à la construction, et au Ministre de la marine la liquidation des primes à la navigation. Les projets de liquidation des primes à la construction continueront à être adressés au Ministère du commerce, de l'industrie et des colonies, chargé d'ordonnancer la dépense.

Justifications à produire

L'article 37 du règlement de 1893 énumère les justifications à produire pour obtenir la prime à la construction : 1° sur les navires neufs destinés à la marine marchande française ; 2° sur les navires neufs destinés aux marines marchandes de l'étranger ; 3° sur les accroissements de jauge brute totale des navires français transformés ; 5° sur les machines, chaudières, appareils ou sur les parties neuves employées aux réparations ou transformations de machines motrices.

Navires à destination de la marine marchande française.

Pour la prime afférente aux navires neufs, le Receveur du port de construction certifiera la jauge brute totale sur l'ancienne formule (modèle A) modifiée ([1]). Le nouveau modèle A portera, comme l'ancien, le n° 55 de la série N dans la série des impressions officielles. C'est habituellement au bureau du lieu de construction que les formalités de la francisation sont remplies. Lorsqu'il en sera autrement, le Receveur du bureau auquel le navire est attaché dressera, au moment de la déli-

1. Imprimés de douanes.

vrance de l'acte de francisation, l'extrait timbré de cet acte (modèle B, n° 56 de la série N) (¹) et cet extrait, visé par l'Inspecteur et le Directeur de la circonscription, sera transmis par la voie hiérarchique au bureau du lieu de construction.

Le certificat modèle A constatera que le navire est en fer, en acier ou en bois, qu'il est de construction française et il indiquera quelle en est la jauge brute totale. Il sera accompagné, s'il y a lieu, du procès-verbal de la Commission technique instituée par l'article 5 du règlement, conformément aux dispositions contenues dans le dernier paragraphe de l'article 4 de la loi. Dans le cas où la Commission technique aura été consultée, il ne sera donné suite à la demande d'allocation de la prime que s'il est reconnu par cette Commission que le navire est susceptible de faire un service régulier à la mer par ses propres moyens.

Navires à destination des marines marchandes de l'étranger.

Pour les bâtiments de mer qui doivent être livrés aux marines marchandes de l'étranger, la Commission technique aura à constater, en outre, dans son procès-verbal, que le navire n'est pas construit en vue du service de la marine de guerre (art. 6 du règlement).

Les navires neufs destinés aux marines marchandes de l'étranger seront jaugés dans les mêmes conditions que les navires affectés à la marine marchande française. Pour ces derniers, le certificat du Receveur des Douanes sera dressé aussitôt après la délivrance de l'acte de francisation ; pour les bâtiments neufs à destination des marines marchandes étrangères, le certificat du Receveur sera dressé au moment de la délivrance du permis de sortie du navire.

Accroissements de jauge.

En ce qui touche les accroissements de jauge des navires français transformés, ils seront certifiés dans la même forme que pour les navires neufs par le Receveur des Douanes du port de réparation (art. 3 du règlement).

Contrôle des machines, chaudières et appareils auxiliaires.

Afin qu'on ne présente pas comme étant de construction française des objets fabriqués en totalité ou en partie à l'étranger, l'article 4 du règlement dispose que le poids des articles susceptibles d'être primés en dehors de la coque des navires doit être certifié au lieu de construction par les officiers du génie maritime chargés par la marine militaire de la surveillance des usines et par les agents placés sous leurs ordres, ou, à leur défaut, par les Ingénieurs des mines désignés par le Ministre des travaux publics, sur la demande du Ministre des finances, et par les contrôleurs placés sous leurs ordres.

Déclaration du constructeur de machines.

Chaque constructeur de machines, de chaudières ou d'appareils auxiliaires devra préalablement déposer une déclaration (modèle C, n° 57, de la série N) (¹), qu'il fera timbrer avant de la remplir. Cette déclaration indiquera la nature et le poids net des machines et appareils. Elle sera légalisée par le maire de la résidence du constructeur et sera accompagnée du certificat du délégué du Ministre de la marine ou du délégué du Ministre des travaux publics.

1. Imprimés de douane.

Certificat du Receveur.

Au vu de ce certificat, le Receveur des Douanes du port de construction ou de réparation devra, lors de l'arrivée à pied d'œuvre des machines ou parties des machines, s'assurer de leur identité avec les objets pesés à l'usine. Pour faciliter cette constatation, les articles mentionnés au certificat seront frappés d'un poinçon dont l'empreinte sera reproduite au dit certificat. A moins de soupçons très sérieux d'abus qui auraient pu être commis après la vérification à l'usine, les poids portés sur les certificats des officiers du génie maritime ou des ingénieurs des mines seront admis pour conformes. Après la mise en place des machines ou des parties de machines, le Receveur certifiera leur identité et l'emploi qu'elles auront reçu sur une formule C *bis*, qui prendra le n° 57 *bis* de la série N et indiquera aussi la date de la mise en place des machines.

Liquidation des primes. — Pièces à fournir.

Les primes à la construction pour les machines motrices, appareils auxiliaires et chaudières qui les alimentent n'étant plus attribuées au constructeur des navires, mais au constructeur de ces machines, on établira une liquidation distincte pour le constructeur du navire et autant de liquidations qu'il y aura de constructeurs différents pour les machines, chaudières et appareils auxiliaires. Les réparations effectuées aux machines motrices, à l'exclusion des appareils auxiliaires et des chaudières, feront également l'objet d'une liquidation séparée au nom de chacun des constructeurs des pièces détachées qui auront été incorporées aux machines motrices dans le cours des réparations qu'elles subiront pendant l'existence du navire. Voici, d'ailleurs, quelles sont les pièces qui seront à produire pour chaque espèce de prime à la construction :

Navires neufs à destination de la marine marchande française.

1° Un certificat, modèle A, délivré par le Receveur des Douanes du port de construction ;

2° Un extrait timbré de l'acte de francisation, modèle B. Ce modèle gardera le n° 56 de la série N. Avant de remplir la formule, le Receveur la remettra à l'intéressé qui aura à la soumettre au timbre ;

3° S'il y a lieu, le procès-verbal dressé par la Commission technique, en exécution de l'article 5 du règlement ;

4° Un projet de liquidation de la prime, modèle D, portant le n° 58 de la série N.

Navires neufs à destination de la marine marchande de l'étranger.

1° Un certificat, modèle A ;

2° Une copie du permis de sortie du navire, copie certifiée conforme par le Receveur des Douanes et visée par l'Inspecteur et par le Directeur ;

3° Le procès-verbal dressé par la Commission technique, en exécution des articles 5 et 6 du règlement ;

4° Un projet de liquidation, modèle D.

Accroissements de jauge brute totale des navires français transformés.

1° Un certificat, modèle E, n° 59, de la série N ;
2° Un extrait timbré de l'acte de francisation, modèle B ;
3° Un projet de liquidation, modèle F, n° 60, de la série N.

Machines motrices, appareils auxiliaires et chaudières placés à l'état neuf et comme première installation.

Machines motrices, appareils auxiliaires et chaudières placés a l'état neuf et comme remplacement intégral.

Parties neuves détachées, incorporées aux machines motrices pendant l'existence du navire.

1° Certificat du Receveur (modèle C *bis*) ;
2° Extrait de l'acte de francisation, s'il s'agit de navires destinés à la France ;
Ou, copie du permis de sortie du navire, s'il s'agit de navires destinés à l'étranger ;
3° Certificat délivré par le délégué du département de la marine, ou par le délégué du département des travaux publics;
4° Un projet de liquidation, modèle D *bis*, n° 58 *bis* de la série N. [1]

Poids ou fractions de poids inférieurs à 100 kilogrammes

Ainsi que le prescrit l'article 7 du règlement, il ne sera pas tenu compte, dans les projets de liquidation relatifs aux machines, des poids ou fractions de poids inférieurs à 100 kilogrammes [2].

Pour le calcul de la prime, on déduira donc cette fraction du poids total de chaque liquidation, et il n'y aura pas de prime à liquider, si le poids compris dans une déclaration n'atteint pas 100 kilogrammes.

Toutes les pièces énumérées ci-dessus, dûment vérifiées par l'Inspecteur et par le Directeur et visées par eux, seront adressées à l'Administration qui, de son côté, s'assurera de l'exactitude de ces divers documents et les transmettra ensuite au Département du commerce, de l'industrie et des colonies.

Ordonnancement des primes à la construction.

Les articles 39 et 40 du règlement reproduisent les dispositions des articles 30 et 31 de l'ancien règlement. A l'article 40, on a ajouté deux dispositions nouvelles : les primes à la construction des machines donnant lieu désormais à des liquidations distinctes, l'imputation à chaque exercice des ordonnances de payement est déterminée pour les primes à la construction des machines et des chau-

1. Toutes ces pièces sont des imprimés de douane.

2. Il n'est pas tenu compte dans la liquidation des primes du poids ou fractions de poids inférieurs à 100 kilogrammes, non seulement sur le poids total, mais sur les détails de ce poids lorsqu'il se compose de plusieurs

Exemple :	125 kil.	100 kil.	On liquidera sur 600 kilogrammes et non sur 700 kilogrammes.
	299 —	200 —	
	318 —	300 —	
	742 kil.	600 kil.	

Soit 700 kilogrammes.

dières du premier armement, d'après l'année de la francisation et pour les primes à la construction des parties de machines et des chaudières nouvelles, etc., d'après l'année de la mise en place. Pour les primes à la construction des coques, l'exercice sera déterminé, comme précédemment, par l'année de la francisation, et, pour les primes à la navigation, d'après l'année pendant laquelle le navire rentrera en France ou, s'il s'agit de liquidation par acompte, d'après l'année où se terminera chacune des traversées partielles. On a supprimé à l'article 40 la disposition qui faisait l'objet du premier paragraphe de l'ancien article 31, parce que ses énonciations n'ont pas paru indispensables pour faire payer certaines primes sur les caisses des Receveurs des douanes moyennant visa du Trésorier général et qu'elles ont semblé, en outre, de nature à créer quelques confusions dans l'esprit du public, en ce qui concerne l'exercice du droit d'opposition aux payements. Néanmoins, ces opérations pourront s'effectuer comme par le passé. Le comptable des douanes, qui effectuera le payement, portera le montant de l'ordonnance en dépense, à titre de *conversion de valeurs*, dans la colonne du numéraire et il reprendra la somme en recette, également à titre de conversion de valeurs, dans la colonne *Effets représentant des valeurs réelles*; enfin, au moment du versement à la recette des finances, le montant de l'ordonnance sera porté en dépense dans cette même colonne des effets représentant des valeurs réelles.

EXCLUSIONS

Navires admis au bénéfice de la prime.

Conformément à ce qui était réglé par la loi de 1881, on considérera comme exclus de la prime à la construction les bateaux de rivière et généralement tous les bâtiments qui ne tiennent pas la mer comme moyen de transport, tels que les bateaux-grues, les bateaux-dragueurs qui ne peuvent pas transporter en mer les matières draguées, les docks flottants, les allèges et les canots employés dans les ports. Mais la prime sera due pour les remorqueurs faisant un service de remorquage en mer, les bateaux sauveteurs, les bâtiments employés à une navigation exclusivement maritime, les dragues marines munies d'appareils moteurs et aménagées pour transporter en mer les matières draguées, les yachts navigant en mer et les bateaux servant à la pêche maritime.

PRIMES A LA NAVIGATION

L'article 5 de la loi du 30 janvier 1893 accorde une prime de navigation à tous les navires de construction française de plus de 80 tonneaux bruts, pour les navires à voiles, et de plus de 100 tonneaux bruts, pour les navires à vapeur.

Durée de la loi.

La loi de 1881 n'avait qu'une durée de dix années à partir de la date de sa promulgation. Il en est résulté que, vers la fin de cette période, l'armateur, n'ayant plus en perspective qu'une ou deux années de prime, a cessé d'entreprendre de nouvelles opérations et d'acheter des navires. On a remédié à cet inconvénient en stipulant que la prime s'appliquera pendant dix années à partir de la francisation aux navires construits en France pendant la durée de la loi.

La prime est attribuée exclusivement à la navigation au long cours et à la navigation au cabotage international.

Exclusions.

Sont exceptés de la prime : les navires affectés au cabotage entre ports français, à la grande et à la petite pêche, aux lignes subventionnées par l'Etat et à la navigation de plaisance (art. 5 de la loi).

Sont également exclus de la prime les navires exécutant un parcours entre un port français et un port étranger distant de moins de 120 milles (art. 5 de la loi.)

Toutefois, sous cette réserve, les navires se livrant au cabotage français et qui touchent à des ports étrangers ont droit à la prime, à la condition expresse de débarquer ou d'embarquer dans ces ports des marchandises représentant, en tonneaux d'affrètement, le tiers au moins de leur tonnage net.

Composition du tonneau d'affrètement.

D'après l'article 26 du règlement, le tonneau d'affrètement, pour l'application de cette disposition, sera déterminé conformément à la loi du 13 juin 1866. Or, aux termes du septième paragraphe du tableau annexé à cette loi, le tonneau de mer s'entend du tonneau d'affrètement, tel qu'il est réglé pour l'exécution des articles 3 et 6 de la loi du 3 juillet 1861 [1].

Cabotage international.

Sur la demande du Département de la marine, il a été réglé que pour tout navire armé au cabotage et *arrivant d'un port étranger* dans un port de France, l'armateur devra, si ce navire a été expédié primitivement d'un port de France ou s'il a touché à un autre port de France pendant le voyage pour lequel la prime est réclamée, justifier, par un certificat de la douane de destination, que ledit navire n'avait à bord aucune marchandise expédiée de France. Ce certificat sera délivré sur la formule modèle I, n° 63, de la série N. Il sera visé par l'Inspecteur et par le Directeur.

Cabotage entre ports français avec escale à l'étranger.

Pour tout navire expédié d'un port de France à destination d'un autre port de France, l'armateur devra, s'il réclame le bénéfice de l'article 5, paragraphe 6 de la loi, produire un certificat de la douane de destination, indiquant, en tonneaux d'affrètement, déterminés conformément aux dispositions de la loi du 13 juin 1866, qui se réfère au décret du 25 août 1861, la quantité et la nature de chaque espèce de marchandise embarquée ou débarquée dans chacun des ports étrangers d'escale, et le nombre total des tonneaux d'affrètement devra représenter au moins le tiers du tonnage net du navire. Ce certificat sera établi sur la formule du modèle J, n° 64, de la série N. Il sera délivré au vu des attestations émanant des agents consulaires français au port d'escale ou, à défaut, des autorités locales. Eu égard à l'importance de ces documents, le Service aura soin de consulter les papiers de bord avant de faire la conversion en tonneaux d'affrètement des quantités embarquées ou débarquées aux ports étrangers d'escale.

1. Voir la note de la page 165.

Navires construits à l'étranger.

L'article 6 de la loi exclut du bénéfice de la prime les navires construits à l'étranger.

Navires construits en France, et recevant des machines de fabrication étrangère.

L'article 12 du règlement ajoute que les navires construits en France, qui ont reçu, après la promulgation de la loi du 29 janvier 1881, ou qui reçoivent des machines ou chaudières de fabrication étrangère, sont considérés, au point de vue du droit à la prime à la navigation, comme des navires construits à l'étranger.

Toutefois, il a été entendu, lors de la préparation du règlement au Conseil d'État, que, si ces navires reçoivent des appareils auxiliaires sans importance, ou pour lesquels un brevet a été pris à l'étranger, l'Administration pourra leur conserver leur nationalité française; mais une décision speciale devra être provoquée à cet effet.

Si des navires contruits en France ont reçu des machines ou des chaudières de fabrication étrangère, avant le 1er juin 1893, ils auront droit aux primes allouées par l'article 6 de la loi du 30 janvier 1893 aux navires de construction étrangère.

On peut donc classer en trois catégories les navires de construction étrangère :

1° Les navires francisés avant la promulgation de la loi du 29 janvier 1881, et qui, assimilés pour la prime aux navires de construction française, recevront la prime entière ;

2° Les navires francisés après la promulgation de la loi du 29 janvier 1881 et avant le 1er janvier 1893, qui recevront la moitié de la prime ;

3° Les navires francisés après le 1er janvier 1893, qui seront exclus de la prime.

Emploi ou renouvellement des machines de construction étrangère.

L'emploi ou le renouvellement des machines ou chaudières étrangères, pour les navires construits en France, ayant comme conséquence, suivant le cas, de priver les armateurs du droit à la prime de navigation, ou de réduire cette prime de moitié (art. 12 du règlement), on aura soin, lorsqu'il y aura lieu, de faire mention de l'origine étrangère des machines et des chaudières, en marge de l'acte de francisation, ainsi qu'en marge de l'acte de la soumission de francisation. Lorsque cette mention n'existera pas, les machines et les chaudières, dont seront pourvus les navires construits en France, postérieurement à la promulgation de la loi du 30 janvier 1893, seront, comme ces navires, de construction française.

Quotités des primes à la navigation.

La prime à la navigation, accordée par l'article 5 de la loi, est fixée par tonneau de jauge brute totale, calculée dans les mêmes conditions que pour les primes à la construction. Elle est fixée par mille milles parcourus pour les navires de construction française, d'un tonnage supérieur à 80 tonneaux bruts ou à 100 tonneaux bruts, suivant qu'il s'agit de voiliers ou de vapeurs :

A 1 fr. 10 par tonneau de jauge brute totale pour les navires à vapeur, avec décroissance annuelle, à partir de leur construction, de :

0 fr. 06 pour les navires en bois;

0 fr. 04 pour les navires en fer ou en acier;

Et à 1 fr. 70 par tonneau de jauge brute totale pour les navires à voiles, avec décroissance annuelle, à partir de leur construction, de :

0 fr. 08 pour les navires en bois;

0 fr. 06 pour les navires en fer ou en acier.

Primes allouées au cabotage international.

Les navires faisant la navigation au cabotage international ne recevront que les deux tiers de la prime. Les navires faisant cette navigation et francisés avant le 1er janvier 1893 seront assimilés pour cette prime aux navires de construction française.

Évaluation des distances.

Le nombre des milles parcourus sera évalué d'après la distance comprise de port à port, entre les points de départ et d'arrivée, mesurée sur la ligne maritime la plus directe, suivant les méthodes de calcul et avec le degré d'approximation déterminés par l'article 9 du règlement.

Age des navires.

La date de la construction du navire, en vue de l'application de l'article 6 de la loi du 30 janvier 1893, est, pour les navires construits en France, celle du premier brevet de francisation. Pour les navires construits à l'étranger, cette date est fixée au moyen des actes antérieurs de nationalité, ou, à défaut d'indications portées sur ces actes, par un certificat du Consul de France du lieu de construction constatant la date de la mise à l'eau.

Si ces actes ou certificats n'indiquent pas la date de la mise à l'eau, la date du 1er janvier de ladite année est admise comme point de départ de l'âge du navire. La date de la construction, ainsi déterminée, est mentionnée dans l'acte de francisation.

Pour constater l'âge des navires, l'article 13 du règlement de 1893 a substitué, à l'article 9 du règlement de 1881, les mots « construction du navire » à ceux « sortie du chantier », afin de le mettre en corrélation avec les termes de la nouvelle loi qui a employé la première de ces expressions. En outre, on y a introduit un nouveau paragraphe qui indique la règle à suivre dans le cas où la date précise de la construction ne peut être déterminée.

En ce qui concerne les navires français, dont les brevets ont été renouvelés, on aura soin de rappeler, en marge des brevets actuels, la date des brevets primitifs.

Pour les navires construits à l'étranger, et dont les actes de francisation ne mentionneraient pas la date de la mise à l'eau, le Receveur du port d'attache devra mettre l'armateur en demeure de fournir les justifications exigées par l'article 13 du décret.

Quelles que soient les transformations ou augmentations de jauge d'un navire, son âge reste déterminé par la date primitive de sa construction (art. 14 du décret), c'est-à-dire par la date du premier brevet de francisation, s'il s'agit d'un navire construit en France, et par la date de sa mise à l'eau, ou par la date du 1er janvier de l'année de sa mise à l'eau, si le navire est de construction étrangère.

Déclaration d'armement.

Ainsi que le prescrit l'article 15 du règlement, la conformité de la déclaration avec l'acte de francisation, et avec le titre d'origine des machines et des chaudières, devra être certifiée par le Receveur des douanes. Le tonnage brut total du navire, étant la base essentielle de la liquidation de la prime, il conviendra que les Receveurs le rappellent, en toutes lettres, à la suite du certificat qu'ils ont à délivrer, et qu'ils mentionnent aussi la catégorie du navire, (en bois, en fer ou en acier). La jauge nette étant nécessaire pour savoir si les navires se livrant au cabotage entre ports français, et qui touchent à des ports étrangers, ont droit à la prime, cette jauge devra également figurer, en toutes lettres, sur le certificat des Receveurs. Ceux-ci veilleront à ce que la date de la francisation, portée dans la déclaration, soit celle du brevet primitif de francisation, et non la date de la soumission de francisation.

Quand un acte de francisation provisoire aura été délivré pour un navire neuf, la déclaration d'armement mentionnera la date de l'acte provisoire, et le Service aura soin d'informer du fait l'Administration, qui fera reproduire sur le brevet définitif la date du brevet provisoire. Pour les navires de construction étrangère, la déclaration d'armement devra indiquer la date de la mise à l'eau, telle qu'elle est déterminée par l'article 13.

Formule, modèle G, à adresser à l'Administration.

Afin de prévenir tout malentendu, et de mettre l'Administration en mesure de signaler au Département de la marine les redressements éventuels, les Receveurs, qui auront visé des déclarations d'armement, adresseront à la Direction générale une formule modèle G, n° 61, de la série N, contenant les indications de ces déclarations qui auront rapport au service des douanes. Suivant le désir exprimé par le Département de la marine, on mentionnera sur cette formule la date de la mise en place des machines et des chaudières.

Extrait du registre des traversées.

Pour éviter des retards préjudiciables aux intérêts du commerce, le Département de la marine a demandé que, dans le cas où un navire armé au cabotage français ou international, relâcherait dans un port de France, et voudrait repartir immédiatement, l'extrait du registre de traversée pût être signé par le Chef du poste des douanes, au lieu de l'être par le Commissaire de l'inscription maritime, comme le prescrit l'article 17 du règlement. Les Directeurs auront à donner des instructions en conséquence au Service actif des ports.

Certificat modèle H.

Au moment du paiement intégral ou du paiement final des primes de navigation, l'article 38 du règlement du 25 juillet 1893 exige qu'il soit justifié par un certificat du Receveur des douanes que le navire n'a pas cessé de figurer à l'effectif de la marine marchande française. Ce certificat, modèle H, n° 62, de la série N, est délivré par le Receveur du port d'attache.

L'application des autres articles, concernant les primes à la navigation, relève du Ministère de la marine. Ces articles règlent le mode de constatation des distances parcourues, les bases du calcul pour les traversées donnant lieu, d'après l'âge du navire, à des allocations de quotités différentes; enfin, les justifications à produire pour la liquidation de la prime, soit que la prime doive être payée par acompte, soit qu'il s'agisse d'un paiement final ou pour solde.

Le Service des douanes n'a pas non plus à intervenir au sujet des titres V et VI du décret, relatifs à la surprime et aux services postaux. Il est à remarquer seulement que le transport des colis postaux a été imposé aux navires primés.

En ce qui concerne la liquidation et le paiement des primes, j'ai fait connaître plus haut quelles sont les obligations des Receveurs des douanes, et la manière dont ils doivent établir le certificat qu'ils ont à délivrer.

DISPOSITIONS DIVERSES.

Enregistrement des actes de vente.

L'article 10 de la loi rappelle que les actes ou procès-verbaux, constatant les mutations de propriété des navires, soit totales, soit partielles, ne sont passibles à l'enregistrement que du droit fixe de 3 francs. L'article 5, n° 2, de la loi du 28 février 1872, est abrogé en ce qu'il a de contraire à la présente disposition qui est, d'ailleurs, applicable aux ventes de bateaux de toute nature servant à la navigation intérieure [1].

Établissement et perception des péages locaux.

L'établissement des péages locaux, prévus par le paragraphe 3 de l'article 4 de la loi du 19 mai 1866, a été modifié par l'article 11 de la loi du 30 janvier 1893 [2]. Afin de faciliter les travaux d'amélioration des ports, les bases sur lesquelles reposaient ces taxes ont été considérablement élargies.

En vertu de l'article 41 du décret, les enquêtes auxquelles seront soumis dorénavant les projets de création, de modification ou de prorogation des péages locaux, seront faites suivant les formes déterminées par l'ordonnance du 18 février 1834.

Modification des tarifs.

Ainsi que le stipule la loi, les tarifs modifiés ne pourront entrer en vigueur qu'après avoir été portés à la connaissance du public, pendant un mois, par voie d'affiches, et lorsqu'ils auront été homologués par le Ministre du commerce, de l'industrie et des colonies, après avis du Ministre des travaux publics et des finances.

Recouvrement des taxes locales.

Rien n'est changé, du reste, dans le mode de perception des péages actuellement existants. Quant à ceux qui seront établis à l'avenir, ils seront obligatoirement recouvrés par l'Administration

1. Voir la note de la page 158.
2. Voir la note de la page 159.

des douanes. Ils sont, dès maintenant, assimilés aux droits de douane pour la forme des déclarations, le mode de perception, et notamment le recouvrement par voie de contrainte, le mode de répression des contraventions, les règles de compétence et de procédure, en cas de contestations sur l'application des tarifs. Toute contravention donnera lieu au paiement d'une amende égale au double du péage compromis.

Rôle de l'Administration en cas de contestation avec les redevables.

Sous l'ancienne législation, le Service des douanes n'intervenait qu'à titre d'auxiliaire pour le recouvrement des taxes. Par suite, la lettre commune, du 20 août 1887, lui avait prescrit de décliner toute responsabilité, en cas de contestation avec les redevables, et de laisser aux villes ou aux chambres de commerce le soin de défendre elles-mêmes leurs intérêts devant les tribunaux ordinaires. Aujourd'hui, la situation est complètement modifiée. L'Administration, en vertu de l'article 11 de la loi du 30 janvier 1893, est chargée de poursuivre le recouvrement des taxes locales par voie de contrainte, et de soutenir devant les tribunaux de l'ordre judiciaire la validité de ses contraintes, lorsqu'elles seront l'objet d'oppositions de la part des redevables. Dans ces conditions, il importe que l'Administration soit appelée à se prononcer sur les questions douteuses, qui seront tranchées par elle, afin que la même jurisprudence soit suivie partout.

Frais de perception.

Les frais de perception et de procédure seront prélevés sur le produit des péages, conformément au dernier paragraphe de l'article 11 de la loi, et les frais de perception seront fixés par le Ministre des finances, après avis du Ministre du commerce, de l'industrie et des colonies (art. 42 du règlement).

En conséquence, lorsqu'une nouvelle taxe de péage sera créée, les Directeurs des douanes auront à examiner et à faire connaître à l'Administration, le cas échéant, l'augmentation de personnel que nécessitera la perception de cette taxe. En même temps, les villes ou les chambres de commerce seront prévenues qu'elles auront à rembourser à l'État le montant du traitement et des indemnités de toute nature attribués aux emplois jugés indispensables.

Conditions dans lesquelles doivent s'effectuer les perceptions.

Une décision ministérielle, en date du 14 décembre 1868, avait fixé les conditions auxquelles était subordonnée, sous l'ancienne législation, la perception des péages locaux. Je crois utile d'en donner ci-après un extrait, qui servira de règle dans les douanes qui n'ont pas reçu d'instructions spéciales à cet égard :

« 1° Les versements à la caisse municipale seront appuyés d'un bordereau établi par le comptable » des douanes, et les récépissés délivrés par le Receveur de la ville seront détachés du registre à » souches. Ces récépissés énonceront le montant brut des perceptions effectuées, sauf au Receveur » municipal à faire simultanément dépense des frais de recouvrement, tels que le prix des impres- » sions, la remise au comptable des douanes, etc. Dans le règlement à intervenir entre la ville et

» l'État, pour l'application des sommes recouvrées, il ne sera, d'ailleurs, tenu compte que du produit » net de l'impôt ;

» 2° Les remboursements à faire aux redevables, en cas de fausse perception, feront l'objet d'or- » dres de restitution délivrés par le Directeur des douanes, et remis au Caissier municipal qui fera » dépense dans ses écritures des sommes ainsi restituées ;

» 3° Les registres et impressions nécessaires pour la perception seront fournis par la ville. Si » elle les tire de l'Imprimerie nationale, la douane soldera le mémoire et se reprendra de son avance » sur la caisse municipale ;

» La remise, attribuée au Receveur des douanes, sera fixée à 1/4 %, soit 0 fr. 25 par 100 francs » de sommes encaissées. »

Organisation et fonctionnement du fonds de secours et de subvention.

Par son article 12, la loi du 30 janvier 1893 édicte une disposition toute nouvelle : le prélèvement d'une retenue de 4 % sur le montant des primes à la construction et à la navigation.

Le produit de cette retenue sera affecté :

1° A l'allocation de secours aux marins français, victimes des naufrages et autres accidents, ou à leurs familles ;

2° A des subventions aux Chambres de commerce ou à des établissements d'utilité publique, pour la création et l'entretien, dans les ports français, d'hôtels de marins destinés à faciliter à la population maritime le logement, l'existence et le placement, ou de toutes autres institutions pouvant leur être utiles.

Les articles 43 à 48 du décret déterminent les conditions relatives à la répartition et à la gestion de ces fonds.

DISPOSITIONS TRANSITOIRES

Navires neufs.

L'article 49 indique la date qui servira de point de départ à l'allocation des nouvelles primes à la construction.

Les navires, mis en construction avant le 1er février 1893, et francisés à partir de cette date, auront droit aux primes fixées par l'article 2 de la loi du 30 janvier 1893, sans que les constructeurs soient astreints à l'accomplissement des formalités que prévoit le nouveau règlement. Ils ne seront tenus de produire que les justifications exigées par le décret du 17 août 1881 [1].

Machines motrices, appareils auxiliaires, chaudières et leur tuyautage.

Les machines motrices, les appareils auxiliaires, les chaudières et leur tuyautage, mis à bord du 1er février 1893 jusqu'au jour de l'entrée en vigueur du nouveau règlement, bénéficieront, sous les mêmes conditions, des primes instituées par l'article 3 de la loi du 30 janvier 1893.

Si un acte de francisation provisoire a été délivré pour un navire neuf, c'est la date du brevet provisoire qui déterminera la quotité de la prime. On devra, par conséquent, inscrire cette date en marge de l'acte définitif.

1. Voir la note de la page 171.

Accroissements de jauge.

En ce qui concerne les accroissements de jauge, la date du dernier brevet devra être postérieure au 31 janvier 1893 pour donner droit à la nouvelle prime.

Les certificats relatifs aux machines neuves, ou remplacées intégralement, ainsi qu'aux pièces neuves détachées et employées aux réparations des machines motrices, devront mentionner que ces machines, chaudières, appareils et pièces détachées ont été mis en place à l'état neuf, le.... (indiquer exactement la ou les dates). On ne perdra pas de vue d'ailleurs, que, dans la liquidation des primes à la construction sur les machines, il faut déduire du poids total les fractions de poids inférieures à 100 kilogrammes, et s'abstenir de produire un projet de liquidation, quand le poids total des articles faisant l'objet d'une déclaration de construction, n'atteindra pas 100 kilogrammes.

Navires de construction étrangère francisés.

Les navires de construction étrangère, francisés antérieurement à la loi du 29 janvier 1881, doivent, d'après l'article 6 de la nouvelle loi, être assimilés aux navires de construction française, et ils ont droit, comme ceux-ci, à la prime à la navigation.

L'article 50 du décret règle que cette disposition devra être appliquée aux navires pour lesquels le paiement des droits d'importation, ou les déclarations y relatives auront été faits, savoir : en France, avant que la loi fût devenue exécutoire au bureau d'importation; et, à l'étranger, avant que la loi fût devenue exécutoire dans le port français le plus voisin.

Les Directeurs auront à me signaler, dans un bref délai, les navires qui se trouvent dans cette situation. Lorsque l'Administration aura reconnu que ces navires ont droit au bénéfice de l'article 50 du décret, on inscrira sur l'acte de francisation la mention suivante :

« Le paiement des droits d'importation (ou les déclarations relatives au paiement des droits d'importation), ayant été fait avant que la loi du 29 janvier 1881 fût applicable, le navire a droit à la prime intégrale de navigation (art. 50 du décret du 25 juillet 1893). »

La soumission de francisation reproduira cette annotation, et la même mention sera consignée, le cas échéant, sur la déclaration d'armement.

Les navires de construction étrangère, francisés après la promulgation de la loi du 29 janvier 1881, et avant le 1er janvier 1893, devant recevoir la moitié de la prime à la navigation, le deuxième paragraphe de l'article 50 du décret du 25 juillet 1893 prescrit de considérer comme francisés, avant le 1er janvier 1893 :

1° Les navires de construction étrangère qui se trouvaient, avant le 1er janvier 1893, dans un port de la métropole, et pour lesquels avait été déposée, avant cette date, une déclaration de l'armateur, s'engageant à payer les droits d'importation, en vue de la francisation. Outre sa date propre, le titre de nationalité devra porter celle de la déclaration originale ;

2° Les navires achetés à l'étranger, s'ils se sont présentés dans les ports de la métropole, porteurs de congés provisoires, délivrés par les Consuls de France à des dates antérieures au 1er janvier 1893.

Il y aura lieu de signaler à l'Administration les navires rentrant dans l'une ou dans l'autre de ces deux catégories, et, après que leur droit à la demi-prime aura été constaté, on portera la mention suivante sur l'acte de francisation, sur la soumission de francisation et sur la déclaration d'armement :

« La déclaration relative au paiement des droits d'importation, ou le congé provisoire, délivré par le Consul de France, ayant une date antérieure au 1er janvier 1893, le navire a droit à la demi-prime de navigation (art. 50 du décret du 25 juillet 1893). »

Les mesures transitoires, autorisées par les articles 51 et 52 de ce décret, rentrent dans les attributions du Département de la marine.

Déclaration d'armement.

Ainsi que l'exige l'article 52, les Receveurs des douanes, dans tous les cas où la déclaration d'armement est obligatoire, devra certifier sa conformité avec l'acte de francisation.

Cabotage entre la France et l'Algérie..

D'après l'avant-dernier paragraphe de l'article 5 de la loi, les navires français, affectés à un service entre la France et l'Algérie, ou *vice versa*, auront droit aux avantages accordés au cabotage international tant que les nations qui bénéficient d'un traitement de faveur seront admises à effectuer cette navigation.

Pour permettre aux armateurs de terminer les opérations entreprises sous le régime de la concurrence étrangère, l'article 53 du décret accorde un délai d'un mois à partir de la mise en vigueur intégrale de la loi du 2 avril 1889, qui réserve exclusivement au pavillon français le cabotage entre la France et l'Algérie.

Aux termes d'un avis, inséré au *Journal officiel* du 4 septembre 1893, cette loi, devant être appliquée intégralement à partir du 4 octobre 1893, la prime à la navigation sera supprimée à compter de la même date pour les navires français navigant entre la France et l'Algérie, ou *vice versa.*

DISPOSITIONS GÉNÉRALES

Abrogation du décret du 17 août 1881.

En vertu de l'article 54, le décret du 17 août 1881 est abrogé.

Par suite, les dispositions qu'il contient, ainsi que les instructions données au Service dans la circulaire du 16 septembre 1881, seront considérées comme rapportées. De même, il n'y aura plus à tenir compte des décisions ministérielles qui ont interprété l'ancien règlement, et notamment de celle qui exigeait pour les vapeurs, ayant moins de 2m,80 de tirant d'eau, qu'il soit justifié de leur qualité de bâtiment de mer par une épreuve de trente jours de navigation à la mer, ou par trente sorties en mer, lorsqu'il s'agissait de remorqueurs.

Les Directeurs sont priés de porter les dispositions de la présente circulaire à la connaissance du service et du commerce.

Les explications qui précèdent font suffisamment ressortir l'importance du concours que les agents des douanes sont appelés à prêter aux services spéciaux pour l'exécution de la nouvelle loi sur la marine marchande. Je compte sur le zèle éclairé des employés de tous grades pour que les opérations qui leur sont confiées s'accomplissent avec le soin et la célérité désirables.

Le Conseiller d'État, Directeur général des douanes,
Signé : G. Pallain.

---

7. — Annexe à la circulaire du 6 septembre 1893.

MINISTÈRE DE LA MARINE

Notification du décret du 25 juillet 1893, portant règlement d'administration publique pour l'application de la loi du 30 janvier 1893 sur la Marine marchande.

Le Ministre de la marine

A Messieurs les Vice-Amiraux commandant en chef, Préfets maritimes ; Chefs du service de la marine ; Commissaires de l'Inscription maritime ; Gouverneurs et Commandants des colonies ; Officiers généraux, supérieurs et autres commandant à la mer ; Consuls généraux, Consuls et Vice-Consuls de France.

Messieurs, le décret du 25 juillet 1893, destiné à remplacer celui du 17 août 1881, en reproduit les dispositions essentielles ; toutefois, comme des modifications importantes ont été introduites dans la nouvelle réglementation, notamment par l'extension à la navigation au cabotage de concurrence du bénéfice des primes, j'ai jugé utile d'accompagner les principaux articles de cet acte de commentaires destinés à vous en faciliter l'exécution.

Art. 1 et 2. — Aux termes de la loi du 29 janvier 1881, les primes de construction étaient calculées sur la jauge brute légale du navire, et les primes de navigation sur la jauge nette. La loi nouvelle, pour établir l'équivalence entre les anciens et les nouveaux coefficients des primes, a décidé de prendre pour base commune des calculs la jauge brute totale sans aucune déduction.

Cette jauge sera inscrite, par les soins de l'Administration des douanes, sur les brevets de francisation, sous le nom de tonnage spécial pour la liquidation des primes prévues par la loi du 30 janvier 1893 ; elle restera invariable pendant toute la durée de la loi, sauf le cas de transformation du navire, quels que soient les actes du pouvoir qui pourraient ultérieurement modifier le mode de jaugeage des bâtiments au point de vue du paiement des droits de navigation.

Art. 3 à 7. — Comme par le passé, les primes à la construction seront liquidées par le Ministère des finances ; cependant, le Département de la marine aura le plus souvent à intervenir dans la constatation des droits acquis, conformément aux dispositions des articles 4 et 5.

D'après l'article 4, les officiers de génie maritime, chargés de la surveillance des usines, auront à certifier le poids des machines motrices, des appareils auxiliaires, des chaudières et des pièces de rechange destinés aux navires de commerce, poids constatés soit par eux-mêmes, soit par leurs délégués. Ces certifications seront faites d'après les règles ci-après, concertées avec l'Administration des douanes.

Les officiers du génie maritime, sur la demande des constructeurs, feront procéder aux pesées des pièces de machines motrices, des appareils auxiliaires, des chaudières, etc., que lesdits constructeurs auront déclaré être destinés à la navigation maritime.

En vue d'assurer leur identité avec celles mises à bord, les pièces détachées des machines, les chaudières et leur tuyautage seront frappés d'un poinçon spécial, dont l'empreinte sera reproduite sur le certificat prévu ci-dessous.

Les résultats des pesées seront consignés sur un certificat, d'un modèle spécial, qui devra être remis au constructeur, pour être adressé au Receveur des douanes du port de destination des machines, parties de machines ou des chaudières.

Les articles 5 et 6 prescrivent l'institution à Paris et dans les cinq arrondissements maritimes de Commissions mixtes, composées d'un officier de vaisseau, d'un officier du génie maritime, et d'un représentant de l'Administration des douanes, chargées de s'assurer si les navires, pour lesquels les primes sont réclamées, sont susceptibles de faire un service régulier à la mer par leurs propres moyens, ou n'ont pas été construits en vue du service de la marine de guerre d'une puissance étrangère.

Les officiers appelés à faire partie de ces Commissions seront désignés, à Paris, par le Ministre de la marine ; dans les ports, par les préfets maritimes, sur la demande, soit du Directeur général des douanes, soit du directeur des douanes en fonctions dans l'un des ports situés dans l'arrondissement maritime.

Les Commissions devront, en tout état de cause, être présidées par l'officier le plus élevé en grade, ou, en cas d'équivalence, par l'officier le plus ancien.

Il appartiendra à l'Administration des douanes de décider les cas où, un navire ne présentant pas manifestement le caractère d'un bâtiment de mer, il sera utile de convoquer ces Commissions.

Les frais de déplacement des officiers et agents, réglés d'après les tarifs en vigueur, devront faire l'objet de remboursements à l'Administration de la Marine ; les états constatant ces dépenses devront, par suite, m'être adressés sous le timbre de la Direction de la comptabilité générale.

Les procès-verbaux des Commissions seront transmis par leur président au fonctionnaire qui a sollicité leur réunion

Art. 8 et 9. — Je n'ai pas d'observations à présenter sur ces articles, dont la rédaction est assez claire pour se passer de commentaires. Je me borne à rappeler qu'il ne pourra être donné cours aux liquidations des primes acquises par la navigation au cabotage, que lorsque le nouveau tableau des distances de port à port, dont l'établissement est activement poursuivi, aura été public après avoir reçu la sanction du Conseil d'État.

Art. 10. — La navigation, faite en France, dans la partie maritime des fleuves, canaux ou rivières attenant à la mer, cesse d'être primée lorsqu'elle se prolonge au-delà des limites fixées pour la navigation à vapeur par les règlements d'administration publique. Les règlements de l'espèce actuellement en vigueur sont ceux du 9 avril 1883 et du 1er février 1893 ; le décret délimitant pour chaque cours d'eau le point où la navigation cesse d'être maritime porte la date du 4 mars 1890. Vous le retrouverez reproduit au *Bulletin officiel de la Marine*.

Art. 12. — Il résulte des dispositions de cet article :

1° Que les navires de construction française qui auront embarqué, avant le 1er janvier 1893, des machines ou des chaudières construites à l'étranger, recevront la prime allouée aux navires de construction étrangère;

2° Que les navires qui ont reçu ou recevront ces machines ou chaudières postérieurement à la date précitée cesseront d'avoir droit à la prime, du jour de leur mise à bord.

Art. 13 et 14. — Ces textes ne comportent pas d'explication ; ils ne font que reproduire les dispositions du décret du 17 août 1881 complétées, en ce qui concerne la détermination de l'âge des navires construits à l'étranger, par les prescriptions d'un avis du Conseil d'état du 4 janvier 1882.

Art. 15. — Il en est de même pour cet article qui énumère les renseignements à porter par l'armateur sur la déclaration d'armement. Cependant, bien que la date de la mise en place des machines et chaudières ne soit pas comprise dans cette énumération, j'ai cru devoir l'inscrire sur le modèle préparé en vue de satisfaire aux prescriptions de l'article 12.

Art. 16 à 19. — Ces articles décrivent les mesures à prendre pour l'établissement du registre des traversées et de leurs extraits. Elles sont la reproduction des formalités exigées par l'ancien règlement. Vous remarquerez, toutefois, que le nombre des extraits a été réduit de trois à deux, nombre qui a paru suffisant pour justifier les droits à la prime.

Aux termes du texte officiel, les extraits devraient être signés, en France, par les Commissaires de l'Inscription maritime. Par suite de l'admission des navires armés au cabotage à la participation des primes, l'exécution littérale de cette disposition deviendrait impossible. Les documents en question pourront donc être certifiés, suivant les ports de relâche, soit par les officiers du commissariat, administrateurs des quartiers, soit par les agents placés sous leurs ordres : préposés à l'Inscription maritime, syndics des gens de mer, gardes maritimes. Ces agents signeront par délégation, en faisant précéder leur signature de l'énonciation de leur qualité. Dans les colonies où le service administratif n'est pas représenté, les extraits seront certifiés par les fonctionnaires des Directions de l'intérieur, chargés de la police de la navigation.

Enfin, il peut arriver, par suite de circonstances exceptionnelles, qu'un navire entre dans un port de France et en sorte pendant la même marée de nuit. Dans ce cas particulier, il suffira que l'extrait destiné à constater la relâche soit signé par l'Officier de port, ou, à défaut, par l'agent des douanes présent.

J'appelle l'attention de nos représentants à l'extérieur sur l'importance de mentionner exactement, sur les extraits des registres des traversées, la route suivie par le navire, dans le cas où celui-ci emprunterait la voie d'un canal artificiel, remonterait ou descendrait une des branches d'un fleuve se jetant dans la mer par plusieurs embouchures ; ces renseignements sont, en effet, indispensables pour le calcul des primes basé sur les distances réellement parcourues.

Enfin, les consuls devront également ne pas perdre de vue l'obligation de consigner sur le registre des traversées et leurs extraits, la nature, le montant et les motifs des réparations faites aux navires de commerce.

Ces fonctionnaires n'ignorent pas qu'aux termes du décret du 27 vendémiaire an II et de la loi du 30 janvier 1893 les bâtiments peuvent perdre leur nationalité si le montant des réparations excède 6 francs par tonneau, ou s'ils ont changé de machines ou de chaudières en pays étranger.

Art. 20. — La faculté de recevoir des acomptes — faculté limitée aux seuls navires armés au long cours — est prorogée de deux années et portée à cinq ans, à compter de la date du départ du navire d'un port de la métropole.

Le texte du décret est muet sur le cas spécial d'un navire armé au cabotage qui réarmerait pour le long cours dans un port étranger. J'estime que, dans ce cas, la période quinquennale ne doit compter qu'à partir du jour où le navire fait route pour sa nouvelle destination.

Art. 21. — Les primes acquises par les bâtiments faisant le cabotage peuvent être liquidées lors de chaque retour en France ; mais, aux termes de cet article, les armateurs ne doivent réclamer la liquidation qu'une fois par période, trois mois d'armement.

Dans ces conditions, il n'y aura pas lieu d'établir une liquidation distincte à chaque retour en France du navire ; il suffira de dresser une seule liquidation comprenant tous les voyages effectués pendant le trimestre.

A cet effet, les capitaines adresseront les extraits de leur registre des traversées à leur armateur qui les transmettront, en même temps que les autres justifications prévues au paragraphe 3 de l'article 38 du décret, à l'autorité maritime du port où devra s'effectuer la liquidation.

Ces prescriptions ne devront pas être prises à la lettre, au point de n'établir, dans tous les cas, que quatre liquidations par année. Je laisse MM. les Commissaires de l'Inscription maritime juges de l'opportunité de me faire parvenir des projets de liquidations supplémentaires, sur les demandes motivées des armateurs, qui devront être jointes aux dossiers des justifications.

D'une façon générale, j'attache le plus grand prix à ce qu'aucun retard ne soit apporté à la constatation des droits acquis, du fait de mon administration. Les époques trimestrielles seront donc calculées pour chaque navire, de telle sorte que les liquidations comprenant les voyages terminés pendant le mois de décembre puissent me parvenir assez à temps pour être transmises, après vérification, au Ministère du commerce, pour être ordonnancées sur les crédits du budget de l'exercice en cours. Les envois des projets de liquidations devront, d'ailleurs, être fréquents et échelonnés, de façon à éviter tout encombrement au bureau liquidateur.

Art. 23 et 24. — Ces articles ne font que reproduire les dispositions de l'ancienne réglementation en les complétant par des avis du Conseil d'Etat intervenus pendant la durée de la loi du 30 janvier 1893.

Art. 25. — Le texte de cet article détermine le mode de règlement des primes acquises par un navire armé au long cours, faisant du cabotage dans la zone fixée par la loi. Il est rappelé que, dans le cas de l'espèce, et conformément aux prescriptions de ma circulaire du 31 janvier dernier, il devra être dressé deux projets de liquidation distincts pour ces traversées.

Art. 26. — Les dispositions de cet article ont été prises en vue d'assurer l'application du dernier paragraphe de l'article 5 de la loi qui dispose que la prime n'est pas due aux navires se livrant au cabotage français qui touchent à des ports étrangers, sans y embarquer ou y débarquer des marchandises représentant en tonneau d'affrètement le tiers au moins de leur tonnage net. Il s'agissait dès lors d'établir une corrélation entre le tonneau d'affrètement et le tonneau de jauge. Aux termes de l'article 26, le tonneau d'affrètement est déterminé conformément aux dispositions de la loi du 13 juin 1866, qui se réfère (§ VII du tableau annexé), aux articles 3 et 6 de la loi de 3 juillet 1861, dont les dispositions ont été elles-mêmes complétées par celles insérées dans le décret du 25 août de la même année (1).

Un certificat signé par le fonctionnaire des douanes du port d'arrivée ou du premier port de relâche, après escale dans les ports étrangers, et établi dans la forme arrêtée par ladite administration, constatera l'accomplissement des formalités prévues par la loi.

Le même paragraphe de l'article 5 de l'acte législatif exclut de la prime de navigation les par-

1. Voir la note page 165.

cours entre un port français et un port étranger distant de moins de 120 milles. Ces parcours ne devront pas moins figurer, *pour mémoire*, sur les projets de liquidation, afin de ne pas interrompre la série des relâches.

Art. 27. — Cet article n'a pour but que de condenser les dispositions similaires contenues dans les articles 21 et 27 du décret du 17 août 1881.

Art. 28 à 30. — Un arrêté spécial fera connaître ultérieurement aux constructeurs les conditions que devront remplir les navires appelés à recevoir la surprime allouée par l'article 7 de la loi (1).

Art. 31 à 36. — Je n'ai aucune observation à présenter sur les prescriptions de ces articles, dont l'application est d'ailleurs du ressort du Ministre du commerce.

Art. 38. — Les justifications à produire, pour la constatation du droit aux primes, sont les mêmes que celles réclamées par le règlement de 1881, sauf les pièces complémentaires destinées à constater les traversées effectuées dans les conditions prévues par le dernier paragraphe de l'article 6 de la loi.

Comme par le passé, les armateurs de navires armés au long cours fourniront des déclarations d'armement pour chaque nouveau voyage entrepris après retour dans un port d'Europe. Mais cette obligation ne peut pas être imposée pour les navires armés au cabotage, dont la durée de l'armement est fixée, par le décret du 19 mars 1852, à un an, à partir de l'ouverture du rôle d'équipage. Pour ces navires, il suffira de joindre la déclaration au premier projet de liquidation, en faisant référence sur les liquidations suivantes à la production antérieure.

Les modèles des déclarations d'armement ont été modifiés de façon à pouvoir servir aux deux navigations, et complétés par la certification, en toutes lettres, de la main du Receveur des douanes, de la jauge brute totale du navire.

Le certificat de l'Administration des postes ne doit être joint qu'à la liquidation pour solde ou intégrale. Il pourrait arriver cependant que certains armateurs, sachant que leurs navires ne doivent pas rentrer en France, et qu'ils n'auront pas à réclamer le solde des primes acquises, en prévision du paiement des seuls acomptes, se croient autorisés à ne pas remplir les obligations imposées par la loi. D'autre part, la perte de l'imprimé spécial, désigné sous le nom de *part postal*, a soulevé, à plusieurs reprises, des difficultés lors du règlement des primes.

Pour remédier à cette éventualité et à cet inconvénient, j'ai ajouté aux extraits des registres de traversées une mention destinée à faire constater par nos Consuls l'accomplissement, à chaque relâche, du service postal. Ces certifications ne devront pas empêcher, bien entendu, la production du certificat prévu sous le n° 6 au paragraphe 2 de l'article 38, pour les longs courriers, à l'appui de la liquidation intégrale ou pour solde, pour les caboteurs, au soutien de chaque liquidation.

La déclaration d'armement et les extraits constateront la composition de l'équipage, qui devra être conforme aux prescriptions de l'acte de navigation du 21 septembre 1793 et des décrets des 28 janvier 1857 et 21 septembre 1864, relatifs aux mécaniciens et aux chauffeurs (2). Cependant, si les capitaines se trouvaient dans l'obligation, par cas de force majeure, de modifier, à l'extérieur, la composition réglementaire de l'équipage, en embarquant des marins étrangers au delà de la proportion légale, ils devront se faire délivrer le certificat prévu par la circulaire du 26 août 1881 (3).

1. Voir, ci-après, cet arrêté spécial.

2. *Acte de navigation du 21 septembre 1793* :

« Art. 2. — Après le 1er janvier 1794, aucun bâtiment ne sera réputé français, n'aura droit aux privilèges des bâtiments français, s'il n'a pas été construit en France, ou dans les colonies, ou autres possessions de France,

Les primes seront liquidées par les Commissaires du quartier dans lequel se trouve le port d'arrivée du navire. Pour leur faciliter le calcul des projets de liquidation, j'ai fait établir un barême, reproduit ci-après, indiquant, par catégorie et par âge des navires, le taux de la prime qui leur est applicable.

Art. 43 à 48. — Une instruction spéciale résumera prochainement les mesures à prendre pour assurer l'organisation et le fonctionnement du fonds de secours et de subvention dont le versement doit être effectué à la Caisse des Invalides de la marine, en conformité de l'article 12 de la loi.

Art. 49 à 53. — Ces articles règlent les dispositions transitoires à appliquer pendant la période écoulée entre la promulgation de la loi et celle du décret d'administration publique.

L'article 6 de la loi supprimant la prime de navigation aux navires de construction étrangère, non francisés le 1er janvier 1893, il importait de fixer exactement la date déterminant la francisation. Tel est le but des paragraphes 2 et 3 de l'article 50, qui reproduisent les termes d'une circulaire du 7 février 1891, concertés avec les Départements du commerce et des finances. Par suite, MM. les Commissaires de l'Inscription maritime veilleront à ce que les déclarations d'armement des navires qui se trouveront dans les conditions prévues aux paragraphes précités, portent, en plus de la date de la francisation, soit celle du dépôt de l'engagement pris par l'armateur, soit celle du congé provisoire délivré par l'autorité consulaire.

Art. 53. — La navigation entre la France et l'Algérie est primée temporairement par suite de conventions internationales qui accordent à certaines nations le droit de faire faire cette navigation à leurs navires, concurremment avec les navires français.

Il est bien entendu que cette faveur, qui prendra fin un mois après la date de son insertion au *Journal officiel* de l'avis de la mise en vigueur intégrale de la loi du 2 avril 1889, ne s'étend qu'aux voyages entre un port de la métropole et un port de notre possession africaine, le cabotage entre les différents ports de l'Algérie étant exclusivement réservé au pavillon national.

Telles sont les explications que j'ai cru devoir vous donner sur les dispositions principales qui ont été introduites dans le décret qui fait l'objet de la présente circulaire.

Si, dans l'avenir, il s'élevait des doutes sur l'interprétation à donner aux prescriptions réglementaires, je désire qu'il m'en soit référé immédiatement, pour que je puisse statuer sur le cas en discussion, ou, au besoin, les soumettre aux délibérations du Conseil d'État.

Paris, le 16 août 1893.

Le vice-amiral, Ministre de la marine,
Signé : Rieunier.

ou déclaré de bonne prise faite sur l'ennemi, ou confisqué pour contravention aux lois de la République, s'il n'appartient pas entièrement à des Français, si les officiers et les trois quarts de l'équipage ne sont pas Français. »

Le décret du 28 janvier 1857 porte que les mécaniciens, chauffeurs et autres individus employés au service des machines à vapeur des bâtiments de mer, seront compris dans l'Inscription maritime.

Le décret du 21 septembre 1864 est relatif aux mécaniciens employés à bord des paquebots de commerce, et donne leur composition et leurs attributions.

3. *Circulaire du 26 août 1881.* — Toutefois, si des circonstances de force majeure venaient à réduire l'effectif de l'équipage, sans qu'il fût possible de le compléter avec des marins français, le Capitaine devrait se faire délivrer, par l'autorité maritime ou consulaire, un certificat attestant qu'il a été obligé d'embarquer des marins étrangers dans une proportion supérieure à la proportion légale.

8. — Barême des coefficients des primes à la navigation

(*Loi du 30 janvier 1893*)

	NAVIRES A VAPEUR		NAVIRES A VOILES	
	EN BOIS	EN FER	EN BOIS	EN FER
De 0 à 1 an	1.10	1.10	1.70	1.70
De 1 an à 2 ans	1.04	1.06	1.62	1.64
De 2 ans à 3 ans	0.98	1.02	1.54	1.58
De 3 ans à 4 ans	0.92	0.98	1.46	1.52
De 4 ans à 5 ans	0.86	0.94	1.38	1.46
De 5 ans à 6 ans	0.80	0.90	1.30	1.40
De 6 ans à 7 ans	0.74	0.86	1.22	1.34
De 7 ans à 8 ans	0.68	0.82	1.14	1.28
De 8 ans à 9 ans	0.62	0.78	1.06	1.22
De 9 ans à 10 ans	0.56	0.74	0.98	1.16
De 10 ans à 11 ans	0.50	0.70	0.90	1.10
De 11 ans à 12 ans	0.44	0.66	0.82	1.04
De 12 ans à 13 ans	0.38	0.62	0.74	0.98
De 13 ans à 14 ans	0.32	0.58	0.66	0.92
De 14 ans à 15 ans	0.26	0.54	0.58	0.86
De 15 ans à 16 ans	0.20	0.50	0.50	0.80
De 16 ans à 17 ans	0.14	0.46	0.42	0.74
De 17 ans à 18 ans	0.08	0.42	0.34	0.68
De 18 ans à 19 ans	0.02	0.38	0.26	0.62
De 19 ans à 20 ans	»	0.34	0.18	0.56
De 20 ans à 21 ans	»	0.30	0.10	0.50
De 21 ans à 22 ans	»	0.26	0.02	0.44
De 22 ans à 23 ans	»	0 22	»	0.38
De 23 ans à 24 ans	»	0.18	»	0.32
De 24 ans à 25 ans	»	0.14	»	0.26
De 25 ans à 26 ans	»	0.10	»	0.20
De 26 ans à 27 ans	»	0.06	»	0.14
De 27 ans à 28 ans	»	0.02	»	0.08
De 28 ans à 29 ans	»	»	»	0.02

9. — Arrêté du Ministre de la Marine, en date du 27 septembre 1893, fixant les conditions générales auxquelles doivent satisfaire les navires de commerce pour recevoir la surprime de 25 %, prévue par la loi sur la marine marchande du 30 janvier 1893.

Les conditions auxquelles doivent satisfaire les navires de commerce, pour être admis à recevoir l'augmentation de 25 % de la prime à la navigation, due aux termes de la loi du 30 janvier 1893, sur la marine marchande, aux navires à vapeur construits sur des plans préalablement approuvés par le Département de la marine, sont les suivantes :

Article premier. — La surprime de navigation de 25 % n'est accordée qu'aux bâtiments construits en France, à la condition que des officiers et des ingénieurs de la marine, spécialement désignés par le Ministre, auront certifié, à la suite d'un examen approfondi, que ces navires offrent toutes les garanties nécessaires à une bonne et sûre navigation, au point de vue de leur construction, de leur appareil moteur, et de leurs installations, et notamment que les chaudières peuvent supporter à froid, sans déformations sensibles, la charge d'épreuve en usage dans la marine militaire.

Ces certificats sont valables pour une période indiquée par le Ministre. Ils doivent être renouvelés à la fin de cette période, et, en outre, toutes les fois que les bâtiments auront subi des réparations ou des modifications importantes dans leurs coques, leurs machines, leurs chaudières ou leurs installations.

Art. 2. — Les proportions du navire, ses dispositions et les hauteurs des centres de gravité de la coque, des appareils moteurs et évaporatoires, et de l'armement militaire complet, doivent être telles que le navire se trouve, en toutes circonstances, dans des conditions convenables de navigabilité. Pour s'en assurer, des calculs de stabilité et d'assiette, pour le cas de l'armement militaire complet, tel qu'il est défini par les articles 6 et suivants, et pour le cas de l'armement militaire, après consommation des vivres et du charbon, seront présentés à l'ingénieur de la marine, et contrôlés par lui.

Art. 3. — Les navires doivent être pourvus d'un système de cloisons étanches, tel que l'un quelconque des compartiments, formés par ces cloisons, étant envahi par l'eau, flotte encore avec sécurité ; les cloisons doivent être prolongées jusqu'à leur jonction avec un pont situé au-dessus de la flottaison. Lorsque ce pont est établi à une hauteur telle que le remplissage d'un compartiment l'amène à être voisin de la flottaison, il doit être étanche, et tous les panneaux dont il est percé doivent être munis de surbaux étanches assez élevés pour que l'eau, remplissant un compartiment, ne puisse pas se déverser dans les autres. Des dispositions doivent être prises pour assurer convenablement l'épuisement de l'eau dans les différents compartiments. Lorsque les cloisons étanches sont percées d'ouvertures, les appareils, servant à la manœuvre des portes ou vannes, doivent être tels que la fermeture puisse être opérée rapidement, et lors même que le compartiment qu'il s'agit d'isoler serait envahi par l'eau.

Art. 4. — Les représentants du Département de la marine doivent toujours être convoqués quand on procède à l'essai des cloisons étanches; pour cet essai, on remplit d'eau jusqu'à hauteur de la flottaison en charge un ou plusieurs, ou tous les compartiments du navire, au choix du représentant de la Marine.

Toutefois, l'emploi des batardeaux, pour l'essai des cloisons étanches des grands compartiments pourra être autorisé par le représentant de la Marine. L'essai d'étanchéité à la pompe à incendie, à la lance ne peut remplacer les essais par remplissage définis ci-dessus.

Art. 5. — Les navires doivent être capables de réaliser, dans les conditions de pleine charge correspondant à l'armement militaire défini dans les articles suivants, une vitesse de dix-sept nœuds et demi pendant un essai sur bases de quatre heures. Le Ministre de la marine doit être toujours avisé de l'époque de ces essais et peut s'y faire représenter. Les appareils moteurs et évaporatoires doivent offrir, par leurs proportions et leur bonne exécution, toutes les garanties désirables au point de vue de leur invulnérabilité et de la durée de leur bon fonctionnement.

Art. 6. — L'exposant de charge des navires et leurs dispositions intérieures doivent être tels qu'ils puissent recevoir un approvisionnement de charbon suffisant pour parcourir une distance de 6.500 milles à la vitesse de 10 nœuds.

Art. 7. — Lorsque les parties supérieures des appareils moteurs ou évaporatoires se trouvent au-dessus de la flottaison, ou lorsque, restant en-dessous de la flottaison, elles en sont très rapprochées, les dispositions des soutes et des cales ou des localités en général doivent permettre de constituer, avec du charbon de réserve, un rempart d'épaisseur et de hauteur convenables, protégeant les parties exposées des appareils moteurs et évaporatoires. Le propulseur doit être sous-marin.

Art. 8. — L'artillerie se composera de canons de 14 centimètres et de canons de petit calibre dont le modèle et le nombre seront déterminés par le Ministre de la marine d'après la grandeur du navire, lors de l'examen des plans et devis.

Les appareils de production d'électricité, s'il en existe à bord, devront être susceptibles de pouvoir alimenter au besoin deux projecteurs fonctionnant à 60 ampères.

L'emplacement des deux projecteurs, si le bâtiment peut en recevoir, sera déterminé lors de l'examen des plans du bâtiment. Ces projecteurs seront disposés, en général, l'un à l'avant, l'autre à l'arrière et devront avoir leur champ d'éclairage convenablement dégagé. Ces projecteurs seront préparés par la marine militaire.

Les sabords en pavois des gaillards, aux emplacements déterminés, devront être installés d'avance, de manière à assurer le libre pointage des pièces, et les ponts, s'il y a lieu, seront consolidés d'une façon convenable. Les douilles pour chevilles ouvrières, les sellettes et circulaires ainsi que les ferrements indispensables pour l'amarrage ou la manœuvre des pièces, devront être placés à demeure, dans tous les cas où il n'en résultera aucune gêne pour le service habituel du bord. Les objets qui ne pourraient être mis en place définitivement, ainsi que les supports pour canons de petit calibre, seront préparés par la marine militaire, en même temps que les canons et leurs affûts, et conservés autant que possible à bord des bâtiments.

Les soutes à munitions seront établies en tenant compte à la fois des exigences du service commercial et militaire du bâtiment. Leurs dispositions définitives seront arrêtées par le Ministre après entente entre le constructeur et l'Administration de la Marine. Des passages directs seront prévus et disposés pour assurer le service rapide des poudres et projectiles, depuis les locaux désignés d'avance par le Ministre de la marine pour contenir ces munitions jusqu'aux pièces des divers calibres. Les treuils à vapeur du bord devront, autant que possible, être utilisés pour le hissage des munitions au moyen de plateaux ou de bennes.

L'approvisionnement d'eau devra être calculé au minimum pour un personnel de cent hommes pendant un mois. Le bâtiment devra présenter en outre un appareil distillatoire fournissant au minimum 10 tonneaux d'eau par jour.

Art. 9. — Toutes les installations prévues par les articles ci-dessus doivent être exécutées et vérifiées avant la mise en service du navire.

Art. 10. — Les plans que les armateurs doivent adresser au Ministre seront aux échelles réglementaires dans la marine militaire ; ils devront être produits dans un délai maximum de six mois à compter de la date du contrat passé pour la construction du navire.

Fait à Paris, le 27 septembre 1893

Signé : Rieunier.

---

10. — Lettre du Directeur Général des Douanes du 4 novembre 1893.

D'après l'article 4 du décret du 25 juillet dernier, les officiers du Génie maritime doivent certifier, au lieu de construction, le poids des machines motrices, des appareils auxiliaires, etc., mis à bord des navires de commerce.

Mais les constructeurs sont dispensés de cette formalité pour les appareils embarqués antérieurement au 29 juillet, date de l'entrée en vigueur du nouveau règlement (art. 49).

Lorsque la mise en place des machines ou des appareils aura commencé avant le 29 juillet, c'est la date du début de l'opération qui devra être mentionnée sur le certificat modèle C *bis*.

---

11. — Lettre du Directeur Général des Douanes du 15 décembre 1893.

Aux termes de l'article 4 du décret du 25 juillet dernier, les constructeurs de machines, chaudières, etc., placées à bord des bâtiments de mer de construction française doivent, pour bénéficier de la prime, faire peser et poinçonner les pièces par les officiers du Génie maritime, auxquels ils doivent indiquer la date de la francisation du navire auquel elles sont destinées.

Plusieurs constructeurs ont demandé à conserver en magasin des appareils qui seraient pesés et poinçonnés par la marine avant qu'on en connaisse leur destination ; en d'autres termes, avant qu'ils en aient trouvé l'emploi. Ils ont fait valoir que cette facilité leur permettrait de remplacer sans retard les appareils hors d'usage à bord des navires qui ne peuvent quelquefois séjourner dans le port que pendant l'intervalle de deux marées.

Afin de prévenir la substitution que pourrait favoriser la mesure, voici les dispositions qui ont été concertées entre le service de la marine et l'Administration des Douanes.

Dans le cas où un constructeur désirera faire poinçonner et peser des appareils dont la destination n'est pas connue, il remplira la déclaration modèle C, préalablement timbrée, en laissant en blanc toutes les indications relatives au navire. Il saisira le service maritime en envoyant à l'Ingénieur compétent cette déclaration incomplète. Les appareils seront pesés et poinçonnés. A côté de chaque poinçon on placera un numéro qui sera reproduit sur le certificat.

Après ces opérations, le service de la marine délivrera au constructeur un certificat provisoire dans lequel toutes les indications relatives au navire seront laissées en blanc et qui portera en évidence le mot *provisoire*. Le jour où l'appareil recevra une destination à bord d'un navire, le service des douanes, sur la seule constatation que cet appareil porte le poinçon, le laissera embarquer au vu du certificat provisoire. Le constructeur complètera alors la déclaration modèle C en y inscrivant toutes les indications relatives au navire, à la jauge et à la francisation.

Le Receveur des Douanes portera sur le verso du certificat provisoire :

1° La reconnaissance de l'identité de l'appareil ;

2° Un numéro d'ordre ;

3° La date de la mise en place ;

4° Les indications concernant le navire sur lequel l'appareil a été embarqué.

Le certificat modèle C *bis* sera préparé en même temps par le Receveur des Douanes qui y reproduira toutes les indications qu'il aura inscrites sur le certificat provisoire.

La déclaration modèle C et le certificat provisoire ainsi complétés seront adressés au service de la marine par les soins du constructeur. Sur le vu de ces deux pièces, le certificat définitif sera délivré au constructeur. Celui-ci produira au Receveur des Douanes, qui détachera de la souche, le modèle C *bis* et établira le dossier de la liquidation de la prime.

---

12. — Décret du 25 août 1861 sur la composition du tonneau d'affrètement ou de mer.

Vu les articles 3 et 6 de la loi du 3 juillet 1861 sur le régime des douanes aux colonies de la Martinique, de la Guadeloupe et de la Réunion, qui disposent que les navires étrangers important des marchandises étrangères dans les dites colonies, ou exportant les produits de ces mêmes colonies à destination de la France, sont soumis, suivant la distance, à une surtaxe de navigation de trente francs, vingt francs et dix francs par tonneau d'affrètement ;

« La composition du tonneau d'affrètement sera déterminée par un décret rendu dans la forme « des règlements d'administration publique. »

Article Premier. — La composition du tonneau d'affrètement, pour l'exécution des dispositions ci-dessus visées de la loi du 3 juillet 1861, est déterminée conformément au tableau annexé au présent décret, et indiqué ci-après. (Voir ce tableau à la fin de l'ouvrage.)

---

13. — Décret du 24 septembre 1864 qui modifie celui du 25 août 1861 déterminant la composition du tonneau d'affrètement.

Article Premier. — Sont établies les règles suivantes pour l'application du décret susvisé du 25 août 1861 :

A. — Le tonneau non spécifié doit s'entendre :

De mille kilogrammes bruts, s'il s'agit du tonneau au poids ;

De un mètre cube quarante-quatre centièmes, s'il s'agit du tonneau au cubage.

B. — Le cube des futailles s'obtient en multipliant le diamètre par lui-même et par la longueur, sans aucune déduction.

C. — Le tonneau d'affrètement des marchandises non dénommées au tarif est fixé d'après les conditions arrêtées entre le capitaine et l'expéditeur, dont il est justifié par la charte-partie, et, à défaut de charte-partie, d'après les usages du port d'embarquement.

Art. 2. — Sont ajoutées au tableau indiquant la composition du tonneau d'affrètement, et annexé au décret du 25 août 1861, les marchandises ci-après énumérées :

Gambier non pressé		600 kilogr.	ou au cubage
Ray-Gras en balles		500 —	—
Coton d'Haïti	en balles carrées, pressées, cordées	450 —	
	en balles rondes, pressées, cordées	400 —	
	en balles non pressées	300 —	
Huile de pétrole		800 —	

---

14. — Loi du 13 juin 1866 concernant les usages commerciaux.

Article Premier. — Dans les ventes commerciales, les conditions, tares et autres usages indiqués dans le tableau annexé à la présente loi sont applicables dans toute l'étendue de l'Empire, à défaut de convention contraire.

Art. 2. La présente loi sera exécutée à partir du 1er janvier 1867.

TABLEAU ANNEXÉ

A LA LOI CONCERNANT LES USAGES COMMERCIAUX.

Première partie. — Règles générales.

I. — Toute marchandise pour laquelle la vente est faite au poids se vend au poids brut et au poids net.

Le poids brut comprend le poids de la marchandise et de son contenant.

Le poids net est celui de la marchandise à l'exclusion du poids de son contenant.

La tare représente, à la vente, le présumé du contenant. La tare s'applique à certaines marchandises que, pour les facilités du commerce, il est d'usage de ne pas déballer.

II. — Tout article se vendant au poids et non mentionné au tableau est vendu au poids net.

III. — L'acheteur a le droit, en renonçant à la tare d'usage, de réclamer le poids net, même pendant le cours de la livraison.

IV. — Pour la marchandise vendue au poids brut, l'emballage doit être conforme aux habitudes du commerce.

V. — L'emballage (toile, fût, barrique, caisse, etc.), reste à l'acheteur sauf les exceptions portées au tableau.

VI. — Lorsqu'il y a deux emballages, l'emballage intérieur, en tant qu'il est considéré dans l'usage comme marchandise et qu'il est conforme aux habitudes de commerce, est compris dans le poids net.

VII. — Le tonneau de mer s'entend du tonneau d'affrètement tel qu'il est réglé pour l'exécution des articles 3 et 6 de la loi du 3 juillet 1861.

VIII. — Sauf les exceptions portées au tableau ci-après, il n'est accordé ni dons, ni surdons, ni tolérances.

IX. — Dans les ports maritimes, toutes les marchandises autres que les articles manufacturés se vendent sur le pied de 2 % d'escompte au comptant, et, lorsque le vendeur consent à convertir tout ou partie de l'escompte en terme, l'escompte se règle à raison de 1 1/2 % par mois.

Deuxième partie. — Règles spéciales à certaines marchandises.

Alcools. — (Voir *Spiritueux*).

Arachides. — En greniers, sacs ou futailles ; Poids net ; 2 % de tolérance sont accordés au vendeur pour la pousse ou poussière et les corps étrangers.

Argent vif. — Poids net : La vérification du poids net est proportionnelle et s'établit sur 10 % de la livraison.

Arsenic. — 1° Blanc : tare 11 kilos par baril de 200 à 205 kilogrammes.

2° Jaune : tare 7 kilogrammes par baril de 100 à 105 kilogrammes ;

3° Rouge : tare 4 kilos par baril de 50 à 60 kilogrammes.

Assa-fœtida. — 1° En sacs : tare 2 % ;

2° En caisses ou futailles ; poids net.

Baies de genièvre. — Poids brut.

Blé. — (Voir grains).

Bois de construction. — Les planches se vendent au mètre courant.

Les douvelles se vendent au cent.

Les poutres, etc,, se vendent au stère.

Le mesurage des poutres se fait de 1 en 1 centimètre pour les largeurs et épaisseurs, et de 10 en 10 centimètres pour les longueurs.

Brai. — 1° Sec : Poids net ; se livre en baril ;

2° Gras : Poids brut ; se livre en baril.

Cacao. — En fûts : Poids net : Tolérance de 20 % pour poussière.

En sacs : Tare 1 1/2 %.

Coques de (V. ce mot).

Café. — 1° En fûts et en caisses ; poids net ;

2° En sacs de toile : Tare 1 1/2 %.

3° En balles de la Réunion ou de Moka : Poids net ; la vérification du poids net se fait proportionnellement par épreuve.

Cannelle. — 1° De Chine, en caisses : Poids net ; la vérification du poids net se fait proportionnellement par épreuve.

2° De Ceylan, en balles ou en sacs :

Sous simple emballage : Tare 4 %.

Sous double emballage : Tare 5 %.

Chanvre. — 1° Indigène : Poids net ;

2° De Russie : Poids net ;

3° Des Etats-Unis : Poids net ;

4° De Calcutta (jute) : Tare 2 % ; liens compris ;

5° De Manille (abaca) : Tare 2 % ; liens compris ;

6° Du Mexique (itztle) : Tare 2 % ; liens compris.

Charbon de terre. — Poids net ; se vend aux 100 kilogrammes.

Chiendent. — En balles : Poids brut.

Chiffons. — En balles : Poids brut.

Cire brute. — De toutes provenances : Poids net ; la cire indigène se livre sans emballage.

Coaltar. — Poids brut.

Coke. — (V. *Charbon de terre*).

Coques de cacao. — Poids brut.

Cordages. — 1° Neufs : Poids net ;

2° Vieux : Poids brut.

Cornes. — La vente a lieu ainsi qu'il suit :

1° Cornes de bœuf ou de vache, aux 100 cornes ;

2° Cornes de cerf, buffle, rhinocéros, etc., aux 100 kilogrammes.

Coton. — De toute provenance : Tare 5 %.

Les types du Havre sont adoptés pour les cotons des deux Amériques et de l'Inde.

Les types de Marseille, pour les cotons d'Egypte, du Levant et du bassin de la Méditerranée.

En cas de contestations sur le classement de la marchandise, les échantillons en seront adressés, suivant les provenances, à l'une ou l'autre des chambres de commerce des villes ci-dessus indiquées pour être comparés aux types et être arbitrés par ses soins.

Crins. — 1° De Russie, en balles : Poids net.

2° De l'Amérique méridionale, en balles de toile : Tare 4 % ; cercles en fer déduits.

En balle de cuir : Poids net.

Cuirs et peaux. — 1° Cuirs de toutes sortes :

Secs : Se vendent à nu et aux 100 kilogrammes.

Salés : Poids net ; déduction faite du sel et des liens.

2° Peaux de chevaux :

Sèches : Se vendent à la pièce.

Salées : Poids net ; se vendent aux 100 kilogrammes.

3° Vachettes de l'Inde, en balles : Poids net ; les peaux servant d'emballage réduites à la moitié de leur valeur.

4° Autres peaux de toutes sortes : se vendent sans bonification, soit aux 100 kilogrammes, soit au nombre.

Curcuma. — (Emballage en toile), simple (gonis) : tare 2 %.

Dividivi. — Poids brut.

Douvelle. — (V. *Bois*).

Eaux de fleur d'oranger. — Poids net; la vérification du poids net se fait proportionnellement.

Esprits. — (V. *Spiritueux*).

Etoupes. — 1° De cordages : Poids brut ;

De lin : Poids net.

Fanons de baleine. — Poids net ; Réfactions 2 % pour barbes et crasse.

Farines. — 1° Au baril ; le baril contenant 83 kilogrammes de farine.

2° En sacs : Poids brut ; le poids brut du sac de farine s'entend de 125 kilogrammes. Conformément à la règle générale n° 5, le sac reste à l'acheteur.

Fécule de pommes de terre. — 1° En sacs et balles : Poids brut ; se vend aux 100 kilogrammes.

2° En fûts : Poids net ; Idem.

Feuillards. — De bois : Se vendent aux 1.000 brins.

Fèves. — (V. *Grains*).

Figues. — 1° En corbeilles, couffe et cabas : Poids brut ;

2° En caisses : Poids net ;

3° De Smyrne, en caisse : Tare 10 %.

Foin. — Lié : Poids net.

Non lié : Poids net.

Froment. — (V. *Grains*).

Gambier de l'Inde : Poids brut.

Gingembre. — 1° En barriques : Poids net ;

2° En sacs, simple toile : Poids net.

La vérification du poids net se fait proportionnellement.

Gomme. — 1° Ammoniaque : Poids net.

2° Du Sénégal, en fûts : Poids net.

Du Sénégal, en sacs : Tare 1 %.

3° De Barbarie et arabique : Poids net.

Goudron. — Poids brut ; se livre à la barrique ou gonne.

Graines. — 1° De chanvre :

De provenance étrangère : Poids net ; tolérance de 3 % accordée au vendeur pour pousse et corps étrangers.

De provenance indigène : Poids net: pas de tolérance.

2° De Colza :

De l'Inde et de la mer Noire : Poids net ; tolérance 4 %.

De provenance indigène : Poids net ; pas de tolérance.

D'ailleurs : Poids net ; pas de tolérance.

3° De coton : Poids net; tolérance 5 % ;

4° De genièvre : (V. *Baies*).

5° Graines jaunes :

En balles, simple emballage : Tare 1 %.

En balles, double emballage : Tare 2 %.

En fûts : Poids net.

En sacs de crin simples : Tare 3 %.

6° De lin :

Etrangères à semer et indigènes : Poids net ; pas de tolérance.

Etrangères ordinaires : Poids net ; tolérance 4 %.

Etrangères et indigènes à battre : Poids net; tolérance 4 %.

7° De luzerne et de trèfle (graines) : Poids net ; se vendent à la balle de 100 kilogrammes.

8° De moutarde ; Poids net; idem.

9° De navette : (V. *Colza*).

10° De ravison : Poids net ; tolérance 6 %.

11° De sésame, d'œillette, de pavot et autres graines oléagineuses non dénommées :

De provenance étrangère : Poids net ; tolérance 3 %.

Indigènes : Poids net ; sans tolérance.

12° Amandes de palmistes décortiquées : Poids net ; tolérance 5 %.

Grains. — La vente des grains se fait aux 100 kilogrammes.

Graisses. — Saindoux :

En tierçons : Tare 17 %.

En futailles et barriques : Poids net.

En barils : Tare 18 %.

En fréquins : Tare 24 %.

En vessies : Poids brut.

2° Suifs : En fûts ou caisses :

1° De Russie : Tare 12 % ; barres déduites.

2° Indigènes : Poids net.

3° Des Pays-Bas, d'Italie et d'Amérique ; Poids net.

En outres et en surons : Tare 4 %.

Guano. — Poids brut.

Hareng. — 1° Frais : Poids net ;

2° Salé, arrivant de la mer et vendu pour le repaquage : Poids net ; se vend aux 100 kilogrammes, la futaille restant à l'acheteur.

Livré à la consommation : Poids net; se vend au baril, lequel rend net en poisson 125 kilogrammes au minimum.

3° Saur : Se vend au nombre.

Houille. — (Voir *Charbon de terre.)*

Houblon. — (Simple emballage) ; poids brut.

Huiles. — La vente se fait aux 100 kilogrammes.

1° D'olive et de graines oléagineuses : poids net. Par exception, de Marseille, le vendeur conserve la futaille, sauf pour les huiles d'olive comestibles.

2° De coco et de palme : par futailles au-dessous de 250 kilogrammes : tare 20 %.

Par futailles de 251 à 350 kilogrammes : tare 17 %. La tare ne pouvant être inférieure à 50 kilogrammes.

Par futailles de 251 kilogrammes et au-dessus : tare 15 %. La tare ne pouvant être inférieure à 60 kilogrammes.

3° De baleine et de cachalot : comme de coco et de palme.

4° De morue et de sardines : tare 10 % ; sans barres ni plâtre, ou chaque barre pouvant être réglée à 1 kilogramme, au choix de l'acheteur.

5° De ricin et de menthe : poids net.

6° Essentielles : poids net.

7° De pétrole : se vendent au baril de 150 kilogrammes brut ou 120 kilogrammes net.

Indigo. — 1° En caisses : poids net.

2° En surons, emballage en cuir : tare 10 %.

Jalap. — 1° En surons de 61 kilogrammes et au-dessus : tare 7 %.

2° En surons de 60 kilogrammes et au-dessous : tare 5 %.

3° En fûts ou caisses : poids net.

Joncs, rotins, bambous (pour cannes). — Se vendent au nombre. Les petits rotins en paquets se vendent aux 100 kilogrammes.

Jus de réglisse. — Poids net ; tolérance pour feuilles 4 %.

Laines. — 1° Indigènes : poids net. La constatation du poids de l'emballage se fait proportionnellement.

2° Etrangères : poids net. La constatation du poids de l'emballage se fait proportionnellement.

Laines peignées et filées. — Poids net. Les numéros des laines filées expriment le nombre de 1.000 mètres en kilogrammes. La reprise au conditionnement est de 17 %.

Légumes secs (pois, fèves, haricots, lentilles) :

1° En sacs : poids brut ; se vendent aux 100 kilogrammes.

2° En fûts : poids net ; se vendent aux 100 kilogrammes.

Lichen. — En balles ; poids brut.

Liège. — En balles ; poids brut.

Manganèse. — 1° D'Allemagne, en futailles : tare 5 %.

2° D'ailleurs ou autrement qu'en futailles : poids net.

Morue. — 1° Sèche : se vend aux 100 kilogrammes.

2° D'Islande, en sel : se livre à la tonne ou au baril.

3° D'Islande, en vrac : se vend aux 100 kilogrammes.

4° Verte de Terre-Neuve : se vend aux 100 kilogrammes ; 10 % de réfaction accordés pour le sel.

Mousse. — En balles pressées : poids brut.

Nacre. — 1° De perle franche : poids net; livraison à la pelle, 2 % de don; livraison à la main, pas de don.

2° Bâtarde : poids net.

Nitrate de potasse. — Tare 5 %. Réfaction pour corps étrangers au-delà de 4 % au titrage.

Salpêtre, en simple emballage : frais de titrage partagés.

Nitrate de soude. — En simple emballage : tare 3 %. Même réfaction qu'au nitrate de potasse.

Noir de fumée. — En balles et en fûts : poids brut.

Noir animal. — Résidu de raffinerie : poids net; se vend aux 100 kilogrammes.

Résidu d'ivoire : poids net; se vend aux 100 kilogrammes.

Noix de Galle. — Poids brut.

Ocre. — Poids brut; se vend aux 100 kilogrammes.

Olives. — Poids brut; se livrent en baril.

Onglons. — 1° De bétail : poids brut; se vendent aux 100 kilogrammes.

2° D'écaille de tortue : poids net.

Orcanette. — Simple emballage : poids brut.

Oreillons et rognures de peaux. — En balles : poids brut.

Orseille. — 1° Naturelle ou lichen, en balles : tare 2 %. Simple emballage, cordes déduites.

2° En pâte, en fûts : poids net.

Peaux. — (Voir *Cuirs*).

Perlasse et potasse. — 1° Des États-Unis, de Dantzig, d'Italie et de Russie : tare 12 %.

2° De Finlande : tare 15 %.

3° De Hongrie, d'Allemagne, du Rhin, de Bohême : poids net.

Piment. — 1° En sacs, simple emballage sans liens ni surcharge : tare 2 % ; tolérance pour pousse ou poussière 1 %.

2° En fûts : poids net; tolérance pour pousse ou poussière 1 %.

Plomb vieux. — Poids brut; 4 % de réfaction pour impuretés.

Plumes. — 1° De parure : poids net.

2° De vautour et autres : tare 4 %; en balles, simple emballage, cercles déduits.

Poils d'animaux. — 1° Poils ou laines de chevreaux dits *chevrons* : tare 2 %; simple emballage.

2° Tous autres poils : poids net.

Poissons salés. — (Voir *Morue et hareng*).

Poivre ou cubèbe. — 1° Simple emballage en toile : tare 2 %. Réfaction pour la pousse lorsqu'elle excède 2 %.

2° En robins, bombes et fûts : poids net.

Poix de Bourgogne. — Tare 10 %.

Porc salé. — 1° Salaisons : poids net ; se vend aux 100 kilogrammes.

2° Autres salaisons, non en saumure : poids net; se vend aux 100 kilogrammes.

Quercitron. — 1° En fûts : tare 12 %.

2° En sacs, simple emballage : tare 2 %.

Quinquina. — 1° En caisses et fûts : poids net.

2° En surons, par surons au-dessous de 60 kilogrammes : tare 6 kilogrammes; par surons de 60 kilogrammes et au-dessus : tare 8 kilogrammes.

Raisins secs. — 1° De Malaga : poids net; se livrent à la caisse.

2° De Denia : caisson simple : tare 2 kilogrammes 1/2.

Caisson double : tare 4 kilogrammes.

En cabas : poids brut.

3° De Zante : En barils : tare 10 %.

En bottes de 1.000 kilogrammes : tare 12 %, en fûts d'origine.

En demi et quart de botte : tare 14 %, en fûts d'origine.

4° De Lipari, en barils : tare 10 %.

5° De Naples, en corbeilles : poids brut.

6° De Smyrne, en sacs : tare 1 kilogramme.

En tambours, gallons et caissons : tare 10 kilogrammes.

Résine. — 1° D'Amérique, en fûts : tare 16 %.

2° Indigène et d'autre provenance : poids net.

Rhum et tafia. — (Voir *Spiritueux*).

Riz. — 1° En fûts dits *tierçons* : tare 12 %. Les fûts du poids brut de 180 kilogrammes et au-dessous, barres déduites, sont rangés parmi les demi-tierçons.

2° En fûts dits *demi-tierçons* : tare 14 %. Au-dessus de 180 kilogrammes, les fûts sont considérés comme tierçons pour l'application de la tare.

3° En sacs simples, de Piémont : poids brut.

Autres : tare 2 %.

4° En barils : poids net.

Rocou. — 1° En fûts avec feuilles : tare 20 %.

Sans feuilles : tare 16 %.

2° En paniers et en caisses : poids net.

Rotins. — (Voir *Joncs*. etc.).

Safranum. — 1° D'Espagne : poids net.

2° Du Levant : en ballot simple, toile légère : tare 2 %.

En cabas recouverts de toile de l'Inde : tare 10 %.

3° De l'Inde : tare 8 %.

Sagou. — 1° En sacs de toile : tare 2 %.

2° En fûts : poids net.

Salsepareille. — 1° Du Honduras, en balles : emballage simple et léger : tare 4 kilogrammes, cordes comprises.

Emballage simple et lourd : tare 5 kilogrammes, cordes comprises.

2° Du Brésil : poids brut.

3° Du Mexique et des autres provenances : poids net.

Savon. — 1° Bleu : poids net ; la tare s'établit proportionnellement.

2° Blanc : poids net.

3° Vert : poids net ; se livre au baril.

Sel marin et sel gemme. — Se vend aux 100 kilogrammes.

Séné.— 1° En fardes d'origine, sans surcharge : d'Alexandrie : tare 10 %.

De Tripoli : tare 7 %.

2° En autre emballage : poids net.

Soies. — Poids net. La reprise des soies au conditionnement est de 11 %.

L'épreuve de la finesse s'établit par 500 mètres et le pesage se fait au poids métrique descendant jusqu'à 5 milligrammes.

Soies de porc. — 1° De France : poids net.

2° Des autres provenances : poids net.

Soude. — 1° D'Espagne, en balles, avec trois enveloppes : tare 14 kilogrammes.

Avec quatre enveloppes : tare 16 kilogrammes-

2° D'autres provenances, en futailles : poids net.

Soufre (fleur de). — 1° En balles et sacs : poids brut.

2° En futailles : poids net.

Spiritueux. — Esprits, alcools et eaux-de-vie :

Article premier. — Les esprits distillés du vin, dits *trois-six de Languedoc*, sont vendus à 86° centigrades, à la température de 15 degrés centigrades.

La force au-dessus de 86° ne donne pas lieu à bonification.

La faiblesse au-dessous de 86° et jusqu'à 83° donne lieu à une réfaction proportionnelle.

La faiblesse au-dessous de 83° permet à l'acheteur de refuser la marchandise.

Art. 2. — Les esprits distillés de la betterave, de la mélasse, de la pomme de terre, des grains etc., sont vendus à 90° centigrades, à la température de 15 degrés centigrades.

La surforce au-dessus de 90° et jusqu'à 95° donne lieu à une bonification proportionnelle.

La surforce au-dessus de 95° ne donne pas lieu à bonification.

La faiblesse au-dessous de 90° et jusqu'à 87° donne lieu à une réfaction proportionnelle.

La faiblesse au-dessous de 87° permet à l'acheteur de refuser la marchandise.

Art. 3. — Les eaux-de-vie de Cognac, de Saintonge, de la Rochelle et autres sont vendues à 60° centigrades, à la température de 15° centigrades.

La surforce au-dessus de 60° et jusqu'à 63° donne lieu à une bonification proportionnelle.

La surforce au-dessus de 63° permet à l'acheteur de refuser la marchandise.

La faiblesse au-dessous de 60° et jusqu'à 57° donne lieu à une réfaction proportionnelle.

La faiblesse au-dessous de 57° permet à l'acheteur de refuser la marchandise.

Les eaux-de-vie, dites *vieilles*, sont l'objet de conventions particulières.

Art. 4. — Les eaux-de-vie dites *preuves de Hollande*, d'Armagnac et de Marmande sont vendues à 52° centigrades, à la température de 15° centigrades.

La surforce au-dessus de 52° et jusqu'à 54° donne lieu à une bonification proportionnelle.

La surforce au-dessus de 54° permet à l'acheteur de refuser la marchandise.

La faiblesse au-dessous de 52° et jusqu'à 48° donne lieu à une réfaction proportionnelle.

La faiblesse au-dessous de 48° permet à l'acheteur de refuser la marchandise.

Les eaux-de-vie, dites *vieilles*, sont l'objet de conventions particulières.

ART. 5. — La force des esprits et eaux-de-vie est reconnue au moyen de l'alcoomètre centésimal de Gay-Lussac, ramené par le calcul à la température de 15° au-dessus de zéro du thermomètre centigrade, suivant la table de Gay-Lussac, dite *force de richesse*. Les fractions degré ne sont pas constatées, elles sont en faveur du réceptionnaire.

ART. 6. — Les articles 3 et 4, ainsi que le dernier paragraphe de l'article 5, ne s'appliquent qu'aux ventes donnant lieu à des expéditions au dehors des pays producteurs.

ART. 7. — Pour les esprits étrangers, la faiblesse du degré ne donne pas lieu à la résiliation, mais à une réfaction proportionnelle.

ART. 8. — La contenance effective des pipes d'alcool, des esprits distillés de la mélasse, de la pomme de terre, des graines, etc., s'entend de 620 litres.

Squine. — Tare 2 %.

Stock-fish. — Se vend aux 100 kilogrammes.

Sucres. — Emballages en bois, fûts, caisses, etc : tare 13 %.

Canastre : tare 8 %.

Autres emballages, simple : tare 2 %.

Autres emballages, double : tare 4 %.

Sucres indigènes. — En sacs ; poids net.

Il y a trois sortes de types, savoir :

1° Pour les sucres terrés exotiques, la série des types de Hollande ;

2° Pour les sucres bruts exotiques, cinq types à régler périodiquement, comme il sera dit ci-après, savoir :

Ordinaire, bonne ordinaire, bonne quatrième, belle quatrième, fine quatrième.

3° Pour les sucres de betterave, série complète des types à régler chaque annee.

La classification des types des deux dernières séries s'effectue au ministère de l'agriculture, du commerce et des travaux publics, par des délégués des chambres de commerce intéressées, sous la présidence d'un représentant du ministère.

Les délégués à appeler pour les sucres bruts exotiques sont ceux des ports de :

Le Havre, Marseille, Bordeaux et Nantes, avec l'adjonction d'un délégué de la Chambre de commerce de Paris.

Ils sont réunis à Paris en mai et en novembre de chaque année.

Chacun des quatre ports présente la série de ses types : les types de chaque localité sont mélangés par quantité égale, et les moyennes obtenues représentent les étalons acceptés.

Les délégués à appeler pour les sucres de betterave sont ceux de :

Paris, Lille, Arras, Valenciennes, Amiens et Saint-Quentin.

Ils sont réunis à Paris au mois de novembre de chaque année.

Les délégués indiquent, autant que possible, la correspondance existant entre la série des types qu'ils arrêtent et les numéros de la série des types de Hollande.

La Chambre de commerce de Paris est chargée de faire établir, sous son contrôle, la confection des boites d'étalons à transmettre aux Chambres de commerce qui en feront la demande.

Sumac. — En feuilles, poids brut.

En poudre. — Poids net.

Tabac. — 1° En boucauts, de Virginie et Kentucky : Tare 12 %.
De Maryland : Tare 14 %.
2° Du Brésil, en balle, simple emballage : Tare 2 %.
3° Autres provenances ; poids net.

Tan (*Ecorce à*). — En bottes ou pulvérisés : poids net : se vendent aux 100 kilogrammes.

Térébenthine. — 1° De Bordeaux : poids net. Se livre en barriques bordelaises ;
2° De Suisse, en fûts : Tare 16 %.
3° De Venise ; poids net.

Verdet. — 1° En sacs ; poids brut ;
2° En futailles ; poids net.

Vins. — La contenance de la futaille, dite *bordelaise*, est au minimum de 225 litres.
La contenance de la bouteille, dite *de Bordeaux*, est au minimum de 75 centilitres.
La contenance de la bouteille, dite *de Champagne*, est au minimum de 80 centilitres.
La contenance de la futaille, dite *pièce de Beaune*, est au minimum de 228 litres.
La contenance de la bouteille dite *bourguignonne*, est au minimum de 80 centilitres.
La contenance de la futaille dite *mâconnaise*, est au minimum de 212 litres.
La contenance de la bouteille dite *mâconnaise*, est au minimum de 80 centilitres.

TABLEAU

INDIQUANT

LA COMPOSITION DU TONNEAU D'AFFRÈTEMENT

pour l'exécution des articles 3 et 6 de la loi du 3 juillet 1861.

Tableau

indiquant la Composition du tonneau d'affrètement pour l'exécution des articles 3 et 6 de la loi du 3 Juillet 1861.

Marchandises	Poids du tonneau de mer.	Observations
	Kilogr.	
Abaca, chanvre de Manille	"	Voir Chanvre
—"— cordages en glènes	"	Voir Cordages
Absinthe, en balles	200	
Acide borique,	800	
—"— citrique, muriatique, nitrique, sulfurique	800	ou au Cubage
Acier	1000	
Agaric, en balles	350	
Ail, en grenier	500	
—"— en paniers	450	
—"— en fûts	400	
Albâtre, brut	1000	
—"— ouvré	"	ou Cubage
Alizari d'Avignon, en balles pressées avec cercles en fer	500	
—"— d'Avignon, en balles rondes	300	
—"— de Naples, en balles pressées avec cercles en fer	800	
—"— de Chypre, en balles	400	
—"— autres sortes, en balles	500	
—"— autres sortes, en fûts	400	
Aloès, en fûts ou en caisses	800	
Alpiste	"	Voir Graine longue
Alquifoux (mine de plomb)	1000	
Alun	1000	
Amadou	250	
Amandes cassées, en balles, quel que soit l'emballage	800	
—"— —"— en fûts	700	
—"— dures, en coques	600	
—"— tendres, en coques	550	

Marchandises	Poids du tonneau de mer	Observations
	Kilogr.	
Amandes demi-fines ou fines	450	
Ambre brut, en caisses	600	
— — en fûts	500	
Ambrette	750	
Amidon, en poudre	1000	
— en branches, en fûts	700	
— — en caisses	800	
— — en grains	750	
Ammoniaque	500	
Amurca (marc d'huile)	1000	
Anchois, en fûts	800	
— en flacons, en caisses	700	
Ancres	1000	
Anis étoilé, en caisses ou en balles	500	
— — en fûts	400	
— vert, en balles	600	
— — en fûts	500	
Anisette	»	Voir Boissons
Antimoine	1000	
Arachides, en cosses, en grenier	500	
— en cosses, en sacs	450	
— écossées, en grenier	700	
— — en sacs	650	
— — en fûts	600	
Ardoises	1000	
Argent et Argenterie	»	Voir Métaux précieux
Argent vif	1000	
Argile	1000	
Aristoloche	700	
Armes	1000	ou au Cubage
Arrow-root, en caisses	600	
— en fûts	500	
Arsenic	1000	
Asphalte	1000	
Aspic, en balles	250	
Assa-Fœtida	700	
Avelanedes, en balles	500	
— en fûts	400	
Avirons de 2 à 3 mètres	»	Nombre 70
— 3 à 4 —	»	— 60
— 4 à 5 —	»	— 40

Marchandises	Poids du tonneau de mer	Observations
Avirons de 5 à 6 mètres	Kilogr. 400	Nombre 25
— " — 6 à 7 — " —	"	— " — 20
— " — 7 à 8 — " —	"	— " — 15
Avoine, en grenier ou sacs	700	
— " — en fûts	600	
Azur	1000	
Bablah, en balles	400	
Badiane	"	Voir Anis étoilé
Baies de genièvre, en balles	600	
— " — de laurier, en balles	500	
Balais non emmanchés	"	Nombre : 350
— " — emmanchés	"	— " — 250
Ballotages	"	Au Cubage
Bambous	400	
Barbançons, pleins ou vides, clissés ou non	"	300 litres
Barille, ou soude	1000	
Barriques bordelaises	"	Voir futailles en bottes ou au Cubage
Basane	600	
Bassins de cuivre	750	
Bastin, non fabriqué, en balles pressées	500	
— " — filé, en paquets	350	
— " — cordé, en glènes	"	Voir Cordages
Baume de Copahu, du Canada et du Pérou	750	
Benjoin	800	
Beurre, en pots	800	
— " — en fûts	1000	
— " — en flacons ou boîtes	"	Voir Caissages
Bière	"	Voir Boissons
Bijouterie d'or et d'argent (1)	"	A la Valeur
Biscuits, en caisses	600	
— " — en fûts	500	
Bismuth ou étain de glace	1000	
Bitume	1000	
Blanc de baleine (spermaceti)	1000	
Blanc d'Espagne et de Meudon	1000	
— " — de zinc	1000	
Blé, en grenier ou en sacs	1000	
— " — en fûts	900	
Bleu de Prusse, en caisses	800	
— " — en fûts	700	

(1) Pour la Bijouterie fausse, voir Mercerie

Marchandises	Poids du tonneau de mer	Observations
	Kilogr.	
Bœuf salé	1000	
Bois d'acajou de Cuba ou de Santo-Domingo	1000	
— » — de la République d'Haïti, de Honduras, de la Côte-Ferme et de l'Amérique Centrale	800	
Bois de buis, cailcédra, Calliatour, Campêche, Coupe d'Espagne, Ébène, Érable, Espenille, Gaïac, Grenadille, Teck, Palissandre jaune et autres bois durs, de teinture et d'ébénisterie en bûches régulières	1000	
— » — de Campêche, Haïti, Lima, Fernambuco, Sassafras et Sainte-Marthe	800	
— » — de Laurier-rose, Sandal, Sapan et Violet	700	
— » — de Cèdre à crayons	600	
— » — de Cèdre autres sortes	800	
— » — de réglisse, en balles ou paquets	550	
— » — de brésillet, fustet et Nicaragua	500	
— » — de fustet, en sacs	400	
— » — de teinture moulu, en balles	500	
— » — — » — , en fûts	400	
— » — de construction, chêne, teck, etc.	»	Au stère
— » — à bâtir, poutres, poutrelles, soliveaux, etc.	»	Au stère
— » — à bâtir, planches, sap	»	Au cubage
— » — à brûler, orme, etc.	»	Au stère
— » — de marqueterie, en lames	»	Au cubage
Boissellerie	»	Au cubage
Boissons et autres liquides : En bordelaises	»	4 barriques
— » — En gros et en petits fûts	»	900 litres
— » — En gros et en petits fûts doubles	»	550 »
— » — En dames-jeannes	»	450 »
— » — En bouteilles, en caisses, en paniers et en futailles	»	324 bouteilles ou au Cubage
Bombes, boulets et autres projectiles	1000	
Borax brut et raffiné	1000	
Boucauts, en bottes	»	Vr futailles en bottes
Bouchons de liège, en balles	150	
— » — , en caisses	»	Au Cubage
Bougie	700	Ou au Cubage
Bourre ou poils d'animaux, en balles non pressées	200	Ou au Cubage
— » — — » — en balles pressées	400	Ou au Cubage
— » — de soie, en balles pressées	400	Ou au Cubage

Marchandises	Poids du tonneau de mer	Observations
Bouteilles vides, en vrac, avec paille, d'un litre...	Kilogr.	700 bouteilles
—— " —— " —— " —— autres au-dessous d'un litre...	"	900 bouteilles
—— " —— " —— " —— demi-bouteilles	"	1400 demi-bouteilles
—— " —— emballées..................	"	Au Cubage
Brai gras ou sec, en balles ou en fûts..........	1000	
Briques, de toutes espèces....................	1000	
Bronze..	1000	
Brosseries, en caisses ou paniers..............	"	Au Cubage
Brou (écorce de noix), en sacs..................	600	
Brun-rouge......................................	1000	
Cabillaud.......................................	"	Voir Morue verte
Câbles et Grelins, blancs.......................	500	
—— " —— goudronnés.............................	600	
Cacao, en sacs ou en balles.....................	700	
—— " —— en fûts................................	600	
—— " —— en grenier.............................	750	
Cachou..	800	
Café, en sacs ou en balles......................	900	
—— " —— en fûts................................	800	
—— " —— en couffins............................	800	
Caissages.......................................	"	Au Cubage
Camphre brut, en caisses........................	600	
—— " —— en fûts................................	500	
Camphre raffiné, en caisses.....................	800	
—— " —— en fûts................................	700	
Canéfice ou Casses, en balles, sacs ou caisses..	450	
—— " —— en fûts................................	350	
Canelle, en caisses.............................	350	
—— " —— en ballots ou paquets..................	300	
Canons ou Caronades.............................	1000	
Cantharides, en balles ou caisses...............	400	
—— " —— en fûts................................	350	
Caoutchouc (gomme élastique), en balles ou caisses.	450	
—— " —— " —— en fûts..........................	350	
—— " —— " —— en planches......................	700	
—— " —— " —— ouvré............................	"	Au Cubage
Câpres, en barils...............................	900	
—— " —— en flacons ou caisses..................	600	
Cardamone.......................................	400	
Caret (écaille de tortue) en caisses............	500	
—— " —— " —— en fûts..........................	400	

Marchandises	Poids du tonneau de mer	Observations
	Kilogr.	
Carreaux de marbre, de terre cuite et de pierre...	1000	
Cartes à jouer	800	
Carton	700	
Casaques en balles, caisses ou fûts	"	Au Cubage
Cascarille	500	
Cassave (farine de manioc)	700	
Cauris	1000	
Cendres ou charrée	1000	
Cercles	"	Tarif conditionnel
Ceruse	1000	
Cévadille	800	
Chaînes	1000	
Chaises	"	Tarif conditionnel ou au Cubage
Chandelles, en caisses	700	
Chanvre, en grenier	400	
—— en balles pressées	500	
—— de Calcutta (jute) et chanvre de Manille, en balles pressées et cordées	600	
—— en balles non pressées	"	Au Cubage
Chapeaux	"	Au Cubage
Charbons de bois	600	
—— de terre, en grenier	1000	
—— de terre, en fûts	900	
—— de terre, en briquettes, en vrac	1000	
Chardons	"	Au Cubage
Châtaignes (marrons), en grenier	900	
—— en sacs	800	
—— en fûts	700	
Chaudières à sucre	900	
—— pour machines à vapeur	1000	
Chaudrons	750	
Chaux	1000	
Chènevis	"	Voir graines de chanvre
Chicorée moulue	700	
Chiendent, en balles	250	
Chiffons, en balles	500	
Chiques (marbre à jouer)	1000	
Chocolat	900	
Choucroute	800	
Chromate	1000	
Cidre	"	Voir Boissons

Marchandises	Poids du tonneau de mer	Observations
	Kilogr.	
Cierges	800	
Cigares	"	Au Cubage
Ciment	1000	
Cinabre	1000	
Cirage liquide, en bouteilles de grès ou en fûts	600	
—— " —— en boîtes ou caisses	1000	
Cire brute, en caisses, balles ou pains	900	
—— " —— en fûts	800	
Citrons, en caisses	"	Au Cubage
Clous de cuivre, de fer ou de zinc	1000	
—— " —— de girofle	"	Voir Girofle
Coaltar	1000	
Cochenille, en caisses ou en surons de cuir	600	
—— " —— en surons de latanier	500	
—— " —— en fûts	400	
Cocos à tourner et autres grains durs à tailler, en grenier	1000	
—— " —— " —— " —— en balles	900	
—— " —— " —— " —— en fûts	800	
Cocos frais	400	
Coke, en grenier	500	
—— " —— en fûts	400	
Colle de poisson, en balles	600	
—— " —— en fûts	500	
Colle forte, en balles	600	
—— " —— en fûts	500	
Coloquinte	200	
Confitures, en caisses	"	Au Cubage
Conserves alimentaires	1000	Ou au Cubage
Coprahs (amandes de Coco), en grenier	650	
—— " —— en robins ou sacs	600	
Coques de Cacao, en balles	300	
—— " —— du Levant, en balles	600	
Coquillages	"	Au Cubage
Corail de jardin	400	
Cordages blancs	700	
—— " —— goudronnés	800	
—— " —— d'Alger, sparte, jute, abaca, pite, bastin	500	
—— " —— vieux, en grenier	800	
Coriandre, en balles	400	
Cornes de bœuf et buffle, en grenier	800	
—— " —— " —— " —— en balles	500	

Marchandises	Poids du tonneau de mer	Observations
	Kilogr.	
Cornes de bœuf et buffle, en fûts	400	
— " — de cerf entières	300	
— " — " — râpées	350	
— " — de mouton, en grenier	500	
— " — " — en balles	450	
— " — " — en fûts	400	
Côtes de tabac	"	Voir Tabac
Coton, en balles carrées, pressées et cordées	500	
— " — en balles rondes, pressées et cordées	400	
— " — en balles rondes, non pressées	300	
— " — de l'Inde, en balles carrées, pressées et cordées	600	
— " — des mers du Sud, Porto-Rico, Cuba et Côte-Ferme, en balles carrées, pressées, cordées ou cerclées	450	
— " — du Brésil, en balles	450	
— " — de Cayenne, de la Martinique et de la Guadeloupe, en balles rondes et non pressées	300	
— " — de Haïti en balles	300	
— " — filé, en balles pressées	300	Ou au Cubage
— " — " — non pressées	600	Ou au Cubage
Couperose	1000	
Couffes, Couffins et Cabas	"	Tarif conditionnel
Craie	1000	
Crayons, garnis de bois, en caisses	500	Ou au Cubage
— " — " — en fûts	400	Ou au Cubage
Crême de tartre	1000	
Creusets	500	
Crins de Russie ou de tout autre provenance, tordus ou tressés, en balles	500	Ou au Cubage
— " — " — non tordus ni tressés, en balles	400	Ou au Cubage
— " — " — de la Plata et d'ailleurs, en balles pressées	700	Ou au Cubage
Cubèbe, en balles	500	
— " — en fûts	400	
Cuirs de Buenos-Ayres et autres, de 12 kil. et au-dessus	800	
— " — de la Côte-Ferme et autres, de 8 à 12 kil. exclusivement	600	
— " — au-dessous de 8 kilogr.	500	
— " — tannés, en rouleaux	700	
— " — verts ou salés, en paquets	1000	
— " — corroyés, en balles, caisses ou malles	600	

Marchandises	Poids du tonneau de mer	Observations
	Kilogr.	
Cuivre	1000	
Cuivre vieux en paquets ou en vrac	1000	
— " — " — fûts ou en caisses	900	
Cumin de Malte	750	
Curcuma, en balles	750	
— " — en fûts	650	
Cylindres (ou tubes etc) en cuivre, fonte, fer, etc.	1000	Ou au Cubage
Dames-jeannes, vides	"	500 Litres
Dattes, en couffes ou en caisses	700	
— " — en fûts	600	
Dégras de peau	1000	
Demittes (toile de coton)	750	Ou au Cubage
Dents d'éléphant ou d'hippopotame, en grenier	1000	
— " — en balles ou caisses	800	
— " — en fûts	700	
Derle	1000	
Dividi, en graines, en grenier et en sacs	500	
— " — moulu, en sacs	800	
— " — " — en fûts	700	
Douvelles	800	
Drap de laine, en balles ou en caisses	500	Ou au Cubage
Drilles	"	Voir Chiffons
Eau de Cologne et eau de senteur, en caisses	"	Au Cubage
Eau de fleurs d'oranger, en caisses	"	Au Cubage
Eau-de-vie	"	Voir Boissons
Eau forte	"	Voir Acide nitrique
Eau minérale	"	Voir Boissons
Écaille de tortue	"	Voir Caret
Échalas	800	
Écorces à tan, non moulues, en grenier ou en paquets	500	
— " — " —, moulues en sacs	600	
— " — de grenade, d'orange et de citron, en balles	500	
— " — " — " — " — en fûts	400	
Édredon	"	Au Cubage
Effets à usage	"	Au Cubage
Ellébore (racine d')	500	
Emeri	1000	
Encens ou Oliban, en balles ou caisses	900	
— " — " — en fûts	800	
Enclumes	1000	
Encre à écrire, en bouteilles de grès, en futaillées	600	
Engrais, en fûts	900	

Marchandises	Poids du tonneau de mer	Observations
	Kilogr.	
Engrais, en grenier ou sacs	1000	
Epingles	1000	
Eponges brutes, en balles	300	
— " — lavées, en balles	200	
— , — en paniers	"	Au Cubage
Esprit de vin	"	Voir Boissons
Essence de parfumerie, en estagnons ou caisses	"	Au Cubage
— " — de térébenthine, en tonques	800	
— " — " — en fûts	1000	
— " — " — en bonbonnes	"	Au Cubage
Essieux en fer	1000	
Etain	1000	
Etaux	1000	
Etoffes	"	Au Cubage
Etoupes de cordages, blanches ou goudronnées en paquets	400	
— " — " — blanches ou goudronnées en balles pressées	500	
Euphorbe	800	
Extrait de sumac liquide	"	Voir Boissons
Faïence, en grenier	"	Tarif conditionnel
— " — en harasses ou caisses	"	Au Cubage
Faitières en terre	1000	
Fanons de baleine	800	
Farine, en sacs	1000	
— — , en barils	800	soit 8 barils
Faux et faucilles	1000	
Fauteuils	"	Tarif conditionnel
Fèces d'huile	1000	
Fécule de pommes de terre, en balles	900	
— " — " — " — en fûts	800	
Fenouil	700	
Fer en massiaux, en barres et non ouvré	1000	
Fer blanc, en feuilles et en caisses	1000	
Ferraille	1000	
Ferrements	1000	Ou au Cubage
Feuillards de bois, en paquets	"	Au Cubage
— " — de fer	1000	
Feuilles de laurier, en balles	250	
Feutre à doublage, goudronné	600	
— " — " — non goudronné	500	

Marchandises	Poids du tonneau de mer	Observations
	Kilogr.	
Fèves en grenier	900	
— " — en fûts ou en sacs	800	
Féverolles	"	Voir Fèves
Ficelles, en paquets ou en fûts	600	
Figues	900	
Fil de chanvre et de lin, en balles	600	
— " — de chèvre, en balles	500	
— " — de fer et de laiton	1000	
Filasse, en balles	400	
Filets de pêche	400	
Fleur de Cannelle, en caisses ou balles	700	
— " — " — en fûts	600	
— " — de Lavande, tilleul et romarin, en caisses ou balles	400	
— " — " — " — " — en fûts	350	
— " — de soufre en balles	900	
— " — " — en fûts	800	
Fleurs artificielles	"	Au Cubage
Foin, en balles pressées	400	Ou au Cubage
Follicules de sené, en balles pressées	500	
Fonte brute	1000	
— " — ouvrée	1000	Ou au Cubage
Formes à sucre en terre cuite	700	
Frisons de soie (silk chassum)	600	
Fromage de Hollande, en grenier	800	
— " — " — en caisses ou en fûts	700	Ou au Cubage
— " — de Gruyère, en cuveaux d'un fromage	700	Ou au Cubage
— " — " — en fûts	800	Ou au Cubage
— " — autres sortes	"	Au Cubage
Froment	"	Voir Blé
Fruits confits	700	Ou au Cubage
Fusils de traite, en caisses	900	
Futailles, en bottes	800	
— " — vides	"	900 litres
Galanga, en balles	500	
— " — en fûts	450	
Galbanum	800	
Galipot	1000	
Galles (Noix de) lourdes du Levant, en balles	1000	
— " — " — " — " — en fûts	800	
— " — " — légères de Provence, en balles	400	
— " — " — " — " — en fûts	350	

Marchandises	Poids du tonneau de mer	Observations
	Kilogr.	
Galles (Noix de) d'Istrie, en balles	900	
— " — " en fûts	700	
Gambier de l'Inde, pressé	1000	
Ganterie	"	Au Cubage
Garance moulue, en fûts	800	
— " — sèche, (alizari) en balles	"	Voir Alizari
Garancine, en fûts	600	
Gaude	200	
Gélatine, en boîtes, en caisses	800	
Genièvre	"	Voir Boissons
Gentiane, en balles	500	
— " — en fûts	450	
Gingembre, en balles	800	
— " — en fûts	700	
Ginseng, en balles	700	
— " — en fûts	600	
Girofle (Clous de), en balles	500	
— " — " — en fûts	400	
— " — (griffes de), en balles	400	
— " — " — en fûts	350	
Gomme ammoniaque, en caisses	800	
— " — d'Arabie, Sénégal, en balles	1000	
— " — " — " — en caisses	900	
— " — " — " — en fûts	800	
— " — Copal, en balles	800	
— " — " — en caisses	800	
— " — " — en fûts	700	
— " — élastique	"	Voir Caoutchouc
— " — gutte	1000	
— " — laque, en balles ou caisses	700	
— " — " — sur bâtons, en sacs	650	
— " — " — en fûts	600	
— " — de sandaraque, en fûts	800	
Goudron	1000	
Grabeau de sené et de cochenille	500	
Grains	"	Voir Blé, Orge, Seigle, Maïs, etc
Graines de chanvre (chènevis), en balles ou caisses	700	
— " — " — " — en fûts	600	
— " — de colza, en grenier	900	
— " — " — en sacs	800	
— " — " — en fûts	700	

Marchandises	Poids du tonneau de mer	Observations
	Kilogr.	
Graines de coton, nettes, en grenier	850	
— " — " — " — en sacs	800	
— " — " — " — en fûts	700	
— " — " — non dépouillées, en grenier	750	
— " — " — " — en sacs	700	
— " — " — " — en fûts	600	
— " — de genièvre, en sacs, balles ou caisses	600	
— " — " — en fûts	500	
— " — de jardin, en balles ou caisses	700	Ces 2 chiffres ne sont qu'approximatifs. L'article se règle aussi au cubage ou au tarif conditionnel.
— " — " — en fûts	600	
— " — jaunes, en balles ou caisses	800	
— " — " — en fûts	700	
— " — de lin, en grenier ou sacs	900	
— " — " — en balles ou caisses	800	
— " — " — en fûts	700	
— " — longues (escayolles) en balles et sacs	1000	
— " — " — " — en fûts	800	
— " — luzernes, en grenier	1000	
— " — " — en sacs ou en caisses	900	
— " — " — en fûts	800	
— " — de moutarde, en grenier	800	
— " — " — en balles ou en caisses	700	
— " — " — en fûts	600	
— " — de navette, en grenier	900	
— " — " — en sacs	800	
— " — " — en fûts	700	
— " — d'œillette et de pavot, en grenier ou sacs	800	
— " — " — " — en fûts	700	
— " — de pastel, en balles, caisses ou fûts	450	Chiffre moyen approximatif. Cet article se règle habituellement au cubage ou au tarif conditionnel.
— " — de pourpier	"	Voir graines de jardin
— " — de psilium, en balles ou caisses	900	
— " — " — en fûts	800	
— " — de ravison, en grenier ou sacs	1000	
— " — " — en fûts	800	
— " — de sésame, en grenier	900	
— " — " — en sacs	850	
— " — " — en fûts	750	
— " — de trèfle, en grenier	1000	
— " — " — en sacs ou caisses	900	
— " — " — en fûts	800	

Marchandises	Poids du tonneau de mer	Observations
	Kilogr.	
Graines non dénommées	700	Chiffre approximatif. Cet article se règle habituellement au tarif conditionnel
Grainettes (fruits du Lycium)	700	
Grains de verre ou rassade	1000	
Graisse, en caisses	900	
— » — en boîtes de ferblanc ou caisses	900	
— » — en fûts	800	
— » — en pots	700	
Grapins	800	
Griffes de Girofle	»	Voir Girofle
Grilles de Raffinerie et autres, en fer, fonte, etc.	1000	
Groisil (verre cassé)	1000	
Gruau	700	
Guano du Chili et du Pérou	1000	
— » — de Patagonie	800	
— » — d'autres provenances	900	
Guède	»	Voir Pastel naturel
Gueuses en fonte	1000	
Guinée de l'Inde en balles pressées	700	Chiffre approximatif. Cet article se règle habituellement au Cubage.
Gutta-Percha	»	Traité comme Caoutchouc
Harasses de faïence, poterie, verrerie	»	Au Cubage
Harengs salés, en barils	1000	
— » — saurs, en feuillettes	400	
Haricots secs	»	Voir légumes secs
Herbes sèches et de capillaire	250	
Houblon, en balles	300	
Houille	»	Voir Charbon de terre
Huile de poisson, de pied de bœuf et de suif	1000	
— » — de palme et de coco, en fûts	900	
— » — de vitriol ou acide sulfurique	»	Voir Acides
— » — autres de toutes espèces (olives, graines, palma-christi, aspic, etc...)	»	Voir Boissons Ou au Cubage
Indigo, en caisses	700	
— » — en fûts ou surons	500	
Ipécacuana, en balles ou caisses	500	
— » — en fûts	400	
Iris, en balles ou caisses	700	
— » — en fûts	600	
Itztle	600	
Ivoire	»	Voir Dents d'éléphant

Marchandises	Poids du tonneau de mer	Observations
	Kilogr.	
Ivoire végétal	"	Voir Noix de Corozo
Jalap, en caisses, fûts ou surons	800	Ou au Cubage
Jambons, en grenier	900	
— " — en caisses	800	
— " — en fûts	750	
Jarres	"	900 litres
Jarrosses, en grenier ou sacs	1000	
— " — en fûts	900	
Jaune de Chrôme, en caisses ou en fûts	1000	
— " — de Naples, — " — " —	1000	
Joncs et Roseaux	400	
Jujubes, en balles ou en caisses	500	
Jus de citron, en fûts	900	
— " — en bouteilles	"	Comme Boissons
Jus de réglisse, en caisses	800	
Jute	"	Voir Chanvre
Kermès, en caisses	600	
— " — en fûts	500	
Lac-dye	900	
Laine filée, en balles	300	
— " — surge (en suint) en balles pressées et cerclées de fer	500	
— " — " — " — en balles pressées et non cerclées	400	
— " — " — " — en balles non pressées	"	Au Cubage
— " — lavée en balles	250	
Langues de bœuf, fumées	500	
— " — de morue	1000	
Laque plate	"	Voir Gomme laque
Lard, en planches, en caisses	800	
— " — en saumure	"	Voir Porc salé
Latanier ou feuilles de palmier, en paquets ou en vrac	300	
Lattes	"	Tarif conditionnel
Laudanum	1000	
Laurier pour cannes	500	
Légumes confits ou marinés, en barils	750	
— " — " — " — en caisses	"	Au Cubage
— " — secs, en grenier	1000	
— " — " — en sacs	900	
— " — " — en fûts	800	
Lentilles	"	Voir Légumes secs
Librairie, en caisses	"	Au Cubage

Marchandises	Poids du tonneau de mer	Observations
	Kilogr.	
Lichen	400	
Lie d'huile ou de vin, liquide ou sèche	1000	
Liège, en balles	200	
—"— en planches	250	
Limes	1000	
Lin, en balles pressées	500	
Liqueurs	"	Voir Boissons
Litharge	1000	
Lycopodium (ou lycophodium)	1000	
Macaroni, en caisses	400	
—"— en corbeilles	300	
Machines	1000	Ou au Cubage, ou au tarif conditionnel
Macis	400	
Magnésie (Carbonate de)	250	
Maïs, en grenier	950	
—"— en sacs	900	
—"— en fûts	800	
Manganèse	1000	
Maniguettes (Graines de paradis)	500	
Manioc (Farine de)	"	Voir Cassave
Manne, en caisses et fûts	800	
—"— pour emballage	500	
Maquereau salé	"	Voir Poisson salé
Marbre brut et ouvré	1000	Ou au Cubage
—"— à jouer	"	Voir Chiques
Marc d'huile	1000	
Marmites de fonte	500	
Maroquin	"	Au Cubage
Marrons	"	Voir Châtaignes
Mastic en larmes	1000	
Mâture	"	Tarif conditionnel
Médicaments composés	"	Au cubage
Mélasse	1000	
Mercerie	"	Au cubage, comme caissages et ballottages
Mercure	1000	
Merrains	"	Voir Douvelles
Métaux précieux	"	A la valeur
Meubles	"	Au Cubage
Meules à aiguiser	1000	
—"— autres	1000	Ou tarif conditionnel
Miel	800	

Marchandises	Poids du tonneau de mer	Observations
	Kilogr.	
Mil (graine de)	"	Voir graines
Mine de plomb	1000	
Minerai	1000	
Minium	1000	
Mitrailles	1000	
Modes	"	Au Cubage
Momie (Cire noire)	800	
Morfil	"	Voir Dents d'éléphant
Morue verte	1000	
—" — sèche	800	
Mouches Cantharides	"	Voir Cantharides
Mousse, en balles pressées	400	
Moutarde, en poudre, en caisses	800	
—" — en pots, en caisses	800	
Musc	500	
Muscade	500	
Myrrhe	"	Voir Encens
Nacre, en grenier	900	
—" — en caisses	800	
—" — en fûts	700	
Nankin	500	Ou au Cubage
Natron (Sel)	1000	
Nattes	"	Au Cubage
Nerprun ou Nerprum	600	
Noir de fumée, en balles	500	
Noir d'ivoire ou d'os de raffinerie ou animal, en grenier	1000	
—"—"—"—"—" en fûts	900	
—" — résidu de raffinerie, en grenier	1000	
—" —" — en boucauts	900	
Noix et noisettes, en grenier	700	
—" —" — en balles	600	
—" —" — en fûts	500	
—" — de Corozo, en grenier	1000	
—" —" — en balles	900	
—" —" — en fûts	800	
—" — de Galles	"	Voir Galles
—" — muscades	"	Voir Muscades
—" — vomiques, en balles	700	
Noves de morues	1000	
Noyaux cassés, en balles	700	

Marchandises	Poids du tonneau de mer	Observations
	Kilogr.	
Noyaux cassés en fûts	600	
Ocre	1000	
Œufs en caisses ou en paniers	"	Au Cubage
Oignons de toutes sortes, en grenier	800	
— " — " — en caisses ou paniers	700	
— " — " — en fûts	600	
— " — de fleurs	"	Au Cubage
Oing	"	Voir Graisse
Oliban ou encens	"	Voir Encens
Olives, en barriques	800	
— " — en barils, emballées	700	
— " — en flacons, en caisses	700	Ou au Cubage
Onglons, en grenier	600	
— " — en sacs	500	
— " — en fûts	400	
Opium	1000	
Or	"	Voir Métaux précieux
Oranges	"	Au Cubage
Orangettes en balles	800	
— " — en fûts	700	
Orcanette, en balles	700	
— " — en fûts	600	
Oreillons et rognures de peaux	500	
Orge, en grenier ou sacs	800	
— " — en fûts	700	
— " — mondé ou perlé	1000	
Orpiment ou Orpin	1000	
Orseille naturelle ou lichen	400	
— " — " — " — en balles pressées	500	
— " — préparée ou en pâte	1000	
Orties de Chine	350	
Os ordinaires, en grenier	600	
— " — pour tabletterie, en grenier	900	
— " — " — en fûts ou sacs	800	
Osier brut	350	
— " — blanc	250	
Paille en bottes	"	Tarif conditionnel
— " — en balles pressées	350	Ou au Cubage
Paniers	"	Tarif conditionnel
Papier à écrire, à impression, à enveloppes	800	
— " — brouillard, gris et roux	700	

Marchandises	Poids du tonneau de mer	Observations
	Kilogr.	
Papier à doublage de navire	600	
—"— de Chine, de soie	500	
Parchemin	700	
Parfumerie	"	Au Cubage
Pastel en pâte, en futailles	700	
—"— naturel, en balles	150	
Pavés en terre cuite	1000	
—"— en grès	1000	
Peaux de bœuf, buffle, cheval, vaches et peaux vertes	"	Voir Cuirs
—"— diverses, en balles	"	Au Cubage
Peinture préparée	1000	
Pelleteries fines, en balles	500	
—"——"— en fûts	400	
Pelure de Cacao	"	Voir Coques de Cacao
Perlasse	1000	
Phormium tenax	"	Voir Chanvre
Pierres à feu	1000	
—"— brutes, de taille et de marbre	1000	Ou au tarif conditionnel
—"— meulières	1000	Ou au tarif conditionnel
—"— ponce, en balles ou caisses	500	
—"——"— en fûts	400	
Pignons, en balles	800	
—"— en fûts	700	
Piment, en balles ou caisses	500	
—"— en fûts	400	
Pipes à fumer, de terre	500	Ou au Cubage
—"——"— du Levant	700	Ou au Cubage
Pistaches, en balles ou couffes	500	
—"— en fûts	400	
Pite, en balles pressées	500	
Planches de sapin	"	Voir Bois à bâtir
Plâtre	1000	
Plomb	1000	
Plombagine	1000	
Plumes d'oie, à écrire	200	
—"— à lits, de parure et autres	"	Au Cubage
Poêles à frire et autres articles de chaudronnerie analogues	750	
Poil d'animaux	"	Voir Bourre
Poires sèches, en balles	500	
—"——"— en fûts	450	
—"— tapées, en paniers emballés	"	Au Cubage

Marchandises	Poids du tonneau de mer.	Observations
	Kilogr.	
Poires vertes, en grenier	900	
—"— " — en fûts	800	
Pois	"	Voir Légumes secs
—"—chiches	"	Voir Légumes secs
Poisson salé	1000	
Poivre en grenier	800	
—"— en balles ou sacs	700	
—"— en fûts	600	
—"— en robins	650	
Poix	1000	
Pommes de terre, en grenier	1000	
—"— " — en balles paniers ou sacs	900	
—"— " — en fûts	800	
Pommes sèches en balles	500	
—"— " — en fûts	450	
—"— " — en paniers	"	Au Cubage
—"— vertes en grenier ou sacs	800	
—"— " — en fûts	700	
Porc salé en fûts	1000	
Porcelaine	"	Au Cubage
Potasse	1000	
Poterie, en harasses	"	Au Cubage
—"— en grenier	"	Tarif conditionnel
Potiches	"	Tarif conditionnel
Potin	1000	
Pots de Raffinerie	"	Tarif conditionnel
Poudre à canon, en barils simples	700	
—"— " — en barils doubles	600	
—"— de marbre	1000	
Poudrette sèche	1000	
Poutres et Poutrelles	"	Voir Bois à bâtir
Pozzolane (Pouzollane)	1000	
Prunes sèches en caisses	1000	
—"— " — en barils	900	
—"— " — en paniers	700	
Quercitron en écorce, en fûts	500	
—"— en poudre	600	
—"— en sacs	500	
Queues de Girofle	"	Voir Girofle
Quincaillerie	1000	Ou au Cubage
Quinquina, en balles ou caisses	500	

Marchandises	Poids du tonneau de mer	Observations
	Kilogr.	
Quinquina en fûts ou surons	400	
Racines d'Alizari	"	Voir Alizari
—"— de Gentiane	"	Voir Gentiane
—"— de Réglisse	"	Voir Bois de réglisse
Raisins de Corinthe, Zante et Lipari, en barils ou caisses	900	
—"— secs, autres	750	
Rassades	"	Voir Grains de verre
Ratafia	"	Voir Boissons
Redoul en feuilles, en balles	300	
Résine	1000	
Rhubarbe, en balles ou caisses	600	
—"— en fûts	500	
Rhum et tafia	"	Voir Boissons
Riz avec ou sans pellicule, en grenier ou sacs	1000	
—"— en fûts	900	
—"— en paille, en grenier	800	
—"—"— en sacs	700	
—"—"— en fûts	600	
Rocou	900	Ou 4 barriques bordelaises
Rognures de papier	"	Au Cubage
—"— de peaux	"	Comme Oreillons
Rogues de morue	1000	
Roseaux	"	Voir Joncs
Rotins	"	Voir Joncs
Sable	1000	
Sabots	"	Au Cubage
Sacs de toile, vides	"	Au Cubage
Safran	400	
Safranum, en balles pressées	600	
—"—"— non pressées	400	
Sagou, en balles ou caisses	700	
—"— en fûts	600	
Saindoux	"	Voir Graisse
Salep	1000	
Salpêtre	1000	
Salsepareille	400	
Sandaraque	"	Voir Gomme
Sang-de-Dragon, en masse, ou caisses	800	
—"— en fûts	700	
—"— en roseaux, en surons	250	
Sanguine	1000	

Marchandises	Poids du tonneau de mer	Observations
	Kilogr.	
Sardines confites, en boîtes, en caisses	1000	
—"— pressées, en barils	900	
Sarrasin, en grenier	850	(Le Moniteur indique 800)
—"— en sacs	800	
Saumon confit, en boîtes, en caisses	1000	
—"— "— en fûts	900	
Savon	1000	
Scammonée	500	
Scille	"	Voir Oignons
Sébadille	"	Voir Cévadille
Sébeste (Cordia officinalis, petite prune d'Egypte)	700	
Seigle, en grenier	850	
—"— en sacs	800	
Sel	1000	
Sellerie	"	Au Cubage
Semen-Contra	700	
Semoule, en sacs	900	
—"— en fûts	700	
Sené, en feuilles, en balles ou fardes	400	
Serpentaire de Virginie	400	
Simarouba	400	
Sirops, en Caisses	"	Au Cubage
—"— ou Mélasse	"	Voir Mélasse
Soie écrue ou grège, en balles	400	
Soies de porc, en balles pressées	500	
—"— "— "— non pressées	300	
—"— en caisses	800	
—"— en fûts	700	
Soierie	"	Au Cubage
Solives ou Soliveaux de chêne ou sapin	"	Voir Bois à bâtir
Son	300	
Soude	1000	
Soufre brut ou en canons, en grenier	1000	
—"— "— en caisses ou en fûts	900	
—"— (Fleur de)	"	Voir Fleur de Soufre
Souliers	"	Au Cubage
Sparterie	"	Au Cubage
Spermaceti	"	Voir Blanc de baleine
Spiritueux	"	Voir Boissons
Squine	500	
Stockfish, en grenier ou balles	600	

Marchandises	Poids du tonneau de mer	Observations
	Kilogr.	
Storax, liquide	800	
—, — en paniers	600	
Suc de réglisse	"	Voir Jus de Réglisse
Sucre brut et terré	1000	
Sucre raffiné, en pains, en vrac	900	
—"—,— " — en fûts ou en caisses	700	
—" —" —pilé	1000	
—"— candi, en caisses	900	
—, —"— en fûts	800	
Suif fondu, en caisses ou en fûts	1000	
—"—"— en surons	900	
Sulfates	1000	
Sumac en feuilles, en balles	400	
—"— en poudre, en balles	800	
Tabac de Virginie, en boucauts	800	
—"— de Kentucky, en boucauts	700	
—"— de Maryland et Ohio	500	
—"— du Brésil, en balles pressées	600	
—"— de Hongrie et du Levant, en balles	500	
—"— de l'Inde, en balles	600	
—"— de Hollande, Belgique et Palatinat, en balles pressées	700	
—"— de la Havane, de Haïti et autres provenances, en balles non pressées	350	
—"— (Côtes de) en balles	500	
—"— en poudre	800	
—"— en carottes et figues	900	
—"— de Chine	"	Au Cubage
Tafia	"	Voir Boissons
Talc	1000	
Tamarins confits, en fûts	1000	
Tan ou écorce moulue, en sacs	600	
—"— ou écorce non moulue, en grenier ou paquets	500	
Tapioca	700	
Tartre	1000	
Térébenthine en pâte ou liquide	800	
Terre d'ombre, de Sienne, etc	1000	
—"— de pipe et à poterie	1000	
Thé	400	Ce chiffre n'est qu'une moyenne approximative le thé présente de grandes variations dans le poids et se tarifie habituellement au cubage.
Thon mariné	800	

Marchandises	Poids du tonneau de mer.	Observations
	Kilogr.	
Tissus	"	Au Cubage
Toiles et Toileries diverses	"	Au Cubage
Tôle	1000	
Tourbes ou mottes à brûler	"	Tarif conditionnel
Tournesol, en pains	500	
Tourteaux de graines, en grenier	1000	
—" — " — en fûts	800	
Tripoli	1000	
Truffes	"	Au Cubage
Tubéreuses	500	
Tufeaux	1000	
Tuiles	1000	
Turbith	800	
Tuyaux de terre cuite	"	Tarif conditionnel
Vanille	350	
Veau ciré, en caisses ou malles	"	Au Cubage
Verdet ou Vert-de-gris	1000	
Vermicelle, en caisses	400	
— " — en corbeilles	300	
Vermillon, en poudre	1000	
Vernis	1000	
Verre à vitres	1000	
Verre cassé ou groisil	"	Voir groisil
Verrerie, en caisses ou harasses	"	Au Cubage
Verroterie — " — " —	"	Voir grains de verre
Vesces, en grenier ou sacs	1000	
— " — en fûts	900	
Vétyver, en balles	200	Ou au Cubage
Viande conservée ou marinée	"	Voir Conserves
Viande fumée	800	
— " — salée	"	Voir Bœuf et lard
Vif-Argent	"	Voir Argent-vif
Vin	"	Voir Boissons
Voitures	"	Au Cubage ou tarif conditionnel
Zadorica	500	
Zinc	1000	

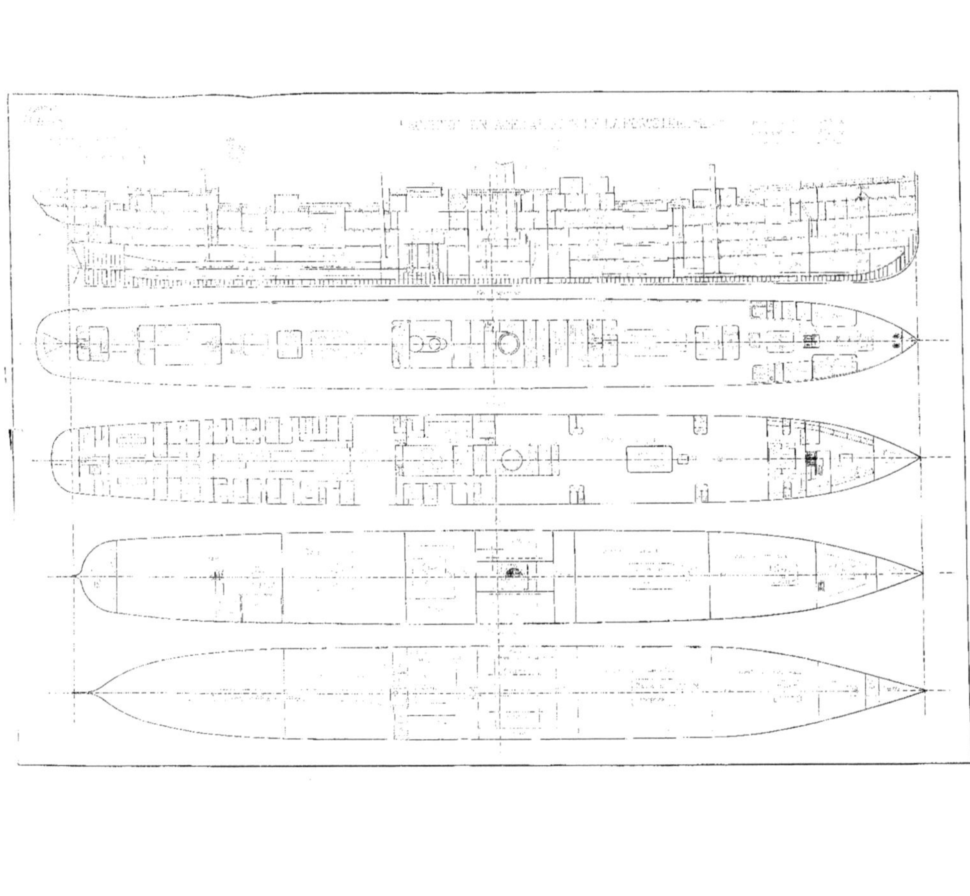

Planche II

PAQUEBOT EN ACIER, A HÉLICE, DE 1800 chx DE 75 KILOGRAMMÈTRES

Coupe transversale au milieu de la longueur

Échelle 0,02

Mi coupe indiquant les entreponts et cales

Mi coupe indiquant la disposition des chaudières et des soutes à charbon.

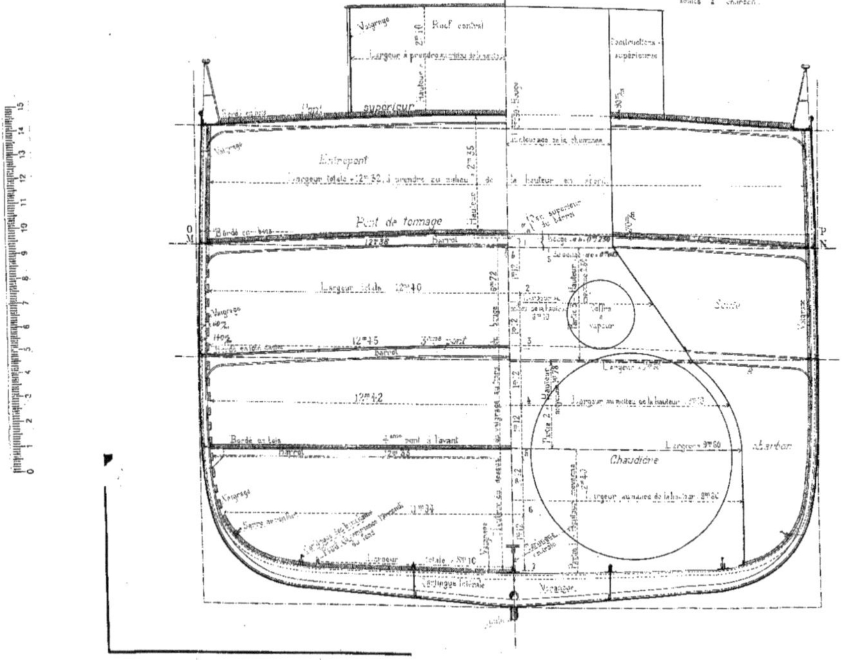

Vaigrage
Rouf central
Constructions supérieures
Pont supérieur
Entrepont
Pont de tonnage
Barrot
Largeur totale 12m40
3ème pont
Soute
Coffre à vapeur
Chaudière
Charbon
Bordé en tôle
4ème pont à l'avant
Vaigrage

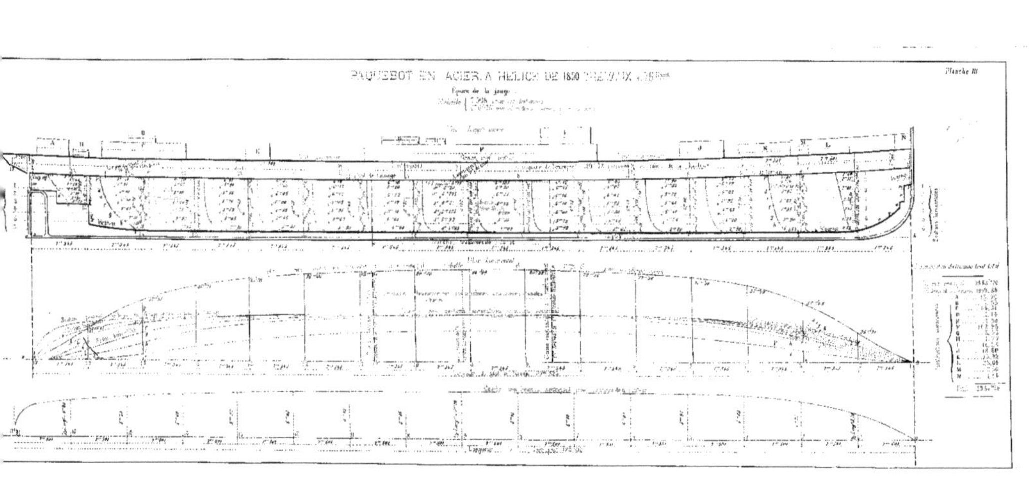
PAQUEBOT EN ACIER A HÉLICE DE 1850 CHEVAUX
Planche III
Épure de la jauge

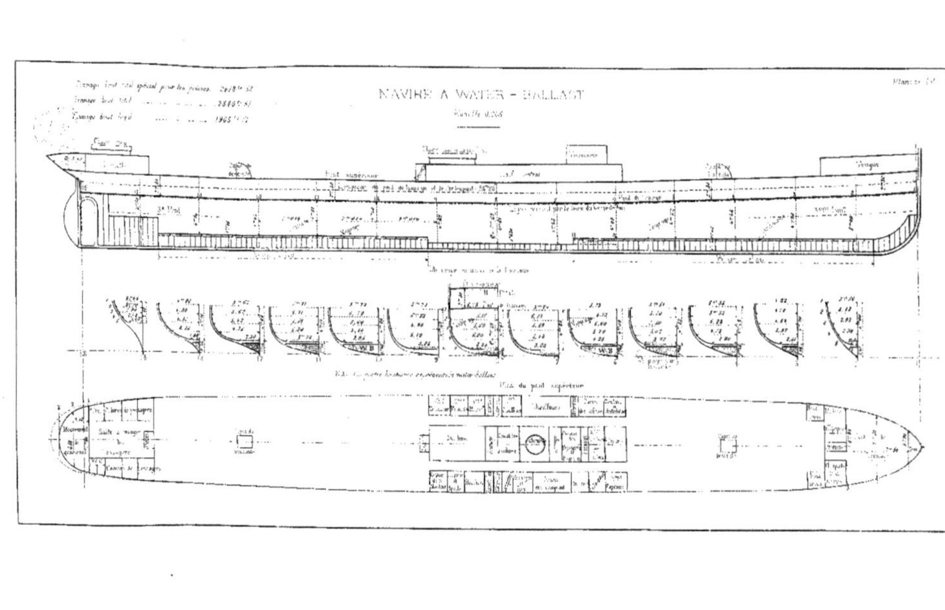
NAVIRE A WATER-BALLAST
Pont supérieur
W.B
Plan du pont supérieur

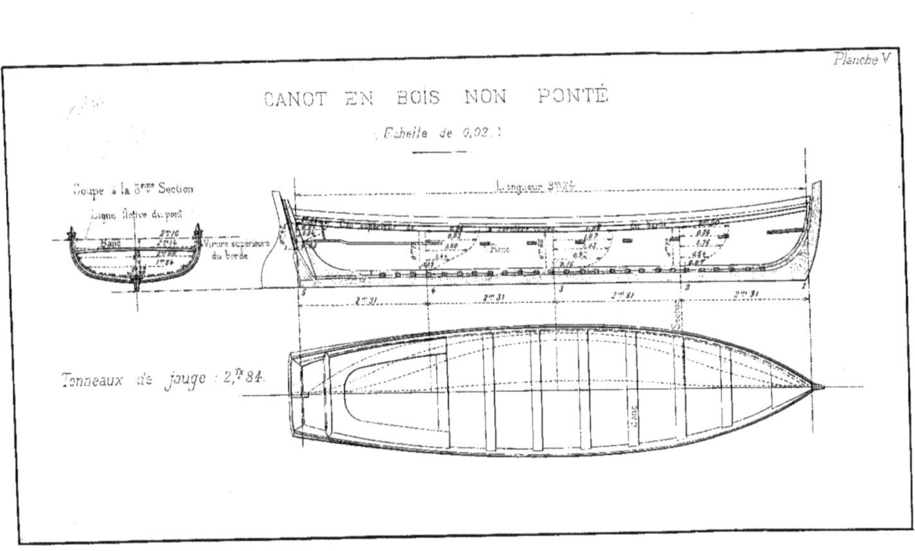
Planche V
CANOT EN BOIS NON PONTÉ
(Echelle de 0,02.)
Coupe à la 3ème Section
Ligne fictive du pont
Banc
Virure supérieure du borde
Longueur 9m24
Banc
2m31
2m31
2m31
2m31
Tonneaux de jauge : 2,Tx 84.

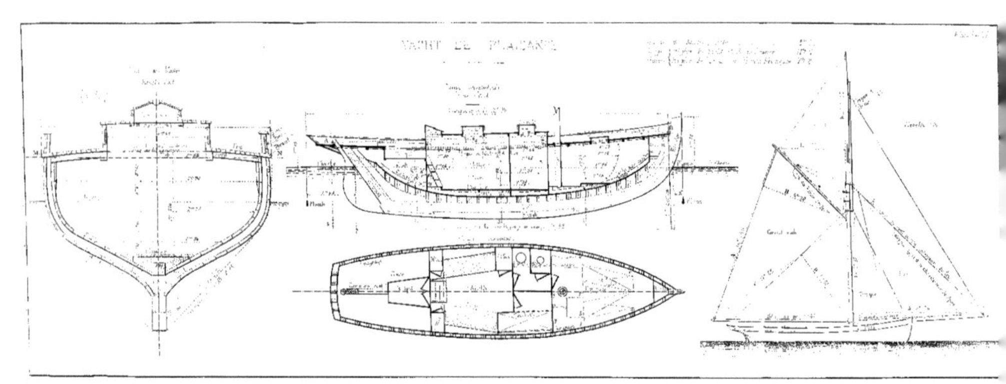
YACHT DE PLAISANCE

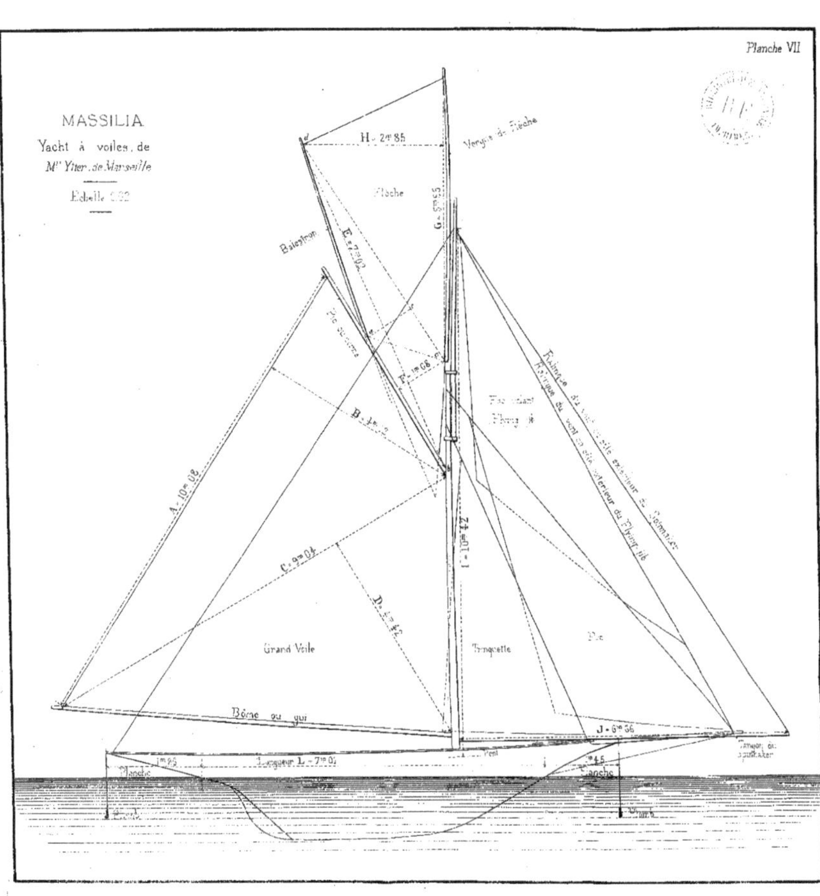

Planche VII
MASSILIA
Yacht à voiles, de
Mr Yiter, de Marseille
H = 2m 85
Flèche
Balestron
Grand Voile
Trinquette
Foc
Bôme ou gui

TABLE DES MATIÈRES

PREMIÈRE PARTIE

Lois, Décrets, Ordonnances et Circulaires de la Direction Générale des Douanes sur le jaugeage des navires.

Jauge spéciale pour le passage par le Canal de Suez.

DEUXIÈME PARTIE.

Application du jaugeage légal à des navires pris comme exemples.

RÈGLE I. — *Pour les navires vides.*

TROISIÈME PARTIE

Lois, Décrets, Instructions et Circulaires ministérielles concernant la marine marchande.

PLANCHES

Imprimerie E. BERNARD et Cie, 23, rue des Grands-Augustins. — Paris.

A
B

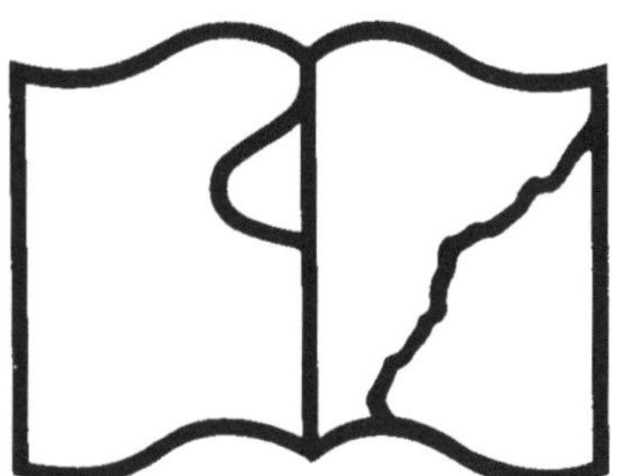

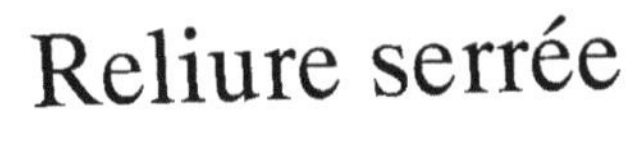
Reliure serrée

www.ingramcontent.com/pod-product-compliance
Ingram Content Group UK Ltd.
Pitfield, Milton Keynes, MK11 3LW, UK
UKHW020314230726
13925UKWH00002B/418

9 782013 579032